고득점 합격의 지름길

도덕

머리말

어떤 시험이든 수험생을 초조하게 하고 긴장하게 만듭니다. 그럴 때마다 시험이 끝난 몇 달 뒤를 상상하곤 합니다. 내가 공부했던 것, 확실하게 아는 것으로 가득 찬 시험지를 바라볼 때 느끼는 뿌듯함, 예상대로 점수가 나왔을 때 자연스레 번지는 웃음 …

검정고시 합격이라는 관문을 통과하려고 밤낮을 가리지 않고 애쓰는 수험생 여러분을 응원합니다. 목표를 이루려면 성취하려는 의욕과 뚜렷한 의식이 무엇보다 중요합니다. 따라서 빈틈이나 부족함이 없는 계획과 준비가 있어야 합니다.

도덕은 다행히 난이도가 높은 편이 아니기 때문에 기본적인 개념에 충실한 것이 가장 중요합니다. 기본 개념을 정확하게 이해하고, 기출문제와 함께 다양한 문제를 풀어보면서 틀린 문제는 오답노트를 만들어 다시 한 번 점검하면 짧은 시간 안에 고득점이 가능합니다.

이 책의 특징은 다음과 같습니다.

첫째, 새롭게 개정된 교육과정을 반영하고, 교과 내용을 빈틈없이 분석하여 구성한 최신간입니다.

둘째, 단원마다 중요 개념과 원리를 쉽고 정확하게 이해할 수 있도록 교과 내용을 체계적이고 논리적으로 정리하였습니다.

셋째, 학습 내용을 바로 확인할 수 있도록 바로체크 문제를 배치하였고, 심화 내용에는 더욱 상세한 해설을 덧붙였습니다.

넷째, 기출문제를 분석하여 자주 출제되는 유형을 체크하고 문제마다 구체적이고 분명한 해설을 붙였습니다. 그리고 문제 해결력과 응용력을 길러 주는 단원 마무리 문제를 제시하였습니다.

이 책은 짧은 시간 안에 쉽고 빠르게 목표를 이루도록 안내하는 길잡이가 될 것입니다. 최선을 다해 끈질기게 공부하면 분명히 좋은 결실을 맺을 수 있습니다. 시험이 끝난 뒤에 여유와 행복을 마음껏 누리기를 바랍니다.

― 편저자 김석렬

1 시험 과목 및 합격 결정

시험 과목 (6과목)	필수	국어, 수학, 영어, 사회, 과학(5과목)
	선택	도덕, 기술·가정, 체육, 음악, 미술 과목 중 1과목
배점 및 문항	문항 수	과목별 25문항(단, 수학 20문항)
	배점	문항당 4점(단, 수학 5점)
합격 결정	고시합격	각 과목을 100점 만점으로 하여 평균 60점(소수점 셋째 자리에서 절사) 이상을 취득한 자를 합격자로 결정(단, 평균이 60점 이상이라 하더라도 결시과목이 있을 경우에는 불합격 처리)
	과목합격	고시성적 60점 이상인 과목에 대하여는 과목합격을 인정하고, 원에 의하여 차회 이후의 고시에 있어서 당해 과목의 고시를 면제하며, 그 면제되는 과목의 성적은 이를 고시성적에 합산함 ※ 과목합격자에게는 신청에 의하여 과목합격증명서 교부

2 응시 자격

① 초등학교 졸업자 및 이와 동등 이상의 학력이 있는 자
② 3년제 고등공민학교 졸업자 및 졸업예정자
③ 초·중등교육법 시행령 제29조의 규정에 의하여 학적이 정원외로 관리되는 자
④ 중학교에 준하는 각종 학교의 졸업자 또는 졸업예정자
⑤ 보호소년 등의 처우에 관한 법률 시행령 제69조 제2호에 해당하는 자

※ 졸업예정자라 함은 최종 학년에 재학 중인 자를 말함

┤ 응시자격 제한 ├

1. 중학교 또는 초·중등교육법시행령 제97조 제1항 제2호의 학교를 졸업한 자 또는 재학 중인 자

   ※ 응시자격은 시험시행일까지 유지하여야 함(공고일 현재 재학 중이 아닌 자여서 적법하게 응시원서를 접수하였다 하더라도, 그 이후 시험일까지 편입학 등으로 재학생의 신분을 획득한 경우에는 응시자격을 박탈함)

2. 공고일 이후 초등학교 졸업자

3. 응시원서 접수마감 익일 이후 제1의 학교에 재학 중 학적이 정원외로 관리되는 자

4. 공고일 기준으로 고시에 관하여 부정행위를 한 자로서 처분일로부터 응시자격 제한 기간이 경과되지 아니한 자

3 제출서류(현장접수)

① 응시원서(소정서식) 1부[접수처에서 교부]

② 동일한 사진(탈모 상반신 3.5cm×4.5cm, 3개월 이내 촬영) 2매

③ 본인의 해당 최종학력증명서 1부

- 졸업(졸업예정)증명서(소정서식)

  ※ 상급학교 진학여부가 표시된 검정고시용에 한함. 졸업 후 배정받은 상급학교에 진학하지 아니한 자는 미진학사실확인서 추가 제출

- 중학교 재학 중 중퇴자는 제적증명서

- 초등학교 및 중학교 의무교육 대상자 중 정원외 관리대상자는 정원외 관리증명서

- 초등학교 및 중학교 의무교육 대상자 중 면제자는 면제증명서(소정서식)

- 초졸검정고시 합격자는 합격증서 사본(원본지참) 또는 합격증명서

- 평생교육법 제40조에 따른 학력인정 대상자는 학력인정서

- 초·중등교육법 시행령 제96조 제1항 제2호 및 제97조 제1항 제3호에 따른 학력인정 대상자는 학력인정증명서

- 합격과목의 시험 면제를 원하는 자는 과목합격증명서 또는 성적증명서

  ※ 과목합격자가 응시하는 경우, 학력이 직전 응시원서에 기재된 것과 같은 때에는 과목합격증명서의 제출로써 본인의 해당 최종학력증명서를 갈음함

- 3년제 고등공민학교, 중·고등학교에 준하는 각종학교의 졸업(예정)자는 졸업(예정)증명서

- 3년제 기술학교, 고등기술학교 졸업(예정)자, 3년제 직업훈련원의 수료자는 직전학교 졸업증명서

④ **신분증** : 주민등록증, 외국인등록증, 운전면허증, 대한민국 여권, 청소년증 중 하나

※ 온라인 접수 : 사진 1매, 본인의 해당 최종학력증명서 1부(현장접수와 동일)

시험에 관한 자세한 사항은 한국교육과정평가원 홈페이지(http://www.kice.re.kr) 또는 ARS(043-931-0603) 및 각 시·도 교육청 홈페이지에서 확인하시기 바랍니다.

구성 미리보기

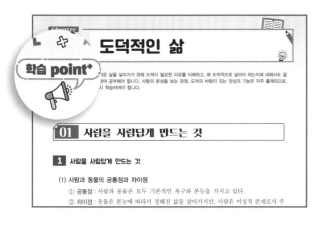

학습 point⁺

단원별로 학습 point를 분석하여 좀 더 쉽고 효율적으로 학습할 수 있는 방법을 제시하였어요.

검색

어렵고 익숙하지 않은 용어는 따로 찾을 필요 없이 바로 확인할 수 있도록 설명했어요.

바로 바로 CHECK

핵심 내용을 얼마나 정확히 이해하였는지 스스로 점검해 보며 실력을 확인하는 시간을 가져 보세요.

에피쿠로스	행복은 고통에서 벗어나 평온한 마음을 가질 때 얻을 수 있다.
아리스토텔레스	행복은 자기가 가진 가능성을 충분히 실현할 때 얻을 수 있다.
예 수	사랑과 정의를 위해 애쓰는 삶이 행복한 삶이다.
석가모니	온갖 집착과 욕심을 버리고 자비를 베풀 때 진정한 행복을 얻을 수 있다.
공 자	사람이 옳지 못하면 많은 재산과 높은 지위도 한낱 뜬구름에 ··· 라서 옳은 일을 하는 삶이 행복한 삶이다.

(4) 진정한 행복을 얻기 위한 자세
① 자아실현을 위한 삶의 목표
② 어려운 상황 속에서
바람직한 가치를
③ 겉에 보이는 삶
면의 삶의 조절
해야 한다.
④ 주어진 상황에
며, 자신의 현실
아들일 수 있어야
본지족(安分知足)'의 삶

잠깐

기본 이론과 관련된 보충 설명을 통해 심층적으로 학습하는 시간을 가져 보세요.

ⓒ 예 : 정직, 성실, 사랑, 지혜, 공경, 신뢰, 절약, 겸손 등

② 성현들이 강조한 덕

성 현	덕	의 미
공 자	인(仁), 예(禮)	사람을 사랑하는 마음(仁)과 그것을 표현하는 방식(禮)
석가모니	자비	다른 사람에게 기쁨을 주고 다른 사람의 고통을 어루만져 주는 것
노 자	무위자연	인위적인 것을 버린 자연 그대로의 상태
예 수	사랑	모든 인간은 평등하고 존중받아야 할 존재
아리스토텔레스	중용	이성에 따라 ···도 않는 중간 상태
소크라테스	지혜	변하지 ···

(3) 보편적 도덕 원리
① 의미 : 모든 사람들에게 동일하게 적용할 수 있는 객관적이고 일반적인 도덕 판단 기준
② 예 : 황금률, 악행 금지의 원리, 선행의 원리, 정의의 원리, 인간 존중의 원리

잠깐

황금률
• 추기급인(推己及人) : 자기 마음을 미루어 ··· 하게 한다.
(推己及人) : 다른 사람의 처지를 비추어 생각해 본다.
• 공자의 서(恕) : 자기가 하기 싫은 일을 남에게 강요하지 않는 것 → 기소불욕 물시어인(己所不欲 勿施於人)

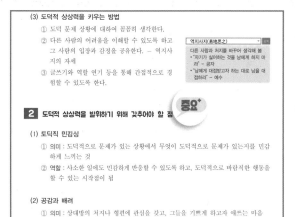

(3) 도덕적 상상력을 키우는 방법

① 도덕 문제 상황에 대하여 꼼꼼히 생각한다.

② 다른 사람의 어려움을 이해할 수 있도록 하고 그 사람의 입장과 감정을 공유한다. — 역지사지의 자세

③ 글쓰기와 역할 연기 등을 통해 간접적으로 경험할 수 있도록 한다.

> 역지사지(易地思之)
>
> 다른 사람과 처지를 바꾸어 생각해 볼
> • "자기가 싫어하는 것을 남에게 하지 마라" - 공자
> • "남에게 대접받고자 하는 대로 남을 대접하라" - 예수

2 도덕적 상상력을 발휘하기 위해 갖추어야 할 점 중요+

(1) 도덕적 민감성

① 의미 : 도덕적으로 문제가 있는 상황에서 무엇이 도덕적으로 문제가 있는지를 민감하게 느끼는 것

② 역할 : 사소한 일에도 민감하게 반응할 수 있도록 하고, 도덕적으로 바람직한 행동을 할 수 있는 시작점이 됨

(2) 공감과 배려

① 의미 : 상대방의 처지나 형편에 관심을 갖고, 그들을 기쁘게 하고자 애쓰는 마음

중요

기출문제를 바탕으로 교과 내용을 분석하여 자주 출제된 부분에는 중요 표시를 하였어요.

심화학습

시험에 나올 수 있는 중요 이론과 보충 내용을 통해 이해의 깊이를 높일 수 있도록 하였어요.

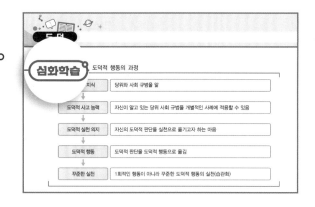

심화학습 도덕적 행동의 과정

지식	당위와 사회 규범을 앎
도덕적 사고 능력	자신이 알고 있는 당위 사회 규범을 개별적인 사례에 적용할 수 있음
도덕적 실천 의지	자신의 도덕적 판단을 실천으로 옮기고자 하는 마음
도덕적 행동	도덕적 판단을 도덕적 행동으로 옮김
꾸준한 실천	1회적인 행동이 아니라 꾸준한 도덕적 행동의 실천(습관화)

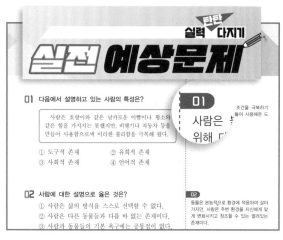

실력 다지기

실전 예상문제

01 다음에서 설명하고 있는 사람의 특성은?

> 사람은 호랑이와 같은 날카로운 이빨이나 황소와 같은 힘을 가지는 못하지만, 비행기나 자동차 등을 만들어 사용함으로써 이러한 불리함을 극복해 왔다.

① 도구적 존재 ② 유희적 존재
③ 사회적 존재 ④ 언어적 존재

02 사람에 대한 설명으로 옳은 것은?

① 사람은 삶의 방식을 스스로 선택할 수 없다.
② 사람은 다른 동물들과 다를 바 없는 존재이다.
③ 사람과 동물들의 기본 욕구에는 공통점이 없다.

01
사람은 ... 조건을 극복하기 ... 들어 사용해온 도 ... 위해 다 ...

02
동물들은 본능적으로 환경에 적응하며 살아 가지만, 사람은 주변 환경을 자신에게 맞게 변화시키고 창조할 수 있는 열려있는 존재이다.

실전예상문제

실제 출제된 기출문제와 적중률이 높은 예상문제를 통해 실력을 점검해 보세요.

정답 및 해설

'왜 정답이 아닌지' 상세하게 설명한 해설을 통해 이론 학습에서 놓친 부분을 한 번 더 살펴보세요.

차 례

PART

I

자신과의 관계

01 도덕적인 삶

사람다운 삶을 살아가기 위해 도덕이 필요한 이유를 이해하고, 왜 도덕적으로 살아야 하는지에 대해서도 잘 정리하여 공부해야 합니다. 사람의 본성을 보는 관점, 도덕의 바탕이 되는 양심의 기능은 자주 출제되므로, 반드시 학습하여야 합니다.

01 사람을 사람답게 만드는 것

1 사람을 사람답게 만드는 것

(1) 사람과 동물의 공통점과 차이점

① 공통점 : 사람과 동물은 모두 기본적인 욕구와 본능을 가지고 있다.

② 차이점 : 동물은 본능에 따라서 정해진 삶을 살아가지만, 사람은 이성적 존재로서 주변 환경을 자신에게 맞게 변화시킬 수 있고, 스스로 삶의 방식을 선택할 수 있는 존재이다. → 사람은 열려 있는 존재

(2) 사람의 특성 중요⁺

① 도구적 존재 : 사람은 불리한 신체 조건을 극복하기 위해 끊임없이 도구를 만들어 사용해 왔다.

② 사회적 존재 : 사람은 혼자서는 절대로 살 수 없으므로, 다른 사람들과 함께 살아가기 위해 사회 속에서 언어, 지식, 생활 습관, 가치관 등을 배운다.

③ 이성적 존재 : 생각하는 능력인 이성을 지닌 존재이다.

④ 도덕적 존재 : 사람은 자신의 행동을 선택하고 반성할 수 있는 존재이다.

⑤ 윤리적 존재 : 자신의 행동에 대해 옳고 그름을 판단하며, 인간다운 삶을 추구하는 존재이다.

⑥ 문화적 존재 : 언어, 지식, 기술 등을 통해 문화를 창조하고 계승하는 존재이다.

> **바로 바로 CHECK√**
>
> **다음에서 설명하는 인간의 특성은?**
>
> 인간은 자신의 행동에 대해 옳고 그름을 판단하며, 인간다운 삶을 추구하는 존재이다.
>
> ① 도구적 존재 ② 동물적 존재
> ❸ 윤리적 존재 ④ 유희적 존재

⑦ 종교적 존재 : 신에 대한 믿음을 가지고 종교 활동을 하며 마음의 안정을 찾기도 한다.

⑧ 유희적 존재 : 놀이를 즐기며 삶의 즐거움을 추구하는 존재이다.

2 사람의 본성을 보는 관점 중요⁺

(1) 성선설

① 내용 : 인간의 본성은 본래 선하다. → 맹자, 루소

② 끊임없는 수양을 통해 자신의 선한 본성을 지키고 가꿔야 한다.

(2) 성악설

① 내용 : 인간의 본성은 본래 이기적이고 악하다. → 순자, 홉스

② 악한 본성을 선하게 만들기 위해 끊임없이 자신을 다그치고, 예를 지켜야 한다.

(3) 성무선악설(백지설)

① 내용 : 인간의 본성은 선이나 악으로 결정되어 있지 않고, 후천적인 상황에 따라 선해지거나 악해질 수 있다.

→ 고자, 로크

② 선한 본성을 만들도록 끊임없이 노력해야 한다.

> **바로 바로 CHECK√**
>
> 다음에서 설명하는 인간 본성의 관점은?
>
> 모든 사람은 태어날 때부터 악한 본성을 가지고 태어난다.
>
> ① 성선설   ❷ 성악설
> ③ 백지설   ④ 자연발생설

3 '사람다운 사람'의 의미

(1) 사람다운 삶의 모습 중요⁺

① 정신적 가치를 추구하는 삶 : 물질뿐만 아니라 정신적 가치를 추구하며, 물질적인 것과 정신적인 가치가 균형과 조화를 이루는 삶

② 절제하고 반성하는 삶 : 자신의 욕구를 절제하고, 자신의 잘잘못을 스스로 반성하는 삶

③ 더불어 사는 삶 : 다른 사람들과 관계를 맺으며 공동체 속에서 더불어 사는 삶

(2) '사람다운 사람'이 되기 위한 노력

① 정신적 가치를 추구하는 삶을 살기 위하여 진(眞), 선(善), 미(美), 성(聖)의 가치를 추구한다.

② 절제하고 반성하는 삶을 살기 위하여 인간은 자신의 욕구를 스스로 절제하고 제어할 줄 알아야 하며, 자신의 행동을 되돌아보고 반성하여야 한다.

③ 더불어 사는 삶

　㉠ 인간(人間)은 '사람과 사람 사이'라는 뜻으로, 즉 인간은 다른 사람과 함께 살아가는 존재이다.

　㉡ 다른 사람들과 함께 살아가기 위하여 마땅히 지켜야 하는 '도덕'을 따라야 하며, 타인을 배려하고 공감할 수 있어야 한다.

02 도덕의 의미와 필요성

1 욕구와 당위

(1) 욕 구

① 의미 : 무엇을 얻고자 하거나, 무슨 일을 하고자 바라는 것(사람들이 원하고 바라는 것)

② 중요성

　㉠ 인간은 기본적인 욕구가 충족될 때 만족감과 행복감을 느낀다.

　㉡ 인류의 문명, 문화 발전의 원동력이 된다.

③ 종류

　㉠ 신체적 욕구 : 신체와 관련하여 생기는 욕구 **예** 수면욕, 식욕, 성욕

　㉡ 사회적 욕구 : 사회생활과 관련하여 생기는 욕구 **예** 소속감, 명예, 애정

　㉢ 정신적 욕구 : 정신 활동과 관련하여 생기는 욕구 **예** 참된 것(진), 선한 것(선), 아름다운 것(미), 성스러운 것(성)

④ **욕구의 충돌** : 개인 간의 욕구가 충돌하는 경우에 폭력 등 불합리한 방법을 통해 해결하려 한다. 그러나 이러한 방법으로는 갈등을 바람직하게 해결할 수 없다.

⑤ 개인 간의 욕구 갈등을 해결하기 위해서는 '당위'가 필요하다.

(2) 당위

① 의미

　ⓐ 마땅히 해야 하고, 때로는 결코 하지 말아야 하는 것이다.

　　※ 당위의 표현 형식 : "~해야 한다.", "~해서는 안 된다."

　ⓑ 올바른 것에 대한 이성과 양심의 명령이다.

② 중요성 : 올바른 삶, 도덕적 삶의 바탕이 된다.

> **바로 바로 CHECK√**
>
> 다음에서 설명하는 용어는?
>
> 　인간으로서 누구나 마땅히 지키고 실천해야 하는 것으로 "약속을 지켜야 한다.", "생명을 존중해야 한다."와 같이 표현된다.
>
> ❶ 당위　　　② 독단
> ③ 욕구　　　④ 충동

(3) 욕구와 당위의 관계

① 욕구와 당위가 항상 일치되는 것은 아니다. 따라서 잘못된 욕구는 억제해야 하고, 욕구와 당위를 조화시키려는 노력이 필요하다.

② 욕구의 절제 : 욕구를 추구하면서 스스로 절제할 수 있다면 보다 행복한 삶을 영위할 수 있다.

③ 바람직한 욕구의 충족 : 물질적인 욕구뿐만 아니라 정신적 만족을 얻을 수 있어야 진정한 행복을 누릴 수 있다.

④ 당위에 따른 선택 : 당위를 따르는 것이 개인뿐만 아니라 사회적 측면에서도 공동체에 이익이 된다. → 이의 실현을 돕기 위해 사회 규범이 필요

⑤ 갈등 해결 방법

> 문제가 되는 상황 파악
>
> ↓
>
> 욕구와 당위의 내용 확인 및 평가
>
> ↓
>
> 적합한 행동 결정 및 실천

> (잠깐)
> **도덕과 당위**
> 도덕은 당위에 관한 규범에 해당된다.

(4) 도덕적인 삶과 당위에 따른 삶

　도덕적인 삶은 당위에 따르는 삶이다. → 마땅히 해야만 하는 행위를 하고, 마땅히 가져야 할 마음가짐을 지니고, 마땅히 추구해야 하는 가치를 추구하는 삶

심화학습 사람의 욕구 분류(매슬로우의 욕구 5단계 이론) 중요+

1단계 (생리적 욕구)	사람이 살아가는 데 꼭 필요한 기본적인 욕구(생존의 욕구)
2단계 (안전의 욕구)	신체적, 감정적인 위험으로부터 보호되고 안전해지기를 바라는 욕구
3단계 (소속과 애정의 욕구)	집단에 소속하고 싶어 하거나 그 속에서 나누고 싶어 하는 욕구
4단계 (자아 존중의 욕구)	타인에게 인정받고, 자신을 존중하고자 하는 욕구
5단계 (자아실현의 욕구)	자신의 꿈과 이상을 실현하려는 욕구

2 도덕의 의미와 필요성 중요+

(1) **도덕의 의미** : 사람으로서 마땅히 지켜야 할 도리이다.

① **개인적 관점** : 자신의 욕구와 충동을 조절하고 자율적인 삶을 살아가는 기준이다.

② **사회적 관점** : 옳은 것과 그른 것을 구별하여 인간의 행위를 평가하는 기준이다.

③ **도덕의 역할**

㉠ 인간의 불완전성을 극복하고 훌륭한 인격을 갖추는 데 바탕이 된다.

㉡ 사회생활 속에서 정당한 경쟁과 협력의 기준을 마련하기 위함이다.

㉢ 더불어 살아가는 사회를 만드는 바탕이 된다.

④ **도덕적 행위의 근거**

㉠ 자율성 : 인간은 자신의 행위를 자유롭게 선택할 수 있기 때문에 도덕적 행위가 가능하다.

㉡ 이성 : 자신의 행위를 반성하고 평가할 수 있는 정신적 능력을 말한다.

> **바로 바로 CHECK√**
>
> ㉠에 공통으로 들어갈 용어는?
>
> • (㉠)은/는 사람으로서 마땅히 지켜야 할 도리이다.
> • (㉠)은/는 옳고 그름에 대한 기준을 제시해 준다.
>
> ❶ 도덕   ② 권위
> ③ 욕구   ④ 독단

(2) 도덕의 필요성

① 도덕이 제시하는 규범과 가치, 삶의 이상을 추구함으로써 의미 있고, 사람다운 삶을 살 수 있다.

② 도덕적으로 살아감으로써 질서를 유지하고 조화롭게 더불어 행복한 삶을 살 수 있게 한다.

3 양심의 의미와 역할 중요⁺

(1) 양심의 의미 : 도덕적으로 옳은 것과 그른 것, 선한 것과 악한 것을 구별해 주는 마음의 작용이다.

(2) 양심의 특징

① 눈에 보이지는 않지만 분명하게 느껴지고 부정할 수 없다.

② 양심은 개인적으로만 옳은 것이 아니라 다른 사람이 보기에도, 사회적으로도 옳은 것이어야 한다.

> 예 장발장이 빵을 훔친 행위
> • 개인적 : 배고픈 조카들을 위한 어쩔 수 없는 행위
> • 사회적 : 타인의 물건을 훔친 부당한 행위

(3) 양심의 역할

① 자신의 행동이 도덕적으로 옳은지 그른지를 분별한다.

② 옳은 행동은 떳떳함을 느끼게 하고, 그릇된 행동은 부끄러움을 느끼게 한다.

③ 도덕적으로 옳은 행동을 하도록 자신에게 경고하는 마음의 명령 역할을 한다.

④ 우리가 행동을 결정할 때 바람직한 일을 하도록 이끌어 준다.

⑤ 부끄러운 행동을 한 후 양심의 가책을 느끼게 하고 불안감을 일으킨다.

(4) 양심과 도덕의 관계 : 양심은 도덕적 판단의 기준 → 도덕적으로 옳은 행동을 하는 출발점

(5) 양심적 행동의 실천

① 반성 : 자신의 행동을 돌아본다.

② 잘한 일은 습관이 되도록 노력하고, 잘못한 일은 고쳐 나가도록 노력한다.

③ 주변 사람이나 위인들의 삶을 통해 훌륭한 행동을 본받으려는 마음가짐을 갖는다.

(6) 양심의 근원에 대한 관점

구 분	선천설(지연설)	후천설(경험설)
의 미	누구나 태어나면서부터 양심을 지니고 있다. 그러나 양심을 가꾸지 않으면 악한 행동을 저지르게 된다.	양심은 개인이 자라면서 겪는 다양한 경험을 통해 지니게 되는 것으로 양심을 지속적으로 가꾸려고 노력하지 않으면 악한 본성이 커질 수 있다.
사상가	맹자, 루소	순자, 홉스
차이점	성선설에 기초한 이론으로 인간의 본성은 선하다는 것을 전제로 한다.	성악설에 기초한 이론으로 인간의 본성은 악하지만 부모님이나 선생님의 가르침, 꾸중, 처벌 등의 경험을 통해 양심이 생겨난다고 본다.
공통점	• 사람은 누구에게나 양심이 존재한다. • 양심은 도덕적으로 옳고 그름을 구별해 주는 역할을 한다. • 양심을 가꾸기 위해 끊임없이 노력해야 함을 강조한다.	

(7) 양심에 따라 살기 위한 노력

① 욕심을 적절하게 다스린다.

② 나의 이익보다 무엇이 옳은 것인지 먼저 살피는 노력이 필요하다.

③ 은혜에 감사할 줄 알고, 훌륭한 사람에게는 존경심을 지니며, 잘못을 부끄러워하거나 반성해야 한다.

바로 바로 **CHECK√**

다음에서 설명하는 것은?

• 도덕적 삶으로 인도하는 마음의 명령
• 스스로 옳고 그름을 분별할 수 있는 마음

❶ 양심 ② 욕구
③ 질서 ④ 편견

03 내가 도덕적이어야 하는 이유

1 도덕적이어야 하는 이유

(1) 도덕적인 사람

선한 행동을 하고, 악한 것을 멀리하며, 자신의 이익을 위해 다른 사람에게 해를 입히려고 하지 않는 사람을 말한다.

(2) 왜 도덕적이어야 하는가

① 자신의 이익을 위해서 비도덕적인 행동을 한다면 자신뿐만 아니라 사회 전체에 큰 손해가 생긴다.

② 도덕적으로 살아갈 때 자신의 이익을 포함한 사회 전체의 이익이 증가할 수 있다.

(3) 도덕적 삶과 행복 중요⁺

① 진정한 행복 추구 : 경제적 부나 권력, 명예 등을 통해 얻는 행복은 자칫 불행으로 이어질 수 있다. → 도덕적 삶의 실천으로 진정한 행복을 얻을 수 있음

② 아리스토텔레스 : 이성으로 물질적인 욕구나 감정을 조절하여 중용의 덕을 쌓는 것이 진정한 행복에 이르는 방법이다.

중용(中庸)	검색
지나치거나 부족함이 없는 상태이다.	

③ 공자 : 행복의 가장 중요한 조건이 도덕적으로 올바르게 사는 것이므로, 큰 덕을 닦아 많은 이에게 베풀고 나누는 어진 사람이 되어야 한다. → '인(仁)'을 강조

2 도덕적 삶을 살아야 하는 이유

(1) 사람다운 삶을 위해

① 도덕적 행위는 결과적으로 자신에게 불이익이 될지라도 그것이 옳기 때문에 인간으로서 마땅히 해야 하는 도덕적 의무이기 때문이다.

② **칸트** : 도덕적 행동을 해야 하는 이유는 그것이 '양심'의 명령이기 때문이며, 이러한 양심의 명령에 따라 행동하는 것은 우리의 당연한 의무라고 강조한다.

(2) 도덕적 도리이기 때문

① 도덕적 행동은 인간으로서 해야 하는 당연한 도리이기 때문이다.
② **맹자** : 인간에게는 마땅한 도리가 있으니 배불리 먹고 따뜻한 옷을 입고 편안하게 살아도 그 도리를 배우지 않는다면 짐승과 같다.

(3) 삶의 의미를 찾기 위해

① '사는 것'은 그저 생존이지만, '의미 있는 삶을 사는 것'은 도덕적인 삶을 살 때만 가능하다.
② 자신의 삶의 의미에 비추어 자신의 행동이 옳은지 그른지 반성하기도 한다.

01 다음에서 설명하고 있는 사람의 특성은?

> 사람은 호랑이와 같은 날카로운 이빨이나 황소와 같은 힘을 가지지는 못했지만, 비행기나 자동차 등을 만들어 사용함으로써 이러한 불리함을 극복해 왔다.

① 도구적 존재   ② 유희적 존재
③ 사회적 존재   ④ 언어적 존재

02 사람에 대한 설명으로 옳은 것은?

① 사람은 삶의 방식을 스스로 선택할 수 없다.
② 사람은 다른 동물들과 다를 바 없는 존재이다.
③ 사람과 동물들의 기본 욕구에는 공통점이 없다.
④ 사람은 주변 환경을 자신에게 맞게 개선할 수 있다.

03 사람 본성에 대한 성악설의 입장으로 옳은 것은?

① 본성을 잘 유지하지 않으면 악한 행위를 하게 된다.
② 예의 실천을 통해 사람을 선하게 변화시켜야 한다.
③ 사람에게는 본래 남을 불쌍히 여기는 마음이 있다.
④ 사람의 본성은 자신의 선택에 의해 결정된다.

04 사람다운 삶의 모습으로 보기 어려운 것은?

① 해서는 안 되는 행동을 잘 안다.
② 순간적인 욕구나 충동을 조절한다.
③ 해서는 안 되는 일에도 최선을 다한다.
④ 마땅히 해야 할 행동은 반드시 실천한다.

01

사람은 불리한 신체적 조건을 극복하기 위해 다양한 도구를 만들어 사용해온 도구적 존재이다.

02

동물은 본능적으로 환경에 적응하며 살아가지만, 사람은 주변 환경을 자신에게 맞게 변화시키고 창조할 수 있는 열려있는 존재이다.

03

성악설을 주장한 순자는 사람은 본래 이기적이기 때문에 그대로 두면 악한 행동을 하게 되므로 예의 실천을 통해 사람을 선하게 변화시켜야 한다고 주장하였다.

04

사람다운 삶이란 자신이 소중히 여기는 것을 추구하면서도 동시에 해야 할 일과 해서는 안 되는 일을 구분할 줄 알고 사람의 도리를 다하는 삶이다.

ANSWER
01. ①   02. ④   03. ②   04. ③

05 다음 사례의 밑줄 친 부분과 관련 있는 것은?

기출

> 현수는 태권도 학원에 가지 않고 친구들과 놀다가 집으로 들어갔다. 어머니께서 "태권도 배우느라 힘들었지?"라고 물으셨는데 "네!"라고 거짓말을 하였다. 그 순간 <u>부끄럽고 죄스러운 마음이 들었다.</u>

① 양심
② 의지
③ 봉사
④ 희생

06 양심의 기원에 대한 두 입장인 선천설과 후천설의 공통점으로 가장 적절한 것은?

고난도

① 양심을 쉽게 무시한다.
② 죄책감을 느끼지 않는다.
③ 누구나 양심을 가지고 있다.
④ 양심의 가치는 별로 중요하지 않다.

07 아리스토텔레스가 행복의 조건으로 강조한 것은?

① 중용의 덕을 쌓아 실천하는 것
② 감정으로 이성을 조절하는 것
③ 순간적인 만족감을 추구하는 것
④ 물질적 풍요 속에서 생활하는 것

08 우리가 도덕적으로 살아야 하는 근본 이유는?

① 사회적 신분을 높일 수 있기 때문
② 주변 사람들로부터 비난을 피하고 좋은 평가를 받을 수 있기 때문
③ 언제나 적절한 보상이 돌아오기 때문
④ 인간답게 살기 위한 도리이자 의무이기 때문

05
'어머니에게 부끄럽고 죄스러운 마음'이 들었다는 것은 본인 스스로 자신의 행동에 부끄러움을 느끼고 옳지 않은 행동이라고 생각했기 때문이다. 즉, 현수는 부끄러운 행동(거짓말)을 한 후 양심의 가책을 느끼고 있다.

06
선천설은 누구나 태어나면서 양심을 가지고 있다는 주장이고, 후천설은 후천적 경험을 통해 양심이 생겨난다는 주장이다. 두 주장 모두 인간은 양심이 있고, 양심을 지키기 위해 노력해야 한다고 주장한다.

07
아리스토텔레스는 이성으로 물질적인 욕구나 감정을 잘 조절하여 중용의 덕을 쌓아야 하며, 이러한 덕에 따라 살아가는 것이 곧 진정한 행복에 이르는 길이라고 하였다.

08
우리가 도덕적으로 살아야 하는 이유는 그것이 인간답게 살기 위해 당연히 따라야 할 도리이자 의무이기 때문이다.

ANSWER
05. ① 06. ③ 07. ① 08. ④

09 다음 대화에 담긴 욕구로 가장 적절한 것은?

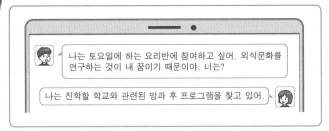

나는 토요일에 하는 요리반에 참여하고 싶어. 외식문화를 연구하는 것이 내 꿈이기 때문이야. 너는?

나는 진학할 학교와 관련된 방과 후 프로그램을 찾고 있어.

① 생리적 욕구   ② 안전의 욕구

③ 과시적 욕구   ④ 자아실현의 욕구

10 다음 내용 중 옳지 <u>않은</u> 것은?

① 도덕은 개인의 사람다운 삶은 물론 더불어 살아가는 삶을 위해서도 필요하다.

② 후천설은 태어난 이후 양심이 생겨난다고 본다.

③ 도덕은 강제력을 지닌 사회 규범으로 지키지 않으면 처벌을 받게 된다.

④ 우리는 도덕을 바탕으로 질서를 유지하면서 조화롭게 살아갈 수 있다.

09
자아실현의 욕구 : 자신의 능력과 기술, 잠재력을 최대한 실현하고자 하는 욕구

10
• 법 : 사회구성원이면 누구나 따라야 할 규범으로 외적 강제력을 지님 → 어기면 처벌 받음
• 도덕 : 누구나 따라야 할 규범으로 내적 강제력을 지님 → 어기면 사회적인 비난과 양심의 가책을 받음

ANSWER
09. ④   10. ③

02 도덕적 행동

학습 point⁺

도덕적 사고, 도덕적 실천 동기와 도덕적 실천 의지, 도덕적 상상력, 도덕적 성찰에 관한 문제가 자주 출제되었습니다. 사실 판단과 가치 판단을 구분하고, 가치 판단과 도덕 판단의 차이를 명확하게 이해하여 이를 바탕으로 도덕적 추론 과정을 논리적으로 이끌어 낼 수 있어야 합니다.

01 도덕적 사고와 행동

1 도덕적 사고 중요⁺

(1) 도덕적 지식

① 의미 : 개인의 양심, 이성의 명령 등 도덕적 문제와 관련된 여러 가지 도덕규범에 대하여 아는 것이다.

② 당위뿐 아니라 도덕적 사고도 포함하며, 도덕적 행동의 이유와 근거를 제시한다.

③ 도덕적 행동을 하는 데 필수 조건이며, 그 행동은 자율적 행동이다.

④ 도덕적 지식이 도덕적 행동으로 연결되지 못하면 그 자체는 불완전한 지식이다.

(2) 도덕적 사고 능력

① 의미 : 주어진 상황이나 문제에 대해 도덕적 민감성, 도덕적 판단, 상대에 대한 도덕적인 마음 등을 바탕으로 도덕적 선택을 하는 생각의 과정이다.

② 인간만이 가진 특징으로, 다른 동물들은 도덕적 사고를 할 수 없다.

③ 도덕 문제에 대한 끊임없는 반성을 통해 도덕적 사고가 가능하다.

④ 도덕적 사고 능력의 습관화가 인간다운 삶, 도덕적인 삶의 기초가 된다.

⑤ 도덕적 사고의 평가 : 도덕 판단의 근거를 통해 도덕적 사고에 대한 평가가 가능하다.

(3) 도덕적 사고의 실천

① 도덕적인 사람

　㉠ 도덕적 사고를 바탕으로 도덕적 실천 의지를 통해 도덕적으로 행동하는 사람

ⓒ 도덕적 사고를 바탕으로 도덕적 감정을 계발하고 습관화하여 도덕적 실천 의지를 갖춘 사람

ⓒ 도덕적 실천의 어려움을 극복하기 위해 자신을 이겨 내고, 이를 통한 정신적 만족감을 추구하는 사람

② 도덕적 사고와 행동의 조화

ㄱ 도덕적 판단을 하더라도 행동으로 옮기지 못하면 아무 의미가 없다.

ㄴ 지행합일의 정신 : 도덕적 사고와 행동의 조화가 필요하다.

> 지행합일(知行合一) ▼ 검색
> 아는 것(도덕적 지식)과 행동(도덕적 실천)이 일치하는 상태 → 도덕적 인격의 완성

ㄷ 도덕적 사고를 실천으로 옮기지 못하는 이유

ⓐ 편의주의 : 도덕적으로 행동하는 것이 귀찮거나 불편하다고 느끼기 때문

ⓑ 무관심 : 다른 사람의 처지를 공감하지 못하기 때문 → **도덕적 민감성, 공감 능력 부족**

ⓒ 도덕적 행동을 하면 자신에게 손해와 희생이 따른다고 생각하기 때문

ⓓ 사회 구조나 제도, 정책 등의 불완전성 때문 **예** 환자가 돈이 없어 치료를 받지 못했다면, 치료를 거부한 의사의 비도덕성 보다도 사회 구조나 정책의 비도덕성이 더 큰 문제일 수 있다.

---

2 도덕적 행동

(1) 도덕적 실천 동기

① 도덕적 실천의 중요성 : 도덕적 지식이 아무리 많아도 실천하지 않으면 도덕적 행동이 될 수 없다. → **도덕적 실천을 통해 도덕적 앎을 완성**

② 도덕적 실천 동기 : 도덕적으로 살아가기 위해 노력하려는 마음 → 도덕적 갈등 상황에서의 판단 및 실천의 바탕 → **도덕적 실천 동기가 없다면 도덕적 행동은 불가능**

③ 도덕적 실천 동기의 종류 : 양심, 정의, 사랑, 친절, 배려, 동정 등

> **참깐**
> **도덕적 앎**
> 도덕적 행위의 이유나 근거를 알고 있는 것
> → 도덕적 지식 + 도덕적 사고 능력

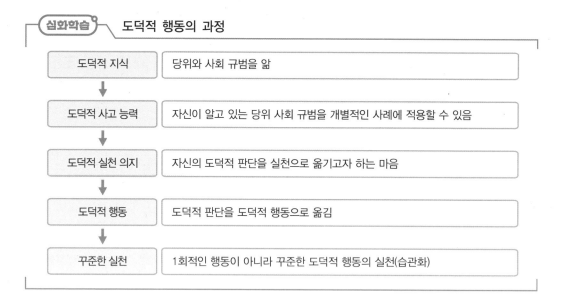

④ 도덕적 실천 동기를 저해하는 요인

   ㉠ 이기적인 마음 : 개인적인 욕심과 자신의 이익을 먼저 생각하는 이기심 때문이다.

   ㉡ 도덕적 무관심 : 다른 사람의 일이 자신과 직접적으로 상관없는 일이라고 생각하기 때문에 도덕적 문제에 관심을 보이지 않는다.

   ㉢ 용기의 부족 : 상대방의 권위와 비도덕적인 사회 분위기에서는 용기가 부족할 경우 잘못된 행동을 거부하지 못한다.

(2) 도덕적 실천 의지 중요⁺

① **의미** : 도덕적 지식과 도덕적 판단을 바탕으로 하여 주어진 상황에서 실제로 행동하려는 마음가짐

② **역할** : 도덕적 판단과 도덕적 실천을 연결하는 고리 역할

③ 확고한 도덕적 실천 의지가 부족하면 경우에 따라 자신의 도덕적 판단과 달리 엉뚱한 행동을 하기도 한다.

④ **도덕적 실천 의지 기르기** : 도덕적 인물 본받기, 도덕적 습관 기르기, 반성 등

(3) 생활 속의 도덕적 실천

① 도덕적 습관 형성

    ㉠ 도덕적 행동이 몸에 자연스럽게 배어야 실천으로 이어질 수 있다.

    ㉡ "한 마리의 제비가 왔다고 봄이 온 것은 아니다." - 아리스토텔레스

② 실천 의지 기르기

    ㉠ 도덕적 습관 형성을 위해서는 강한 도덕적 실천 의지가 필요하다.

    ㉡ 유혹에 넘어가지 않도록 큰 꿈과 이상이 필요하다. → 호연지기를 키움

> **호연지기(浩然之氣)** ▼ | 검색
>
> 사람 마음에 가득 찬 넓고, 크고, 올바른 기운으로 자기의 도덕적 당당함에 대한 떳떳함과 굳건한 자신감에서 우러나오는 이상적 기상

③ 중학생으로서 할 수 있는 도덕적 실천 : 생활 속에서 실천하는 노력들이 습관화될 때 비로소 도덕적 실천 의지를 가질 수 있다.

    예 부모님 대신 청소하기, 지하철이나 버스에서 자리 양보하기 등

02 도덕적 상상력과 도덕적 민감성

1 도덕적 상상력의 의미와 필요성

(1) 도덕적 상상력의 의미 중요+

① 다른 사람의 입장에서 상황을 이해하고 남의 어려움이나 처지를 공감하고 배려하는 능력으로, 직접적·간접적 경험으로 얻을 수 있다.

② 도덕적 상상력이 부족하면 다른 사람들을 잘 이해할 수 없다.

③ 도덕적 상상력이 높은 사람일수록 도덕적 행동을 할 가능성이 크다.

> **바로 바로 CHECK✓**
>
> ㉠에 들어갈 용어로 적절한 것은?
>
>   〈   ㉠   〉
>
> • 의미 : 자신의 도덕적 결정과 행동이 자신과 타인에게 미치는 영향을 이해하고 느끼는 것
> • 구성 요소 : 공감, 도덕적 민감성, 행위 결과 예측
>
> ① 도덕적 해이   ② 도덕적 강제력
> ❸ 도덕적 상상력   ④ 도덕적 불감증

(2) 도덕적 상상력의 필요성

① 올바른 도덕적 판단과 도덕적 추론을 하도록 도와준다.

② 다양한 도덕 문제를 해결하고 도덕적 행동을 하는 데 도움을 준다.

③ 상대방을 배려하고 용서하는 마음을 가질 수 있게 한다.

(3) 도덕적 상상력을 키우는 방법

① 도덕 문제 상황에 대하여 꼼꼼히 생각한다.

② 다른 사람의 어려움을 이해할 수 있도록 하고 그 사람의 입장과 감정을 공유한다. - 역지사지의 자세

③ 글쓰기와 역할 연기 등을 통해 간접적으로 경험할 수 있도록 한다.

역지사지(易地思之) ▾	검색

다른 사람과 처지를 바꾸어 생각해 봄
• "자기가 싫어하는 것을 남에게 하지 마라" – 공자
• "남에게 대접받고자 하는 대로 남을 대접하라" – 예수

2 도덕적 상상력을 발휘하기 위해 갖추어야 할 점 중요+

(1) 도덕적 민감성

① 의미 : 도덕적으로 문제가 있는 상황에서 무엇이 도덕적으로 문제가 있는지를 민감하게 느끼는 것

② 역할 : 사소한 일에도 민감하게 반응할 수 있도록 하고, 도덕적으로 바람직한 행동을 할 수 있는 시작점이 됨

(2) 공감과 배려

① 의미 : 상대방의 처지나 형편에 관심을 갖고, 그들을 기쁘게 하고자 애쓰는 마음

② 역할 : 다른 사람이 처한 상황에 공감하면 적극적으로 도덕적 행동을 할 수 있고, 상대를 배려하는 방법도 쉽게 찾을 수 있음

(3) 도덕적 문제의 결과 예측

① 의미 : 도덕적 문제를 해결하기 위해 다양한 대안을 탐색하고, 그 대안이 가져올 결과를 예측할 수 있는 능력

② 역할 : 다양한 대안 탐색과 결과 예측을 바탕으로 바람직한 도덕적 선택을 할 수 있게 함

03 도덕적 추론과 비판적 사고

1 판단의 의미와 종류

(1) 판단의 의미

① 여러 사물이나 사건에 대해서 자신의 생각을 정하는 것이다.

② 올바른 판단은 올바른 행동의 출발점이 된다.

③ 어떤 판단을 내리느냐에 따라 행동의 결과가 달라진다.

(2) 판단의 종류 중요+

① 사실 판단 : 사실 확인을 통해 참과 거짓을 구분할 수 있는 판단으로 관찰, 실험, 조사 등의 객관적 방법으로 확인할 수 있다.

> 예 무임승차는 법에 어긋나는 행동이다. → 법률의 조사·확인을 통해 판단

② 가치 판단 : 어떤 사실, 대상에 대한 중요성이나 값어치에 대한 판단으로 판단하는 사람의 주관적 입장이나 가치가 들어가 있다.

> 예 오늘은 날씨가 좋다. → 개인의 주관적 판단

③ 도덕 판단

㉠ 의미 : 가치 판단 중에서 도덕적 관점의 가치 판단으로 사람의 인격이나 성품, 행위, 사회적 제도나 정책에 대해 도덕적 관점에서 판단하는 것

㉡ 도덕 판단의 종류

ⓐ 개별적 도덕 판단 : 개인의 인격이나 성품, 또는 개별적 행위에 대한 도덕 판단

> 예 어려운 친구를 도와준 철수의 행동은 옳다.

바로 바로 CHECK√

사실 판단에 해당하는 것은?
① 사람은 정직해야 한다.
② 공직자는 청렴해야 한다.
❸ 지구는 태양 주위를 돈다.
④ 친구를 괴롭히는 것은 나쁘다.

ⓑ 일반적 도덕 판단(도덕 원리) :
모든 사람 또는 어떤 종류의 행위,
성품 전체에 대하여 보편적으로
평가하여 내리는 도덕 판단

예 사람은 정직해야 한다.

바로 바로 **CHECK√**

'일반적인 도덕 판단'에 해당되는 것은?

① 민수는 마음씨가 착하다.
② 사람은 언젠가는 죽는다.
③ 일본의 수도는 동경이다.
❹ 모든 사람은 정직해야 한다.

---

2 도덕 추론의 의미와 과정

(1) 의미와 구성 요소 중요⁺

① 의미 : 도덕적 추론은 도덕적 주장을 뒷받침하고 있는 이유의 적절성을 따져 보면서
도덕적 판단을 내리는 과정이다.

② 구성 요소 : 도덕 원리 + 사실 판단 = 도덕 판단
　　　　　　　도덕 판단의 근거　구체적 사실　개별적 도덕 판단

③ 올바른 도덕 판단 : 도덕 판단이 '참'이 되기 위해서는 도덕 원리와 사실 판단이 모두
'참'이어야 한다.

(2) 올바른 추론을 하기 위한 조건

① 제시된 도덕 원리가 적절해야 한다.
② 사실 판단이 참이어야 하고, 도덕 판단과 관련이 있어야 한다.
③ 상대방에게 나의 주장을 전달하고
설득하는 근거가 있어야 한다.

(3) 도덕적 추론 과정 중요⁺

근거	도덕 원리	법을 어기는 행동은(A) 나쁘다(B).
	사실 판단	무임승차는(C) 법을 어기는 행동이다(A).
주장	도덕 판단	무임승차는(C) 나쁘다(B).

바로 바로 **CHECK√**

다음은 도덕적 추론 과정이다. (　) 안에 들어
갈 가장 알맞은 말은?

• 도덕 원리 : 법에 어긋나는 행동을 하면 안 된다.
• 사실 판단 : (　　　　　　　　　　　)
• 도덕 판단 : 음주 운전을 해서는 안 된다.

① 음주 운전은 아주 나쁜 습관이다.
② 음주 운전자를 용서해서는 안 된다.
❸ 음주 운전은 법에 어긋나는 행동이다.
④ 음주 운전은 사람을 다치게 할 수 있다.

(4) 도덕적 추론이 잘못되는 경우

① 근거로 제시된 도덕 원리가 잘못된 경우

② 근거로 제시된 사실 판단이 거짓인 경우

③ 사실 판단과 도덕 원리가 서로 관계가 없는 경우

3 비판적 사고의 의미와 방법

(1) 의 미

① 복잡한 도덕적 갈등을 해결하기 위하여 이성적 사고력을 바탕으로 합리적으로 추론해 나가는 과정을 말한다.

② 비판적 사고가 부족할 시엔 분명한 근거도 없이 단정을 내리거나, 자신이 알고 있는 근거만을 가지고 전체를 판단하게 된다.

(2) 방 법 중요+

① 도덕 원리 검사

㉠ 역할 교환 검사 : 도덕 원리를 자신의 입장에 적용했을 때에도 그 결과를 받아들일 수 있는지 알아보는 방법

㉡ 보편화 결과 검사 : 도덕 원리를 모든 사람에게 보편적으로 적용했을 때 나타날 수 있는 결과를 예상하여 검토하는 방법

㉢ 포섭 검사 : 선택한 도덕 원리를 더 일반적이고 포괄적인 도덕 원리에 따라 판단해 보는 방법

㉣ 반증 사례 검사 : 근거로 제시된 도덕 원리에 반대되는 사례를 제시해 보는 방법

② 사실 판단 검사

㉠ 신뢰성 있는 정보인지 확인 : 제시된 사실이 참인지 거짓인지 판단

㉡ 내용과의 관련성 : 도덕 원리와 판단과정에 어떤 사실이 고려되었는지 관련성 검사

04 도덕적 성찰

1 도덕적 성찰의 의미와 필요성 중요⁺

(1) 도덕적 성찰

① 의미 : 자신의 행동과 삶을 도덕적 관점에서 반성해 보고, 자신의 마음과 행동을 객관적으로 깊이 살펴보는 것

② 참된 도덕적 성찰

㉠ 자신의 삶이나 행동에 대해 반성하고 잘한 것과 잘못한 것을 따져보는 자세

㉡ 내 안에서 문제의 원인을 찾으며 잘못된 행동을 고치는 데 노력하는 자세

(2) 도덕적 성찰의 필요성

① 인간은 불완전한 존재이기 때문에 도덕적 성찰을 통해 끊임없이 자기 자신을 다스려야 한다.

② 도덕적 성찰의 과정을 통해 올바른 가치관 성립과 인격 형성을 할 수 있다.

③ 개인의 도덕적 성찰은 곧 사회와 세계에도 영향을 미쳐 살기 좋은 사회를 만들 수 있다.

2 도덕적 성찰의 준거

(1) 의미와 중요성

① 의미 : 덕과 품성, 보편적 도덕 원리와 같이 자신의 삶과 세계의 모습의 옳고 그름을 판단하는 도덕적 기준

② 중요성

㉠ 자신의 삶의 옳고 그름을 정확하게 판단할 수 있다.

㉡ 독단과 편견에서 벗어나 자기 정당화를 방지할 수 있다.

(2) 덕과 품성(성품)

① 의미

　㉠ 덕(德) : 도덕적 인간이 지니고 있는 인격적 특성

　㉡ 품성(성품) : 덕이 마음속에 자리 잡은 것

　㉢ 예 : 정직, 성실, 사랑, 지혜, 공경, 신뢰, 절약, 겸손 등

② 성현들이 강조한 덕

성 현	덕	의 미
공 자	인(仁), 예(禮)	사람을 사랑하는 마음(仁)과 그것을 표현하는 방식(禮)
석가모니	자비	다른 사람에게 기쁨을 주고 다른 사람의 고통을 어루만져 주는 것
노 자	무위자연	인위적인 것을 버린 자연 그대로의 상태
예 수	사랑	모든 인간은 평등하고 존중받아야 할 존재
아리스토텔레스	중용	이성에 따라 모자라지도 넘치지도 않는 중간 상태
소크라테스	지혜	변하지 않는 객관적·보편적 진리

(3) 보편적 도덕 원리

① 의미 : 모든 사람들에게 동일하게 적용할 수 있는 객관적이고 일반적인 도덕 판단 기준

② 예 : 황금률, 악행 금지의 원리, 선행의 원리, 정의의 원리, 인간 존중의 원리

> **잠깐**
>
> **황금률**
> - 추기급인(推己及人) : 자기 마음을 미루어 보아 남에게도 그렇게 한다.
> - 역지사지(易地思之) : 다른 사람과 처지를 바꾸어 생각해 본다.
> - 공자의 서(恕) : 자기가 하기 싫은 일을 남에게 강요하지 않는 것 → 기소불욕 물시어인(己所不慾 勿施於人)

3　도덕적 성찰의 방법

(1) 전통적인 자기 성찰의 방법

① 신독 : 남들이 보지 않는 곳에 혼자 있을 때에도 도리에 어긋남이 없도록 몸가짐을 바로 하는 자세 → 유교

② 경 : 의식을 집중시키고 마음을 다스려 또렷한 정신을 유지하는 자세 → 유교

③ 참선 : 욕구나 욕망을 절제하여 마음을 고요하게 만드는 자세 → 불교

(2) **일상생활에서의 자기 성찰의 방법** 중요⁺

　① **성찰 일기** : 자신을 객관적으로 바라보고, 자신의 삶의 잘잘못을 따질 수 있다.

　② **명상** : 마음을 평온하게 하고 정신을 집중하여 마음을 안정시킨다.

　③ **좌우명 활용** : 삶의 방향을 알려주는 기준을 정하여 삶을 반성하고, 좌우명대로 살기 위해 노력한다.

　④ **기타** : 기도하기, 음악 감상 등

실전 예상문제

01 다음 중 도덕적인 사람의 조건으로 적절하지 <u>않은</u> 것은?

① 자율적으로 행동한다.
② 앎과 행동이 일치한다.
③ 이익과 손해를 계산할 줄 안다.
④ 따뜻한 마음으로 어려운 사람을 도와준다.

01

도덕적인 사람은 자신의 이성에 따라 자율적으로 행동하며, 자신이 알고 있는 도덕적 앎과 행동이 일치하는 사람이다.

02 다음 내용이 공통적으로 설명하는 요소는?

> • 이 요소를 통해 제대로 알지 못했던 도덕적 지식을 보완하고 개선할 수 있다.
> • 살아가며 부딪히는 다양한 도덕적 문제에서 도덕적 선택을 하기 위한 사고 과정이다.

① 당위 　　　　② 욕구
③ 도덕적 사고 　④ 도덕적 신념

02

도덕적 사고란 주어진 상황이나 문제에 대해 도덕적 민감성, 도덕적 판단, 상대에 대한 도덕적인 마음 등을 바탕으로 도덕적 선택을 하는 사고 과정을 말한다.

03 다음 내용이 강조하고 있는 것은?

고난도

> • 앎은 행함의 시작이요, 행함은 앎의 완성이다.
> • 옳은 것을 알면서도 실천하지 않으면 진정으로 아는 것이 아니다.

① 도덕적 사고의 중요성
② 도덕적 실천의 중요성
③ 도덕적 지식의 중요성
④ 도덕적 신념의 중요성

03

도덕적 실천을 통해서 도덕적 지식이 완성된다.

ANSWER
01. ③　02. ③　03. ②

04 다음 일기를 통해 배울 수 있는 삶의 자세는?

기출

> ○월 ○일 ○요일
> 청소 시간에 친구와 싸웠다. 나를 놀렸다고 오해해서
> 생긴 일이다. 내가 친구의 말을 경청했다면 다투지 않
> 았을 텐데…. 내 잘못을 알게 된 후 친구에게 사과했다.

① 충동적으로 행동해야 한다.
② 성찰하는 삶을 살아야 한다.
③ 타인의 처지에 무관심해야 한다.
④ 잘못을 절대로 용서하면 안 된다.

05 "아는 것과 실천하는 것이 조화를 이루어야 한다."는
것을 강조한 말로, 동서양의 철학자들이 중시했던 자
세는?

① 지행합일(知行合一)　　② 삼강오륜(三綱五倫)
③ 역지사지(易地思之)　　④ 일심동체(一心同體)

06 사람들은 옳다는 것을 알면서도 행동으로 실천하지 못
하는 경우가 많다. 그 이유와 거리가 먼 것은?

① 도덕적 무관심
② 다른 사람의 일이 자신과 직접적으로 상관없는 일
　이라는 생각
③ 교육 수준
④ 상대방의 권위와 비도덕적인 사회 분위기

04
도덕적 성찰은 자신의 행동과 삶을 도덕
적 관점에서 반성해 보고, 자신의 마음과
행동을 객관적으로 깊이 살펴보는 것을
말한다.

05
"아는 것과 실천하는 것이 조화를 이루어
야 한다."는 말은 지행합일이다.

06
교육 수준과 도덕적 행동은 무관하다.

※ 도덕적 사고를 실천으로 옮기지 못하는 이유
이기적인 마음, 도덕적 무관심, 용기의 부족,
편의주의, 도덕적 행동을 하면 자신에게 손
해와 희생이 따른다는 생각, 사회 구조나 제
도의 비도덕성 등

ANSWER
04. ② 05. ① 06. ③

07 다음 중 도덕적 행동을 하기 위한 조건이 <u>아닌</u> 것은?

① 도덕적 실천 의지가 있어야 한다.
② 도덕적인 사고 능력이 있어야 한다.
③ 비도덕적인 행동을 경험해 본다.
④ 도덕규범에 관한 지식이 있어야 한다.

07
도덕적 행동을 하기 위한 조건으로는 도덕적 지식, 도덕적 사고 능력, 도덕적 실천 의지 등이 있다.

08 다음과 관계 깊은 것은?

기출

> • 도덕적 판단과 실천을 연결하는 고리 역할
> • 옳다는 것을 알면서도 실제 행동하지 못하는 사람에게 필요한 자세

① 도덕적 실천 의지 ② 안전한 삶의 추구
③ 막대한 부의 축적 ④ 풍부한 지식 추구

08
도덕적 실천 의지는 도덕적 지식과 도덕적 판단을 바탕으로 하여 주어진 상황에서 실제로 행동하려는 마음가짐을 말하며, 도덕적 판단과 실천을 연결시켜 주는 고리 역할을 한다.

09 다음 중 도덕적 민감성과 상상력에 대한 내용으로 옳지 <u>않은</u> 것은?

① 도덕적 민감성과 상상력은 상황에 맞는 적합한 도덕적 행동을 할 수 있도록 돕는다.
② 도덕적 민감성과 상상력은 공감이나 역지사지의 자세와는 관련이 없다.
③ 도덕적 민감성이 부족하면 자신의 도움이 필요한 상황을 그냥 지나칠 수 있다.
④ 다른 사람이 처한 상황에 공감하면 적극적으로 도덕적 행동을 할 수 있고, 상대를 배려하는 방법도 쉽게 찾을 수 있다.

09
• 역지사지의 자세 : 다른 사람의 어려움을 이해할 수 있도록 하고 그 사람의 입장과 감정을 공유한다.
• 공감과 배려 : 다른 사람이 처한 상황에 공감하면 적극적으로 도덕적 행동을 할 수 있고, 상대를 배려하는 방법도 쉽게 찾을 수 있다.

ANSWER
07. ③ 08. ① 09. ②

10 다음의 상황에서 도덕적 상상력을 올바르게 발휘하지 **고난도** **못한** 것은?

> 이틀 전에 전학 온 친구가 체육 시간에 운동장에서 공을 차다 넘어져 무릎을 다쳤습니다. 상처 난 다리를 잡고 운동장에 쓰러져 있습니다.

① 친구에게 보건실을 안내해 주어야겠다.
② 친구가 빨리 비켜 줘야 축구를 할 수 있을 텐데.
③ 친구가 다리를 다쳤으니 부축해 줘야겠다.
④ 상처가 심한 것 같은데 얼마나 아플까.

11 도덕적 상상력을 키우는 방법 중 다음의 명언이 강조하는 것은?

> • "자기가 싫은 것을 남에게 강요하지 마라." – 공자
> • "남에게 대접받고자 하는 대로 남을 대접하라." – 예수

① 역지사지　　　　② 아전인수
③ 결과 예측　　　　④ 공익 우선

12 다음 중 판단의 종류가 나머지와 <u>다른</u> 하나는?

① 호랑이는 포유류에 해당한다.
② 어려운 이웃을 돕는 것이 도리이다.
③ 태양은 빛과 열을 방출한다.
④ 대한민국의 수도는 인천이다.

10
도덕적 상상력은 다른 사람의 처지를 공감하고 배려할 수 있는 능력을 말한다.

11
역지사지란 다른 사람과 처지를 바꾸어 생각해 보는 것을 말한다.

12
②는 도덕 판단에 해당하고, ①·③·④는 사실 판단에 해당한다.

ANSWER
10. ②　11. ①　12. ②

13 도덕적 판단에 해당하는 것은?

① 해는 동쪽에서 뜬다.
② 사람은 정직해야 한다.
③ 봄에는 새싹이 돋는다.
④ 물은 100°C에서 끓는다.

14 도덕 추론의 형식에 대한 설명으로 옳지 <u>않은</u> 것은?

(㉠) : 법에 어긋나는 행동을 하면 안 된다.
(㉡) : 무임승차는 법을 어기는 행동이다.
(㉢) : 무임승차를 해서는 안 된다.

① ㉠은 도덕 원리이다.
② ㉡은 사실 판단이다.
③ ㉢은 도덕 판단이다.
④ ㉢은 ㉠과 ㉡의 근거이다.

15 도덕적 성찰에 대한 설명으로 옳지 <u>않은</u> 것은?

① 상상이나 공부를 위한 지적 사고와 같은 것이다.
② 자신을 돌이켜 보고 잘못의 원인을 자신에게서 찾는다.
③ 성찰의 완성은 잘못된 행동을 개선하는 것까지 포함한다.
④ 자기중심적인 관점에서 벗어나 자신을 제3자의 눈으로 바라본다.

13
①, ③, ④는 사실 판단에 해당한다.

14
도덕 판단의 근거가 되는 것이 도덕 원리이다.

"무임승차를 해서는 안 돼. 법을 어기는 일이야."

㉠ 도덕 원리 : 법에 어긋나는 행동을 하면 안 된다.
㉡ 사실 판단 : 무임승차는 법을 어기는 행동이다.
㉢ 도덕 판단 : 무임승차를 해서는 안 된다.

15
도덕적 성찰은 자신의 삶을 도덕적 과정에서 반성해 보고, 잘못의 원인을 자신에게서 찾으며, 개선의 노력까지 포함하는 것을 말한다. 이것은 상상이나 공부와는 다른 개념이다.

ANSWER
13. ② 14. ④ 15. ①

16 다음의 명언을 통해 성찰하는 삶의 중요성을 강조한 고대 철학자는?

> • "성찰하지 않는 삶은 살 가치가 없다."
> • "너 자신을 알라."

① 플라톤 ② 소크라테스
③ 아르키메데스 ④ 아리스토텔레스

16
성찰하는 삶의 중요성, 성찰과 반성을 통한 무지의 자각(스스로의 무식함을 깨달음)과 겸손을 강조한 고대 철학자는 소크라테스이다.

17 다음에서 설명하는 원칙으로 옳은 것은?

> 인간이면 누구나 따라야 하는 삶과 행동의 원칙이며, 우리는 이것에 근거하여 도덕적으로 잘 사는지 아닌지 성찰하게 된다.

① 관습 ② 보편적 도덕 원리
③ 자연 법칙 ④ 법과 규칙

17
보편적 도덕 원리는 모든 사람에게 동일하게 적용할 수 있는 객관적이고 타당한 원칙이다.

18 다음에서 설명하는 전통적 자기 성찰의 방법과 관련 종교를 바르게 연결한 것은?

> 남이 보이지 않는 곳에 혼자 있을 때에도 도리에 어긋남이 없도록 몸가짐을 바르게 하고, 말과 행동을 조심하는 것을 말한다.

① 신독 – 유교 ② 신독 – 불교
③ 경 – 유교 ④ 참선 – 불교

18
남이 보든지 보지 않든지 간에 올바른 몸가짐과 마음가짐을 하는 것이 유교에서 강조하는 신독의 자세이다.

ANSWER
16. ② 17. ② 18. ①

19 다음에서 설명하는 성찰의 방법은?

> 삶의 방향을 알려주고 자기 생활을 반성할 수 있는
> 명언이나 격언을 정하여 자신의 삶을 반성하고 그것
> 을 지키려고 노력한다.

① 명상하기　　　　　② 기도하기
③ 성찰 일기 쓰기　　④ 좌우명 활용하기

19
① 명상하기 : 마음을 평온하게 하고 정
　신을 집중하여 마음을 안정시킨다.
③ 성찰 일기 쓰기 : 자신을 객관적으로
　바라보고, 현재 자신의 삶의 잘잘못을
　따지는 기회이다.

ANSWER
19. ④

03 자아 정체성

자아의 의미와 구성 요소, 자아 정체성 형성, 도덕적 신념에 관한 내용은 자주 출제되므로, 꼼꼼하게 살피고 충분한 문제 풀이를 통해 시험에 대한 감각을 익혀두는 것이 좋습니다. 또한, 도덕적 인물에 관련된 개념을 반드시 정리하도록 합니다.

01 나는 누구인가?

1 자아의 의미

(1) 자 아 중요⁺

① 의미 : 나를 알고자 하는 과정에서 확인하게 되는 자신의 모습으로, 자기 자신을 특징짓는 것에 대한 인식이나 태도를 의미한다.

② 개인적 자아와 사회적 자아

개인적 자아 [= 주체적 자아(I)]	사회적 자아 [= 객체적 자아(Me)]
• 자신의 개인적 사고와 감정에 대한 인식 • 내가 원하는 것과 할 수 있는 것을 아는 것 • 자신의 의지나 욕구대로 행동하고 싶어 하는 능동적·적극적 성격을 지님	• 사회로부터 나에게 주어지는 것 • 다른 사람의 처지에서 개인적 자아의 충동이나 욕망을 규제하는 것 • 사회적 존재로서 내가 해야 하는 것을 포함

③ 자아를 아는 것

㉠ 개인적 자아를 아는 것 : 소망, 능력을 아는 것

㉡ 사회적 자아를 아는 것 : 의무를 아는 것

→ 자아 발견 : 자신의 소망, 능력, 의무를 아는 것

④ 자아의 구성 요소 중요⁺

㉠ 소망 : 내가 원하는 것

㉡ 능력 : 내가 할 수 있는 것

㉢ 의무 : 사회적 존재로서 내가 할 일과 해서는 안 되는 일을 아는 것

바로 바로 CHECK√

다음 내용과 관계 깊은 자아 구성 요소는?

• 내가 원하는 것
• 내가 하고 싶은 것

❶ 소망   ② 능력
③ 의무   ④ 지식

심화학습	주체로서의 자아와 객체로서의 자아

주체로서의 자아	• 내가 생각하는 나의 모습 : 개인적·개별적 존재로서의 자아
	• 자신의 외모, 성격, 행동 양식, 태도에 대해 스스로 내린 판단
	※ **중요성**
	  – 자신의 삶을 주체적으로 살아갈 수 있도록 한다.
	  – 자신뿐만 아니라 다른 사람의 주체적 자아도 존중할 수 있는 바탕이 된다.

객체로서의 자아	남이 보는 나의 모습 : 사회적·공동체적 존재로서의 자아
	※ **중요성**
	  – 주체로서의 자아를 보다 분명하게 인식할 수 있다.
	  – 청소년기에 객체로서의 자아에 많은 관심을 보인다.

(2) 자아 발견 ^{중요+}

① 의미 : 자신이 어떤 조건에 처해 있고, 어떤 소망과 능력을 가지고 있으며, 다른 사람들과는 어떤 관계를 맺고 있는지를 바르게 아는 것

② 자아 발견의 방법

  ㉠ 자기 성찰 : 혼자만의 시간을 통한 자기반성

  ㉡ 주변인의 조언 청취

  ㉢ 다양한 체험 : 친구들과의 교류, 폭넓은 독서, 봉사 활동 등

바로 바로 CHECK√

다음 글이 강조하고 있는 것은?

> 남을 아는 사람은 지혜가 있는 사람이지만, 자기를 아는 사람은 더욱 지혜롭고 명석한 사람이다.

① 고난 극복   ❷ 자아 발견
③ 목표 달성   ④ 가치 갈등

2 자아 정체성의 의미와 중요성

(1) 의 미

① '나는 누구인가?'에 대한 스스로의 답을 의미하는 것으로, 인생의 여러 단계를 거치면서 부분적·점진적으로 완성된다.

② 자신이 타인과 구별되는 독립적이고 고유한 존재라는 인식이다.

③ 자신은 누구이며, 어디에 있으며, 어디로 향해 가고 있는가에 대해 지니는 인식이다.

(2) 자아 정체성 형성 중요⁺

① 사회 속의 개인으로서 자신만의 독특한 모습과 사회적 역할을 조화롭게 통합하는 과정에서 형성된다.

② 자신을 타인과 구별되는 존재로 파악 : 자신이 속한 가정, 사회, 국가의 한 구성원으로서 인식하는 것이다.

③ 구성원에게 부여되는 사회적·도덕적 책임 수용 : 자신의 존재 가치와 삶의 의미를 발견하는 것이다.

> 참깐
>
> **올바른 자아 정체성의 형성을 위한 노력**
> • 자기 자신에 대해 잘 알아야 한다.
> • 다른 사람들이 보는 자신의 모습을 이해하려는 자세가 필요하다.
> • 올바른 자아 정체성을 형성한 사람들을 본받기 위해 노력해야 한다.

(3) 올바른 자아 정체성을 형성한 사람 중요⁺

① 능동적인 삶의 자세 유지 : 자기 삶의 진정한 주인공으로 살아간다.

② 사회적 의무와 책임 존중 : 개인적 가치뿐만 아니라 공동체의 문화적 가치와 규범 등을 소중히 여긴다.

③ 도덕적 정체성 형성 : 자신의 도덕적 힘에 대한 인식과 신뢰를 바탕으로 자신의 도덕적 가치와 기준에 따라 살아간다.

> 도덕적 자아 정체성   ▾ 검색
>
> 도덕적 관점에서 자신을 평가하고 반성하며 도덕적으로 행동할 수 있게 해 주는 바람직한 자아 정체성이다.

> **바로 바로 CHECK√**
>
> 자아 정체성을 형성한 사람의 태도로 옳은 것은?
> ❶ 자기 삶의 주인으로 살아간다.
> ② 자신의 잘못을 책임지지 않는다.
> ③ 자신에게 주어진 역할을 외면한다.
> ④ 타인에게 보여지는 자신의 모습만을 중시한다.

02 내가 존경하는 도덕적 인물

1 도덕적 인물의 특징

(1) 훌륭한 인격과 성품

훌륭한 인격과 성품을 바탕으로 도덕적 행동을 실천하며 살아간다.

(2) 보편적 가치 추구

생명 존중, 사랑, 평화, 정의 등 보편적 가치를 추구하며, 자신뿐만 아니라 다른 사람들도 인간다운 삶을 살도록 한다.

> 예 석가모니가 추구했던 자비, 예수가 추구했던 사랑, 간디가 강조했던 평화, 테레사 수녀가 지향했던 인류애 등

(3) 용기와 강한 의지

자신의 안전과 이익을 추구하기보다, 굳은 용기와 의지를 가지고 도덕적인 가치를 실현하기 위해 노력한다.

> 예 일제 강점기에 독립운동에 참여했던 사람들은 자신의 목숨이 위협받는 상황에서도 민족과 나라에 대한 사랑을 실천한다.

(4) 우리 삶의 모범이 됨

도덕적 인물들이 어떤 가치를 추구하고, 어떠한 신념을 가지고 그 가치를 실현했는지 살펴보면서 많은 것을 배울 수 있다.

> **잠깐**
>
> **도덕적 인물 선정 시 고려할 사항**
> • 그가 도덕적인 가치를 추구하는가?
> • 그의 삶의 모습이 나의 삶의 방향을 제시하는가?
> • 그의 삶의 태도가 타인의 존경을 받을 만한가?

2 도덕적 인물들의 공통점과 영향

(1) 도덕적 인물들의 공통점

인간으로서 올바르게 살아가는 방법이 무엇인지를 끊임없이 고민하는 과정에서 도덕적 인물로 성장한다.

(2) 도덕적 인물이 주는 영향

① 도덕적 인물들의 삶에 비추어 자신의 모습을 반성하고, 자신이 살아갈 삶의 방향을 결정할 수 있다.

② 도덕적 인물들을 탐색하며 자신도 도덕적 인물이 될 수 있다는 것을 가능성을 깨닫고, 도덕적 인물이 되려고 노력할 수 있다.

03 나의 도덕적 신념

1 신념의 의미와 성격

(1) 신념의 의미와 중요성

① 신념의 의미 : 사람들이 스스로 옳다고 굳게 믿고, 삶의 기준으로 삼는 것이다.

→ 세상의 옳고 그름을 판단하고, 판단을 바탕으로 자신의 행동을 선택함

② 신념의 중요성 : 사람을 이끌어 주는 기본 원칙으로 세상을 해석하고 개인의 생각과 행동, 느낌을 지배하는 힘으로 작용한다. → 올바른 신념 선택이 중요

(2) 신념의 성격

① 인간은 누구나 자신의 신념을 갖고 있으며, 신념에 따라 행동한다.

② 개인의 신념은 항상 같지 않기 때문에 서로 다른 신념을 지닌 개인 간의 갈등을 가져올 수 있다.

2 도덕적 신념

(1) 도덕적 신념의 의미와 역할

① 의미 : 도덕적으로 옳다고 여기는 것의 확고한 믿음과 그것을 실현하려는 강한 의지

② 역할

ㄱ 가치 있는 삶의 방향을 제시하여, 어떠한 역경에도 굴하지 않고 꿋꿋하게 도덕적 행동을 실천하도록 이끌어 준다.

ㄴ 비도덕적인 선택의 유혹에서 벗어날 수 있도록 해 준다.

ㄷ 도덕적 판단을 내리고 도덕적 행동을 실천할 수 있게 해 준다.

> **잠깐**
> **도덕적 신념의 기준**
> • 모든 사람에게 똑같이 적용할 수 있는 객관적이고 타당한 것
> • 자신에게만 옳은 것이 아니라 타인에게도 옳은 것

(2) 도덕적 신념의 조건 중요⁺

① 생명 존중, 환경 보호, 자유, 평등, 정의, 평화 등 보편적 가치와 일치하는 신념이어야 한다.

② 나 자신뿐만 아니라 사회에도 기여할 수 있는 신념이어야 한다.

바로 바로 CHECK√

올바른 도덕적 신념을 〈보기〉에서 고른 것은?

㉠ 환경 보호	㉡ 인종 차별
㉢ 남녀 차별	㉣ 생명 존중

① ㉠, ㉡   ❷ ㉠, ㉣
③ ㉡, ㉢   ④ ㉢, ㉣

---

3 올바른 신념과 잘못된 신념

(1) 올바른 신념

① 정신적 가치를 지키려는 신념이다.

② 미래에 대한 긍정적인 사고방식을 가진다. → 현재의 고난을 이겨 내기 위한 힘

③ 다른 사람과 더불어 사는 삶을 중시한다.

④ 도덕적 실천을 통해 도덕적 습관으로 발전할 수 있다.

(2) 잘못된 신념

① 충분한 지식이나 정보 없이 한정된 경험을 바탕으로 신념을 정한다.

② 다른 사람의 생명과 인권을 무시하는 결과를 초래한다.

　예 히틀러의 인종, 민족에 대한 잘못된 신념 → 유대 인의 생명과 인권 무시

③ 옳지 못한 자신의 욕구, 주변 사람들의 부당한 요구, 사회의 잘못된 관행 때문에 신념이 흔들리기도 한다.

④ 자신의 신념이 인권과 평등을 추구하고, 합리적 사고에 적합한 것인지 생각해 보아야 한다.

(3) 올바른 신념의 중요성

① 올바른 도덕적 신념 : 자신의 잘못을 끊임없이 고치며, 다른 사람의 비도덕적 행위나 사회 제도를 고치려고 노력한다.

② **올바른 용기 형성** : 타인의 입장을 이해하고 타인을 배려할 줄 아는 관용의 덕을 갖춘다.

③ **타인에 대한 관용 형성** : 자기와 다른 사람들의 입장과 권리를 무시하거나 억압하지 않고 인정하는 태도를 갖춘다.

관용	▼	검색

남의 잘못을 너그럽게 받아들이거나 용서함

④ **도덕적 신념과 행동의 조화** : 자신이 옳다고 믿는 바를 꿋꿋하게 실천하여 바람직한 사회의 형성 및 개인의 행복한 삶을 형성한다.

01 다음 내용이 의미하는 것은?

기출

> 자신이 누구인지를 확인하는 과정에서 알게 되는 자신의 참된 모습

① 취미 ② 재능

③ 자아 ④ 인격

01

① 취미 : 전문적으로 하는 것이 아니라 즐기기 위하여 하는 일
② 재능 : 타고난 능력과 훈련에 의하여 획득된 능력
④ 인격 : 사람이 기본적으로 갖추어야 할 조건으로, 다른 존재와 구분되는 것

02 다음 중 개인적 자아에 해당하는 내용으로 옳지 않은 것은?

① 자신의 의지나 욕구대로 행동하고 싶어 하는 능동적·적극적 성격을 지닌다.
② 다른 사람의 처지에서 개인적 자아의 충동이나 욕망을 규제하는 것이다.
③ 내가 원하는 것과 할 수 있는 것을 아는 것이다.
④ 자신의 개인적 사고와 감정에 대한 인식이다.

02

②는 사회적 자아에 대한 내용이다.

03 다음과 관계 깊은 자아의 구성 요소는?

> 사회적 존재로서 내가 할 일과 해서는 안 되는 일이 무엇인지를 알 때 비로소 자아를 아는 것이다.

① 의무 ② 능력

③ 소망 ④ 취미

03

② 능력 : 내가 할 수 있는 것이 무엇인지를 안다는 것
③ 소망 : 내가 원하는 것이 무엇인지를 안다는 것

ANSWER

01. ③ **02.** ② **03.** ①

04 자아 정체성과 관련된 설명으로 옳지 <u>않은</u> 것은?

① 자아 정체성을 형성하는 여러 요소 중에서 가장 기본이 되는 것은 몸과 마음이다.

② 우리는 아름다운 외모로 드러나는 몸이 가장 중요하다는 것을 알아야 한다.

③ 몸은 우리의 삶을 지탱해 주는 기반이 된다.

④ 우리는 자신의 몸을 아끼고 사랑해야 한다.

05 '나는 누구인가?'에 대한 한 개인의 스스로의 답을 의미하는 용어는?

① 자아 정체성　　　　② 객체적 자아

③ 몸과 마음의 조화　　④ 외모 지상주의

06 자아 존중에 대한 설명으로 옳지 <u>않은</u> 것은?

① 자기중심적인 태도는 높은 자아 존중감이다.

② 허황한 모습이나 이기심, 자기도취는 자아 존중과 다르다.

③ 진정한 자아 존중은 도덕적 진실성과 옳음을 바탕으로 한다.

④ 자아 존중은 타인 존중과 연결된다.

07 자신이 본받을 도덕적 인물 선정 시 고려할 점으로 적절하지 <u>않은</u> 것은?

① 그의 삶의 태도가 타인의 존경을 받을 만한가?

② 그의 삶의 모습이 나의 삶의 방향을 제시하는가?

③ 잘 알려진 인물인가?

④ 도덕적인 가치를 추구하는가?

04

자아 정체성과 관련해서 몸과 마음은 모두 중요한 요소이다. 몸은 마음의 영향을 받고 마음은 몸의 영향을 받는다.

05

자신이 누구이며, 어디에 있으며, 어디로 향하고 있는가에 대한 한 개인의 스스로의 인식을 자아 정체성이라고 한다.

06

자아 존중감이 높으면 타인의 자아도 존중하게 된다. 자기중심적 태도는 바람직한 모습이 아니다.

07

도덕적 인물 선정 시 고려할 사항
• 도덕적인 가치를 추구하는 인물인가?
• 그의 삶의 모습이 나의 삶의 방향을 제시하는가?
• 그의 삶의 태도가 타인의 존경을 받을 만한가?

ANSWER

04. ②　**05.** ①　**06.** ①　**07.** ③

08 다음 밑줄 친 내용에 해당하는 것은?

고난도

> • '이것'은 도덕적으로 옳다고 여기는 것의 확고한 믿음과 그것을 실현하려는 강한 의지를 말한다.
> • 우리는 '이것'을 지님으로써 어떠한 역경에도 굴하지 않고 꿋꿋하게 도덕적 행동을 실천하도록 이끌어 준다.

① 올바른 습관 ② 사회적 관계
③ 도덕적 지식 ④ 도덕적 신념

09 다음 중 올바른 신념에 대한 설명으로 옳지 <u>않은</u> 것은?

① 다른 사람과 더불어 사는 삶을 중시한다.
② 자신의 경험을 바탕으로 신념을 정한다.
③ 정신적 가치를 지키려는 신념이다.
④ 미래에 대한 긍정적인 사고방식을 가진다.

10 다음 중 도덕적 인물의 특징과 거리가 <u>먼</u> 것은?

① 생명 존중, 사랑, 평화, 정의 등 보편적 가치를 추구한다.
② 도덕적 인물들이 어떠한 신념을 가지고 그 가치를 실현했는지 살펴보면서 많은 것을 배울 수 있다.
③ 훌륭한 인격과 성품을 바탕으로 도덕적 행동을 실천하며 살아간다.
④ 자신의 안전과 이익을 우선 추구한다.

08

도덕적 신념
• 의미 : 도덕적으로 옳다고 여기는 것의 확고한 믿음과 그것을 실현하려는 강한 의지
• 역할 : 가치 있는 삶의 방향을 제시하여, 어떠한 역경에도 굴하지 않고 꿋꿋하게 도덕적 행동을 실천하도록 이끌어 준다.

09

② 잘못된 신념 : 충분한 지식이나 정보 없이 한정된 경험을 바탕으로 신념을 정한다.

10

④ 용기와 강한 의지 : 자신의 안전과 이익을 추구하기보다, 굳은 용기와 의지를 가지고 도덕적인 가치를 실현하기 위해 노력한다.

ANSWER
08. ④ 09. ② 10. ④

Chapter 04 삶의 목적

 가치의 의미와 종류, 바람직한 가치를 추구하려는 자세, 바람직한 삶의 목적, 도적 공부의 진정한 의미는 자주 출제되므로 확실한 이해가 필요합니다.

01 가치의 의미와 바람직한 가치 추구

1 가치의 의미와 특징

(1) 가치의 의미

사람들이 소중하게 생각하고 추구하는 대상이 되는 것을 말한다.

(2) 가치의 특징

가치는 우리의 선택과 행동을 끌어가며, 더 나아가 삶의 모습이나 방향에 영향을 줄 수 있다.

(3) 가치관

① 자신이 중요하게 생각하는 가치를 선택하는 관점의 기준이다.

② 개인의 가치관에 따라 선택되어지는 가치와 행동이 달라진다.

> **잠깐**
> **바람직한 가치의 조건**
> • 오랫동안 만족감이 지속되는 가치이어야 한다.
> • 가치가 수단이 아닌 그 자체가 목적이어야 한다.
> • 나누어도 그 가치가 줄어들지 않아야 한다.

2 가치의 종류 중요⁺

(1) 물질적 가치와 정신적 가치

물질적 가치	특정한 물질이 지니는 가치와 이를 통해 느끼는 만족감 예 의식주, 휴대 전화, 컴퓨터 등
정신적 가치	정신적 만족감을 주는 가치 예 진리 탐구, 도덕, 아름다움, 종교 등

(2) 도구적 가치와 본래적 가치

도구적 가치	다른 목적을 위한 수단이 되는 가치 예 돈
본래적 가치	그 자체로 목적이 될 수 없고 단지 수단에 그치는 도구적 가치가 아니라, 그 자체로 귀중하고 목적이 되는 가치 예 우정, 사랑, 생명

3 바람직한 가치의 추구

(1) 중요성

세상에는 다양한 가치가 존재하지만, 우리가 어떤 가치를 추구하느냐에 따라 우리 삶의 의미와 방향은 크게 달라진다.

(2) 바람직한 가치

① 그 자체로 귀중하고 목적이 되는 가치
② 가치가 주는 만족감이 꾸준히 지속되는 가치 예 다른 사람에게 선행을 베풀었을 때 느끼는 만족감
③ 많은 사람이 나누어 가질 수 있고, 다른 사람과 나누어도 그 크기나 본질이 변하지 않는 가치 예 사랑이나 우정은 많은 사람에게 베풀어도 줄어들지 않음

02 나의 삶의 목적

1 삶의 목적의 의미와 중요성

(1) 의 미

사람이 살아가면서 실현하려고 하는 일이나 삶의 목표

(2) 중요성

① 올바른 삶의 방향을 제시함으로써 의미 있는 삶을 추구할 수 있다.

② 잘못된 삶의 모습을 반성하고 더 바람직한 삶을 살기 위한 방향을 제시한다.

③ 어려움을 만났을 때, 극복할 수 있는 힘이 된다.

④ 삶의 목적에 비추어 자신을 성찰함으로써 바람직한 삶을 살 수 있다.

2 바람직한 삶의 목적 설정 방법과 고려해야 할 사항

(1) 방 법

① 올바른 삶의 목적을 설정하기 위하여 궁극적·본래적·정신적인 바람직한 가치를 추구해야 한다.

② 자신에게 의미 있고, 다른 사람에게 피해를 주지 않을 뿐만 아니라 사회에도 도움이 될 수 있는 목적을 설정하는 것이 바람직하다.

③ 삶의 목적을 명확하게 세우고, 그것을 이루기 위한 노력을 실천해야 한다.

(2) 고려해야 할 사항

① 자신이 좋아하는 일, 잘할 수 있는 일, 소중히 여기는 가치를 바탕으로 삶의 목적을 설정해야 한다.

② 자신이 설정한 삶의 목적이 다른 사람과 사회에 미칠 영향을 고려해야 한다.

> **잠깐**
> **삶의 목적 실현**
> • 자기 삶의 방향성을 파악하고 구체적인 삶의 목적 설정
> • 삶의 목적 실현을 위한 계획 세우기

03 도덕 공부의 진정한 의미와 목적

1 공부와 도덕 공부의 의미

(1) 공부의 의미

① 학문 탐구와 함께 일상에 대한 탐구 활동

② 인간이 갖추어야 할 품성과 행동 양식을 익히는 과정

③ 지식의 습득, 인격의 도야, 신체의 단련, 정서의 순화를 모두 포함하는 활동

④ 일상생활과 공부 : 일상생활에서 지식, 정서, 행동의 공부 → 사람다워짐

(2) 공부의 특징

① 공부를 통해 인간으로서 갖추어야 할 품성과 행동 양식을 익혀 자신을 완성한다.

② 공부는 학교뿐만 아니라 삶의 다양한 경험을 통해 이루어지는 모든 활동이다.

③ 여러 사물과 사람을 통해 직접적·간접적으로 알게 되는 모든 것이다.

(3) 도덕 공부의 의미

① 삶과 관련된 모든 것들을 배우고 익히는 과정이다.

② 올바른 인격을 형성하고 도덕적으로 살아가기 위한 공부이다.

> **잠깐**
>
> **공부와 도덕 공부의 차이점**
> 공부는 지식 습득에 중점을 둔다면, 도덕 공부는 지식 습득뿐만 아니라 깊이 생각하고 성찰하여 올바르게 행동하는 것에 중점을 둔다.

심화학습 도덕 공부의 개념

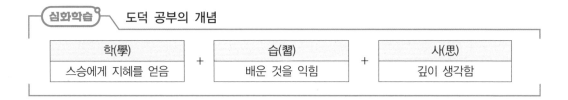

학(學)	+	습(習)	+	사(思)
스승에게 지혜를 얻음		배운 것을 익힘		깊이 생각함

2 도덕 공부의 목적

(1) 인격 형성

① 사람으로서의 올바른 도리와 가치의 습득 및 바른 인격을 갖출 수 있다.

② 공자는 자기 자신의 덕을 쌓기 위하여 공부해야 한다는 위기지학을 강조하였다.

> 위기지학(爲己之學) ▼ 검색
> 자기 자신의 인격 수양을 위한 학문

(2) 삶의 목적 설정

도덕 공부를 하면서 바람직한 가치를 찾고 삶의 목적으로 삼아 바람직한 삶을 살아갈 수 있다.

(3) 삶의 의미 발견

도덕 공부를 바탕으로 삶의 의미를 찾을 수 있다.

3 진정한 도덕 공부의 방법과 도덕 공부를 하는 바람직한 자세

(1) 도덕 공부의 방법

① 도덕적 지식 습득 및 탐구 : 도덕성 형성을 위해 필요한 개념, 가치, 덕목, 도덕 원리 등을 배우고 이를 바탕으로 다양한 도덕적 문제를 탐구하는 것이다.

② 도덕적 실천 : 일상의 작은 일로부터 시작할 수 있는데, 일상에서 자신이 해야 할 도덕적인 행동을 선택하여 실행한다.

③ 도덕적 성찰

㉠ 도덕적 기준을 자기 생활에 비추어 반성하며, 자신의 삶을 객관적인 입장에서 바라보고 바람직한 삶을 살기 위해서 구체적인 방법을 찾는 것이다.

㉡ 도덕적 성찰을 하면서 자신의 삶을 반성하고 계획하기 위해서는 도덕적 기준이 있어야 한다.

(2) 도덕 공부를 하는 바람직한 자세

① 도덕 공부는 하루아침에 되는 것이 아니므로 평소에 꾸준한 배움의 자세로 도덕적 지식을 쌓아야 한다.

② 도덕 공부는 배워서 알고 있는 것을 행동으로 실천했을 때 완성된다.

③ 도덕 공부를 통해 타인의 삶에 관심을 가지고 사회에 도움이 되려는 자세를 갖추어야 한다.

01 다음 중 가치의 의미로 맞는 것은?

① 사람들이 소중하게 여기고 추구하는 대상이 되는 것을 말한다.
② 새로운 지식을 쌓거나 기술을 익히는 것이다.
③ 스스로 옳다고 굳게 믿는 마음이다.
④ 자신이 이루고 싶은 삶의 방향이다.

02 삶의 목적 설정이 중요한 이유로 옳지 <u>않은</u> 것은?

① 삶의 목적이 없으면 시간을 허비하게 된다.
② 삶의 목적이 없으면 성취하는 삶을 살 수 없다.
③ 삶의 목적이 없으면 감각적 쾌락을 느낄 수 없다.
④ 삶의 목적이 명확할수록 자신을 반성하여 바람직한 삶을 살 수 있게 된다.

03 다음 중 바람직한 가치를 추구하는 삶은?

① 나누면 본질이 변하는 가치를 추구하는 삶
② 다른 것의 수단이 되는 가치를 추구하는 삶
③ 그 자체로 목적이 되는 가치를 추구하는 삶
④ 순간적인 만족감을 주는 가치를 추구하는 삶

04 다음 내용을 참고하여 삶의 목적을 설정하려고 할 때, 중시해야 할 질문으로 옳지 <u>않은</u> 것은?

> 문제는 얼마나 빨리 가느냐가 아니라, 어디로 가느냐이다.

① 성취하고 싶은 것은 무엇인가?
② 정말로 하고 싶은 것은 무엇인가?
③ 가장 보람을 느끼는 것은 무엇인가?
④ 얼마나 많은 사람이 따라하고 있는가?

01
가치란, 사람들이 소중하게 생각하여 얻고자 노력하는 것을 말한다.

02
삶의 목적이 명확하면 어려움을 극복하고 성취하는 삶을 살 수 있으며, 자신을 반성하여 바람직한 삶을 살 수 있다.
③ 감각적 쾌락을 추구하는 것은 일시적으로는 즐거울 수 있지만 계속적으로 집착할 경우 고통과 불행이 동반된다. 따라서 감각적 쾌락을 느끼기 위해 삶의 목적을 설정해야 한다는 것은 옳지 않다.

03
바람직한 가치란 그 자체로 목적으로 추구될 수 있는 정신적 가치를 의미한다. 정신적 가치는 만족감이 오래가며, 나누어도 본질이 변하지 않는다.

04
제시된 글은 삶의 목적 설정 시 신중해야 함을 말하고 있다. 단순히 남을 따라 하는 삶을 통해서는 진정한 행복과 보람, 성취감을 얻기 어렵다.

ANSWER
01. ① **02.** ③ **03.** ③ **04.** ④

05 도덕적 성찰이 필요한 이유로 적절하지 <u>않은</u> 것은?

① 인간다운 삶을 누릴 수 있다.
② 올바른 가치관을 가질 수 있다.
③ 물질적 쾌락을 증진시킬 수 있다.
④ 훌륭한 인격을 형성해 갈 수 있다.

06 다음 내용 중 옳지 <u>않은</u> 것은?

① 도덕 공부를 할 때는 도덕적 지식의 습득에 가장 중점을 두어야 한다.
② 일상생활에서 올바른 도리와 가치를 습득하고, 실천하는 것도 도덕 공부의 방법이다.
③ 도덕 공부의 목적과 공자가 말하는 위기지학(爲己之學)은 밀접한 관련을 가진다.
④ 도덕적 지식 습득을 위해서는 구체적인 개념, 가치, 덕목 등도 익혀야 한다.

07 다음 설명에 해당하는 것은?

- 우리의 삶과 관련된 모든 학문과 기술을 배우고 익히는 것을 아우르는 말
- 인격을 갈고닦아 완성해 가는 수양의 과정

① 흥미   ② 놀이
③ 공부   ④ 휴식

05

도덕적 성찰의 필요성
- 인간은 불완전한 존재이기 때문에 도덕적 성찰을 통해 끊임없이 자기 자신을 다스려야 한다.
- 도덕적 성찰의 과정을 통해 올바른 가치관 성립과 인격 형성을 할 수 있다.
- 개인의 도덕적 성찰은 곧 사회와 세계에도 영향을 미쳐 살기 좋은 사회를 만들 수 있다.

06

도덕적 행동을 하기 위한 조건으로는 도덕적 지식, 도덕적 사고 능력, 도덕적 실천 의지 등이 있다.

07

공부의 의미
- 학문 탐구와 함께 일상에 대한 탐구 활동
- 인간이 갖추어야 할 품성과 행동 양식을 익히는 과정
- 지식의 습득, 인격의 도야, 신체의 단련, 정서의 순화를 모두 포함하는 활동

ANSWER
05. ③ 06. ① 07. ③

08 다음 내용에 해당하는 것은?

> 도덕적 관점에서 자신의 일상을 바라보고 더욱 바람직하게 살기 위한 구체적인 방법을 찾는 것이다.

① 도덕적 성찰　　　　② 도덕적 지식 습득

③ 도덕적 실천　　　　④ 도덕 공부

09 다음 빈칸에 들어갈 알맞은 말은?

> 공자는 '위기지학(爲己之學)'을 말했는데 이것은 공부의 목적이 자신의 (　　)을/를 쌓는 데 있음을 의미한다.

① 효(孝)　　　　② 신(信)

③ 덕(德)　　　　④ 지(知)

10 다음에서 공통으로 설명하는 가치는?

> • 돈으로 살 수 없는 가치이다.
> • 다른 어떤 것을 위한 수단이 아니라 그 자체가 목적이 되는 가치이다.

① 물질적 가치　　　　② 정신적 가치

③ 도구적 가치　　　　④ 본래적 가치

05 행복한 삶

학습 point⁺ 행복한 삶을 위해서는 좋은 습관과 건강이 필요함을 이해하고, 정서적 건강과 사회적 건강을 가꾸기 위한 방안을 정리해 두어야 합니다. 진정한 행복의 추구에 관한 문제는 그동안 자주 출제되었으니 반드시 숙지하는 것이 좋습니다.

01 진정한 행복

1 행복의 의미

(1) 행복한 삶의 의미와 조건

① 의미 : 충분한 만족감과 기쁨을 느낄 수 있는 삶

② 조건

㉠ 객관적 조건 : 행복함을 객관적으로 측정할 수 있어야 한다. **예** 직업, 경제력, 사회적 지위 등

㉡ 주관적 조건 : 행복함을 주관적으로 느껴야 한다. **예** 만족감, 소속감, 성취감 등

㉢ 객관적 조건과 주관적 조건이 모두 충족되어야 행복한 삶이라고 할 수 있다.

(2) 진정한 행복의 의미와 쾌락

① 진정한 행복의 의미 : 자신이 지니고 있는 잠재 능력을 최대한 발휘하여 자아를 실현 하고 도덕적 성품을 계발하여 도덕적으로 살아가는 것

② 쾌락의 종류

정신적 쾌락	감각적 쾌락
• 본질적인 것을 추구하면서 얻는 만족감 • 오랫동안 유지되는 만족감	• 신체 감각 기관을 통해 얻는 즐거움 • 일시적이고 단기적인 만족감

③ 행복과 쾌락의 관계 : 감각적 쾌락만을 추구하는 것은 일시적으로는 행복하고 즐거울 수 있지만, 계속적으로 집착할 경우 고통과 불행이 수반된다.

2 진정한 행복의 추구 중요⁺

(1) 진정한 행복의 특징

순간적인 쾌락이나 감각적 즐거움처럼 일시적인 것이 아니라 지속적인 것이다.

(2) 진정한 행복을 얻기 위한 조건

① 자신의 생활에 충실하면서, 자신의 존재를 인정하고 사랑해야 한다.

② 정신적 즐거움과 풍요로움을 중시해야 한다.

③ 자아실현과 도덕적인 삶이 바탕이 되어야 한다.

④ 다른 사람들과 더불어 사는 삶이다.

(3) 성현들이 말하는 진정한 행복

소크라테스	인간을 인간답게 하는 '덕'에 마음을 써야 행복을 실현할 수 있다.
에피쿠로스	행복은 고통에서 벗어나 평온한 마음을 가질 때 얻을 수 있다.
아리스토텔레스	행복은 자기가 가진 가능성을 충분하게 실현할 때 얻을 수 있다.
예 수	사랑과 정의를 위해 애쓰는 삶이 행복한 삶이다.
석가모니	온갖 집착과 욕심을 버리고 자비를 베풀 때 진정한 행복을 얻을 수 있다.
공 자	사람이 옳지 못하면 많은 재산과 높은 지위도 한낱 뜬구름에 불과하다. 따라서 옳은 일을 하는 삶이 행복한 삶이다.

(4) 진정한 행복을 얻기 위한 자세 중요⁺

① 자아실현을 위한 삶의 목적을 설정하고 이를 위해 노력해야 한다.

② 어려운 상황 속에서도 올바른 신념을 가지고 바람직한 가치를 추구해야 한다.

③ 겉에 보이는 삶의 조건보다는 내면의 삶의 조건을 가꾸도록 노력해야 한다.

④ 주어진 상황에 만족하고 감사하며, 자신의 현실을 있는 그대로 받아들일 수 있어야 한다. → 공자 '안분지족(安分知足)'의 삶 강조

> 안분지족(安分知足) [검색]
> 편한 마음으로 자기 분수를 지키며 만족할 줄 아는 것

바로 바로 CHECK√

참된 행복을 추구하는 삶으로 가장 적절한 것은?

❶ 바람직한 가치를 추구한다.

② 감각적인 즐거움만 추구한다.

③ 순간적 유혹과 쾌락을 선택한다.

④ 물질적 풍요를 위해 재물에 집착한다.

⑤ 삶의 모범이 되는 인물을 찾아 그와 같은 삶을 살아가도록 노력한다.

⑥ 이웃에 관심을 가지고 배려한다.

02 행복한 삶을 위한 좋은 습관의 필요성

1 습관의 의미와 특징

(1) 습관의 의미

① 어떤 행위를 오랫동안 되풀이함으로써 몸에 밴 행동이다.

② 우리가 매일 하는 행동과 생각에 꾸준히 영향을 끼치기 때문에 좋은 습관을 기르는 것이 중요하다.

(2) 습관의 특징

① 무의식적으로 반복해서 행한 버릇들이 습관이 되어 우리에게 영향을 미치며, 한번 굳어지면 고치기 어렵다.

② 크고 작은 습관들이 모여 우리가 어떤 행동을 할 것인지 결정짓는 요소가 될 수 있다.

2 좋은 습관 형성의 필요성

(1) 좋은 습관의 의미

우리의 몸과 마음뿐만 아니라 사고방식이나 인격 형성 등에 긍정적인 영향을 미치는 습관을 말한다.

(2) 좋은 습관의 형성

① 공자 : 좋은 습관의 형성이 중요함을 강조하였다. → "인간의 타고난 본성은 모두 비슷하지만, 습관에 의해 달라질 수 있다."

② 아리스토텔레스 : 행복해지려면 좋은 품성을 길러야 한다고 보았으며, 이러한 좋은 품성은 지속적인 도덕적 훈련과 습관을 통해서만 가능하다고 주장하였다.

③ 좋은 습관을 기르기 위해서는 평소에 꾸준히 자신의 습관을 점검하고 개선해 나가는 노력이 필요하다.

(3) 좋은 습관의 필요성

① 지속적인 도덕적 실천 : 옳은 행동을 습관화하고 반복하면 훌륭한 성품을 갖추는 데 도움이 된다.

② 자아실현 : 좋은 습관을 통해 자신의 잠재 가능성을 발전시켜 자신이 원하는 바를 실현해 나갈 수 있다.

③ 건강한 삶

　㉠ 올바른 식습관, 규칙적인 운동 등과 같은 좋은 습관은 건강한 몸을 유지하게 해준다.

　㉡ 부정적인 감정 갖지 않기, 현재 상황에 감사하는 마음 갖기 등의 좋은 습관은 건강한 마음을 형성하는 데 크게 도움을 줄 수 있다.

3 좋은 습관을 형성하기 위한 노력

(1) 자신의 습관 점검하기

자신의 습관이 다른 사람에게 도덕적으로 올바르지 않거나 피해를 주는지 점검해야 한다.

(2) 꾸준히 실천하기

① 고쳐야 할 나쁜 습관을 정리해서 목록을 만들고, 자신의 모습을 반성한다.

② 도덕적인 삶을 살았던 사람들의 좋은 습관을 익히고 일상에서 꾸준히 실천한다.

03 정서적 건강과 사회적 건강

1 건강과 행복의 관계

(1) **건강의 의미** : 단순히 질병이 없고 허약하지 않은 상태만을 뜻하는 것이 아니라 육체적·정신적 및 사회적으로 모두 건강한 상태를 말한다.

※ 건강한 사람 : 신체적·정서적·사회적 건강을 모두 갖춘 사람

심화학습 건강한 사람

신체적 건강	신체가 튼튼하고 체력이 좋으며, 질병이 없는 상태
정서적 건강	여러 감정을 잘 조절하면서 적절하고 편안하게 표현할 수 있는 능력
사회적 건강	다른 사람의 입장을 이해하면서 원만한 대인 관계를 유지하는 것

(2) **건강과 행복** : 건강은 행복한 삶을 위한 기본적인 조건이다.

(3) **행복한 삶을 위해 건강을 강조한 사상가들**

① 플라톤 : 신체적 건강이 균형 있고 조화로운 마음의 상태를 유지하고 행복한 삶에 기여한다.
② 에피쿠로스 : 신체의 고통을 최소화하고 정신적인 평화로움을 추구하는 가운데 행복을 얻을 수 있다.

플라톤과 에피쿠로스의 공통점
신체적 건강과 내면을 평화롭게 유지하는 마음의 건강이 모두 함께 할 때 행복한 삶을 살 수 있다고 생각한다는 것이다.

2 정서적 건강과 사회적 건강의 의미와 역할

(1) **정서적 건강**

① 의미 : 자신의 감정을 잘 조절하면서 긍정적이고 평안한 마음을 유지할 수 있는 능력이나 상태이다.

② 역할

ᄀ 자신의 정서를 잘 이해함으로써 충동을 조절하고 불안을 관리할 수 있다.

ᄂ 자신의 정서를 관리함으로써 자신감을 가지고, 삶의 목표를 추구할 수 있다.

(2) 사회적 건강

① 의미 : 가족, 친구, 동료, 이웃 등의 다른 사람과 마음에 공감하고 배려하면서, 다른 이와 조화롭게 살아갈 수 있는 능력이나 상태이다.

② 역할

ᄀ 타인의 정서에 공감하고 존중할 수 있으며, 스스로 책임감 있게 행동할 수 있다.

ᄂ 효과적인 의사소통이 가능하여 갈등을 해결하고 서로 도움을 주고받으며 안정적인 관계를 유지할 수 있다.

3 정서적 건강과 사회적 건강을 가꾸는 방법

(1) 긍정적인 마음 갖기

① 삶에 대한 희망을 가지고 적극적인 자세로 어려움에 대처할 수 있다.

② 긍정적인 마음은 어떠한 역경도 이겨낼 수 있는 힘을 주기 때문에 현재 상황을 긍정적으로 바라보는 마음을 가져야 한다.

③ 다른 사람의 긍정적인 면모를 발견하도록 도와 사람들과 조화로운 관계를 맺을 수 있도록 한다.

(2) 다른 사람과 비교하지 않기

① 다른 사람과 자신을 비교하면 정작 자신이 지닌 소중한 장점을 잃어버리고, 이는 시기와 질투의 마음으로 이어져 다른 사람과의 관계를 악화시킬 수 있다.

② 다른 사람을 기준으로 자신의 모습을 평가해서도 안 된다.

(3) 상대방의 입장에서 생각하기

① 자기중심적인 생각은 타인과의 관계에서 문제가 발생하는 주된 원인이 된다.

② 자기만을 생각하다 보면 다른 사람과 좋은 관계를 맺기도 어렵고, 스스로 긍정적인 마음을 갖기도 어렵다.

③ 자기보다 상대의 입장에서 생각하면 갈등과 불필요한 오해를 줄이고 편안한 마음을 지닐 수 있다.

(4) 자기 성찰과 도덕적 실천하기

① 자신의 모습을 성찰하여 올바른 정서를 형성한다.

② 사람으로서 마땅히 해야 하는 도덕적 행동을 지속적으로 실천하는 노력이 요구된다.

정서적 · 사회적 건강 가꾸기

정서적 · 사회적으로 건강하면 문제 해결 과정에서 현명한 결정을 내리는 데 도움을 주고, 타인과의 갈등을 줄여준다. 또한, 회복 탄력성을 높이는 데에도 많은 도움을 준다.

※ **회복 탄력성** : 크고 작은 다양한 어려움과 시련, 실패를 겪을 때 좌절하지 않고 도약의 발판으로 삼아 더 높이 뛰어오르는 마음의 힘

01 행복의 객관적·주관적 요소에 대한 설명으로 옳은 것은?

① 직업, 외모 등은 행복의 주관적 요소에 속한다.

② 의식주, 건강 등은 행복의 주관적 요소에 속한다.

③ 행복의 객관적 요소는 각자의 가치관과 삶의 목표에 따라 결정된다.

④ 행복의 객관적 요소는 양적인 척도로 측정할 수 있다.

02 진정한 행복을 얻기 위한 삶으로 바람직하지 <u>않은</u> 것은?

기출 ① 정신적 가치를 추구하는 삶

② 자아실현을 위해 노력하는 삶

③ 다른 사람들과 더불어 사는 삶

④ 감각적인 즐거움만을 추구하는 삶

03 다음 내용 중 옳지 <u>않은</u> 것은?

① 동서양의 사상가들은 내면적 풍요로움을 진정한 행복을 위해 필요한 조건으로 보았다.

② 진정한 행복은 외면적 조건의 충족과 함께 내면도 풍요로울 때 얻을 수 있다.

③ 행복은 그 자체로 삶의 목적이 될 수 있다.

④ 내면의 풍요로움은 물질적으로 풍족한 삶을 통해 얻을 수 있다.

01
의식주, 건강, 외모, 직업 등과 같이 객관적·양적으로 측정할 수 있는 것은 행복의 객관적 요소에 해당된다.

02
진정한 행복은 감각적 즐거움처럼 일시적인 것이 아니라 지속적인 것이다.

03
④ 정신적 즐거움과 풍요로움을 중시해야 한다.

ANSWER
01. ④ 02. ④ 03. ④

04 동서양 사상가들이 바라본 행복 중 다음 내용에 해당하는 사상가는?

> 사람이 옳지 못하면 많은 재산과 높은 지위도 한낱 뜬구름에 불과하다. 따라서 옳은 일을 하는 삶이 행복한 삶이다.

① 소크라테스   ② 공자
③ 석가모니   ④ 예수

05 다음 내용에 해당하는 것은?

> • 어떤 행위를 오랫동안 되풀이함으로써 저절로 익히게 된 행동 방식이다.
> • 우리가 매일 하는 행동과 생각에 꾸준히 영향을 끼친다.

① 습관   ② 자아실현
③ 행복   ④ 집착

06 다음 내용 중 옳은 것은?

① 좋은 습관은 우리가 건강한 몸과 마음을 유지하는 데 도움을 준다.
② 습관은 우리의 행동과 생각에 일시적으로 영향을 준다.
③ 아리스토텔레스에 따르면 좋은 품성은 우연히 한 행동만으로도 기를 수 있다.
④ 좋은 습관은 자신의 능력과 소질을 계발하는 것과는 관련이 없다.

04
공자는 "행복은 올바르게 사는 데서 생기는 것"이라고 말하고 있다.

05
① 습관은 어떤 행위를 오랫동안 되풀이함으로써 몸에 밴 행동이다.

06
② 습관은 우리가 매일 하는 행동과 생각에 꾸준히 영향을 끼친다.
③ 아리스토텔레스에 따르면 좋은 품성은 지속적인 도덕적 훈련과 습관을 통해서만 가능하다고 주장하였다.
④ 좋은 습관을 통해 자신의 잠재 가능성을 발전시켜 자신이 원하는 바를 실현해 나갈 수 있다.

ANSWER
04. ②   05. ①   06. ①

07 다음 내용 중 옳은 것은?

① 자신을 다른 사람의 기준에 맞춰 비교할 때 타인과 좋은 관계를 형성할 수 있다.

② 타인과의 관계에서 문제가 발생하는 주된 이유 중 하나가 자기중심적인 생각이다.

③ 긍정적인 마음을 갖는 것은 사회적 건강을 가꾸는 일과는 관련이 적다.

④ 몸과 마음 중 어느 하나만 건강하면 건강한 사람이라고 할 수 있다.

07

① 다른 사람과 자신을 비교하면 정작 자신이 지닌 소중한 장점을 잃어버리고, 이는 시기와 질투의 마음으로 이어져 다른 사람과의 관계를 악화시킬 수 있다.

③ 긍정적인 마음을 갖는 것은 사회적 건강을 가꾸는 일과는 관련이 크다.

④ 건강한 사람은 신체적·정서적·사회적 건강을 모두 갖춘 사람을 말한다.

08 다음 중 좋은 습관을 가진 사람을 모두 고른 것은?

고난도

> ㉠ 매일 30분씩 줄넘기 하는 습관
> ㉡ 무슨 일을 할 때마다 부정적인 생각이 앞서는 습관
> ㉢ 매일 밤 일기를 쓰는 습관
> ㉣ 시간 절약을 위해 모든 식사를 5분 안에 마치는 습관

① ㉠, ㉡, ㉢   ② ㉠, ㉢

③ ㉡, ㉢   ④ ㉢, ㉣

08

좋은 습관을 가진 건강한 삶

· 올바른 식습관, 규칙적인 운동 등과 같은 좋은 습관은 건강한 몸을 유지하게 해 준다.

· 부정적인 감정 갖지 않기, 현재 상황에 감사하는 마음 갖기 등의 좋은 습관은 건강한 마음을 형성하는 데 크게 도움을 줄 수 있다.

09 다음 중 정서적 건강과 사회적 건강을 가꾸는 방법으로 적절하지 <u>않은</u> 것은?

① 다른 사람을 기준으로 자신의 모습을 평가한다.

② 자신의 모습을 성찰하여 올바른 정서를 형성한다.

③ 다른 사람의 긍정적인 면모를 발견하도록 도와 사람들과 조화로운 관계를 맺을 수 있도록 한다.

④ 자기중심적인 생각은 타인과의 관계에서 문제가 발생하는 주된 원인이 된다.

09

다른 사람과 비교하지 않기

· 다른 사람들의 장점이나 능력 등이 기준이 되다 보면, 막상 자신이 가진 것들에 삐딱한 시선을 갖고, 점차 자신에 대해 자신감을 잃을 수 있다.

· 다른 사람과 비교하여 자신이 덜 가졌다고 여기는 상대적 박탈감이 불행하게 만들 수 있다.

ANSWER

07. ② 08. ② 09. ①

01 동물과 달리 사람만이 지니고 있는 고유한 특성으로 가장 적절한 것은?

① 배고프면 식사를 하려고 한다.

② 추우면 따뜻한 곳을 찾고자 한다.

③ 스스로 삶의 방식을 선택한다.

④ 졸리면 잠을 잔다.

02 다음 중 양심에 대해 옳은 주장을 한 것은?

① 우리들에게 이익이 되는 행동을 하라고 끊임없이 명령한다.

② 개인의 마음에 관한 문제이므로 개인적으로만 옳은 것이면 된다.

③ 양심의 명령에 충실하게 따르는 사람을 '재능 있는 사람'이라 한다.

④ 우리가 옳은 길을 따라 떳떳하게 살 수 있는 것은 양심이 있기 때문이다.

03 다음 〈보기〉에서 당위에 속하는 말을 모두 고른 것은?

고난도

┌─ 보기 ──────────────────────┐
│ ㉠ 시험에 합격하고 싶다. │
│ ㉡ 어머니와 한 약속을 지켜야 해. │
│ ㉢ 초등학교 때 친구가 보고 싶어. │
│ ㉣ 무단횡단을 해서는 안 된다. │
└────────────────────────────┘

① ㉠, ㉡   ② ㉡, ㉣

③ ㉢, ㉣   ④ ㉠, ㉢

01
동물은 본능에 따라서 정해진 삶을 살아 가지만, 사람은 이성적 존재로서 주변 환경을 자신에게 맞게 변화시킬 수 있고, 스스로 삶의 방식을 선택할 수 있는 존재이다.

02
양심은 자신의 행위의 옳고 그름, 선악을 분별하는 마음으로 양심에 따르는 삶은 떳떳한 삶과 관련되어 있다. ②에서 양심은 개인적으로만 옳은 것이 아니라 사회적으로도 옳은 것이어야 한다.

03
㉠, ㉢은 욕구에 해당한다.

ANSWER
01. ③   02. ④   03. ②

04 빈칸에 들어갈 말로 옳은 것은?

> 도덕적 상상력을 발휘하기 위해서는 상대방의 감정을 함께 느끼고 이해할 수 있는 능력인 (   )이/가 필요하다.

① 실천 의지   ② 이성
③ 공감   ④ 정의

05 ㉠에 공통으로 들어갈 용어는?

> • (㉠)을/를 어길 때 스스로 부끄러움을 느낀다.
> • (㉠)은/는 도덕적 삶으로 안내하는 마음의 명령이다.

① 양심   ② 타율
③ 집착   ④ 탐욕

06 도덕 판단에 대한 설명으로 옳은 것은?

① 관찰, 실험, 조사 등의 객관적 판단이다.
② 사실을 확인하여 참과 거짓을 구분할 수 있는 판단이다.
③ 사람의 인격, 성품, 행위 및 제도 등에 대해 내리는 판단이다.
④ 판단하는 사람의 개인적 입장이나 가치가 들어가 있는 판단이다.

07 다음과 관련 있는 사상가는?

> 인간에 대한 믿음을 바탕으로 사람은 본래 착하게 태어나고, 착한 본성을 가다듬는 것이 인간의 마땅한 의무라는 성선설(性善說)을 제기하였다.

① 맹자   ② 순자

③ 노자   ④ 장자

07
맹자는 모든 인간의 본성에 인의를 행할 수 있는 본래의 덕성이 있으므로 선을 실현할 수 있는 가능성이 내재되어 있다고 주장하였다.

08 다음 중 반성하는 삶의 자세에 대한 설명으로 옳지 <u>않은</u> 것은?

① 인간은 불완전한 존재이기 때문에 실수할 수 있다.

② 반성은 목표나 계획을 세우고 실천하는 데 도움을 준다.

③ 반성을 많이 할수록 그 사람의 인격의 품위는 떨어진다.

④ 똑같은 잘못을 되풀이하지 않기 위하여 반성이 필요하다.

08
반성을 많이 한다고 인격의 품위가 떨어지는 것은 아니다. 반성을 함으로써 더 나은 삶을 살 수 있도록 해 준다.

09 다음 중 도덕적 사고 단계에 포함될 수 있는 요소로만 묶인 것은?

① 사실 판단, 실천 동기

② 삶의 목표, 도덕적 지식

③ 도덕적 공감, 도덕적 판단

④ 도덕적 예민함, 도덕적 행동

09
도덕적 사고 단계란 도덕적 지식, 도덕적 민감성 등을 바탕으로 자신이 겪고 있는 도덕 문제에 대하여 종합적으로 판단해 보는 단계이다.
①의 실천 동기는 도덕적 실천 단계이다.
②의 삶의 목표는 도덕적 사고 단계에 포함되지 않는다.
④의 도덕적 행동은 도덕적 실천 단계이다.

ANSWER
07. ①   **08.** ③   **09.** ③

10 다음 빈칸에 적절한 내용으로 옳은 것은?

> 삶의 목적은 자신이 소중히 여기는 ( )을/를 고려하여 설정해야 한다.

① 가치
② 욕구
③ 목적
④ 계획

11 도덕적인 행동을 위해 지녀야 할 가장 바람직한 태도는?

① 항상 도덕 시험만 잘 보면 된다.
② 모범적인 친구들의 행동만 따라서 한다.
③ 마음속의 양심을 근거로 판단하고 행동한다.
④ 나에게 이익이 되는지 손해가 되는지를 잘 따져 본다.

12 다음 중 올바른 신념을 가졌다고 보기 <u>어려운</u> 사람은?

고난도

① 병들고 가난한 사람들을 위해 평생을 바친 테레사 수녀
② 폭격 명령을 거부한 채, 목숨을 걸고 문화재를 지킨 군인
③ 사형을 당하면서도 자신의 진리에 대한 확신을 굽히지 않았던 소크라테스
④ 게르만 족은 다른 민족에 비해 우수하며, 유대인은 열등하다는 생각을 가진 히틀러

13 신념에 대한 설명으로 바르지 <u>못한</u> 것은?

① 인생의 목표를 세울 때 큰 영향을 미친다.
② 어떤 것에 대해 옳다고 굳게 믿는 마음이다.
③ 잘못 형성되면 사회 전체에 피해를 줄 수 있다.
④ 한번 정한 신념은 끝까지 지킨다.

14 주체로서의 자아에 대한 설명으로 옳은 것은?

① 어제의 나와 오늘의 나는 항상 동일하다.
② 선생님이 정해 주신 삶의 목표대로 살아간다.
③ 다른 사람이 바라보는 나의 모습이 가장 중요하다.
④ 항상 새로운 가능성을 지닌 존재로서의 나를 담고 있다.

15 도덕 공부의 목적에 대한 옳은 설명을 다음에서 있는 **과난도** 대로 고른 것은?

> ㉠ 도덕 공부를 바탕으로 삶의 의미를 찾을 수 있다.
> ㉡ 도덕적 지식을 쌓고 사람의 도리를 깨우칠 수 있다.
> ㉢ 올바른 도리와 가치의 습득 및 바른 인격을 갖출 수 있다.
> ㉣ 도구적 가치를 바탕으로 삶의 목적을 세울 수 있다.

① ㉠, ㉡
② ㉡, ㉢
③ ㉠, ㉡, ㉢
④ ㉢, ㉣

16 ㉠, ㉡에 들어갈 말을 순서대로 바르게 연결한 것은?

> • (㉠)적 가치는 다른 어떤 목적을 위한 수단이 되는 가치로, 주변에 있는 돈으로 살 수 있는 물건들은 대부분 (㉠)적 가치를 지닌다.
> • (㉡)적 가치는 목적으로서 추구되는 가치로, 행복·생명·사랑·평화 등 (㉡)적 가치는 돈으로 살 수 없는 것들이다.

	㉠	㉡		㉠	㉡
①	본래	도구	②	도구	본래
③	물질	정신	④	정신	물질

17 자아 정체성에 대한 설명으로 옳지 <u>않은</u> 것은?

① 자아 정체성을 형성해 나가는 과정에서 많은 청소년들이 방황과 고민을 할 수 있다.

② '나는 누구인가'와 같은 질문은 자아 정체성 형성 과정에서 스스로에게 물어보곤 하는 것이다.

③ 자아 정체성은 자신의 모든 욕구를 완전히 없앨 때에 완성된다.

④ 자아 정체성은 어느 순간 갑작스럽게 형성되는 것이 아니라, 인생의 여러 단계를 거치면서 완성되어 간다.

18 동서양 사상가들이 바라본 행복 중 다음 내용에 해당하는 사상가는?

> 행복은 고통에서 벗어나 평온한 마음을 가질 때 얻을 수 있다.

① 석가모니　　　　② 에피쿠로스
③ 소크라테스　　　④ 아리스토텔레스

19 다음의 사례에 적용된 도덕 판단 검사 방법으로 옳은 것은?
고난도

> 경찰관 : (신호 위반 차량을 세운 다음) 운전 면허증을 좀 보여 주실까요?
> 운전자 : 한번만 봐주십시오. 제가 회사에 지각해서 조금 빨리 가려다 보니 그만….
> 경찰관 : 당신과 같은 사정으로 교통 법규를 위반한 모든 사람을 다 봐준다면 교통질서가 어떻게 되겠습니까?

① 역할 교환 검사　　② 보편화 결과 검사
③ 반증 사례 검사　　④ 포섭 검사

17

자아 정체성이란 자신이 다른 사람과 구별되는 고유한 존재라는 인식으로, 모든 욕구를 없애는 것이 아니라 자신만의 모습과 사회적 역할을 조화롭게 통합하는 과정에서 형성된다.

18

에피쿠로스는 행복은 육체적인 고통이 없고 정신의 평온한 안정 상태라고 말한다.

19

보편화 결과 검사는 도덕 원리를 모든 사람에게 보편적으로 적용했을 때 나타날 수 있는 결과를 예상하여 검토하는 방법이다.

ANSWER
17. ③　18. ②　19. ②

20 다음 빈칸에 알맞은 것은?

> 행복한 삶의 기본 조건은 신체적·정서적·사회적 (   )이다.

① 건강   ② 신체

③ 목표   ④ 정서

21 좋은 습관을 형성하기 위한 노력으로 적절하지 <u>않은</u> 것은?

① 고쳐야 할 습관 목록을 작성하여 자신의 모습을 반성한다.

② 훌륭하다고 평가받는 사람들이 하는 모든 행동을 따라 한다.

③ 혼자 있을 때도 자신의 몸가짐과 마음가짐을 살핀다.

④ 좋은 습관이 무엇인지 알고 일상에서 실천하려고 노력한다.

20

건강 : 단순히 질병이 없고 허약하지 않은 상태만을 뜻하는 것이 아니라 육체적·정신적 및 사회적으로 모두 건강한 상태를 말한다.

21

도덕적인 삶을 살았던 사람들의 좋은 습관을 살펴보고 그것을 따라서 실천한다.

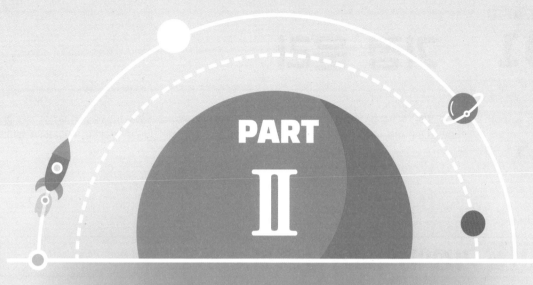

PART II

타인과의 관계

01 가정 윤리

효도, 자애, 핵가족화, 가정에서 발생하는 갈등, 좋은 가족 구성원이 되기 위한 방법에 관한 문제가 자주 출제되었습니다. 가족 사이의 도리 실천 및 세대 간 대화와 소통에 대한 내용도 빠짐없이 학습하여야 합니다.

01 가정의 의미와 소중함

1 가정의 의미와 역할

(1) 가정의 의미

① 혼인, 혈연, 입양 등으로 맺어진 집단이다.

② 의식주 등의 공동생활을 하는 생활 공동체이다. → 가장 최소 단위의 사회 집단

③ 가족 간의 정서적인 유대감으로 묶인 사회 집단이다. → 서로에 대한 인격적 존중 바탕

④ 가족의 사랑을 통해 타인을 사랑하는 법과 인간으로서의 도리를 배우는 공간이다.

(2) 가정의 역할 및 기능

① 의식주 등 기본적인 삶의 욕구를 충족시키고, 경제적 기초를 제공한다.

② 사회 구성원을 출산 및 양육하고, 외부의 위험으로부터 보호하는 역할을 한다.

③ 가족의 휴식과 오락의 공간을 제공한다.

④ 사회생활에 필요한 기초적인 지식과 태도를 습득할 수 있다. → 사회 적응 능력 형성

⑤ 가족 간에 사랑과 믿음을 나눔으로써 정서적 안정감과 소속감을 형성한다.

2 가정의 변화

(1) 전통 사회의 가정

① 농경 사회 : 확대 가족 형태가 적합하다.

② 가족 구성원 간의 수직적 관계 : 자식은 부모의 말씀을 따르고, 아내의 순종을 강조한다.

→ 상하 위계 중시

③ 가정의 종합적 기능 : 경제, 교육, 여가 등의 많은 기능이 가정에서 이루어졌다.

> **확대 가족과 핵가족** ▼ 검색
> • 확대 가족 : 조부모, 부모, 자녀 등 3세대 이상으로 구성된 가족 형태
> • 핵가족 : 부부 또는 부부와 미혼 자녀로 구성된 가족 형태

(2) 현대 사회의 가정 중요⁺

① 산업 사회, 정보 사회 : 핵가족 형태가 적합하다. → 사회 변화에 적응이 쉬움

② 가족 구성원 간의 수평적 관계 : 민주적인 의사 결정을 하고, 생활 영역이 독립적으로 변화했다.

③ 가정의 기능 축소 : 전문 기관이 많은 부분을 담당한다.

④ 새로운 문제점 : 제한된 인간관계, 자녀 탈선 및 노인 문제 등이 발생한다.

> **바로 바로 CHECK√**
>
> 오늘날 가정에서 다음과 같은 도덕 문제가 발생하는 원인은?
>
> • 노인 문제의 발생
> • 자녀들은 제한된 범위의 인간관계만 경험
>
> ① 양성평등　　❷ 핵가족화
> ③ 가풍 중시　　④ 확대 가족화

(3) 가정 기능의 변화

① 확대 가족에서 핵가족으로 변화했다.

② 남성 중심의 부부관이 평등한 민주적 부부관으로 변화했다.

③ 정서적 유대감이 약화되었다.

④ 생산적 기능이 약화되고, 상품을 소비하는 기능이 강화되었다.

⑤ 가정의 형태나 구조가 다양화되었다.

심화학습 **다양한 형태의 가정**

시설 가정	사회 기관이나 복지 시설에서 함께 살아가는 가정
다문화 가정	외국인과 한국인이 결혼해 이루어진 가정
조손 가정	할아버지나 할머니가 손자와 함께 사는 가정
입양 가정	혈연은 아니지만 법률적으로 입양을 통해 부모와 자식 관계를 맺고 살아가는 가정
독신 가정	한 사람으로 이루어진 가정
한 부모 가정	부모 중 어느 한 사람이 자녀를 양육하는 가정
재혼 가정	재혼으로 이루어진 가정

3 가정에서 발생하는 갈등 중요⁺

(1) 원인

① 대화 부족과 잘못된 의사소통으로 가족 간의 오해가 발생한다.

② 서로에게 예의를 지키지 않거나 자기의 역할을 제대로 수행하지 못하여 발생한다.

③ 자신의 개인적 욕구와 이익만 추구하여 발생한다.

> **바로 바로 CHECK√**
>
> 오늘날 가정에서 발생하는 갈등이 아닌 것은?
> ❶ 가정의 교육적 기능 확대
> ② 핵가족화로 인한 노인 문제
> ③ 부부 사이의 역할 분담 문제
> ④ 결혼관의 변화로 인한 이혼의 증가

(2) 부부 간의 갈등

① 아내의 순종적인 태도를 중시하는 전통적 부부관과 수평적이고 평등한 현대적 부부관의 갈등

② 여성의 사회 활동 증가로 인한 가사일의 분담 문제 및 대화 부족

(3) 부모와 자녀 간의 갈등

① 부모의 권위를 강조하고 자녀의 복종을 기대하는 부모와 민주적이고 동등한 인격체로 대우받기를 원하는 자녀 간의 갈등

② 핵가족화와 산업화로 인하여 부모와 자녀 간의 대화 부족

(4) 형제자매 간의 갈등

① 서로 경쟁심을 느끼거나, 하기 싫은 일을 서로에게 미루면서 생기는 갈등

② 부모의 사랑이나 물질적 분배를 둘러싼 갈등

> **잠깐**
> **가족과 사회 간의 갈등**
> 가족 이기주의로 인한 가족과 사회의 갈등
> → 사회 전체의 붕괴로 이어질 수 있는 심각한 문제 발생
> ※ 가족 이기주의 : 자기 가족의 이익을 위해 공동체의 이익은 생각하지 않는 태도

(5) 갈등 해결 방법

① 가족 간 서로의 차이를 인정하고 이해하려는 태도를 지녀야 한다.

② 가족 모두가 역할을 적절히 분담하여 자신의 역할과 책임을 다하기 위해 노력한다.

저출산 · 고령화 현상

구 분	저출산 현상	고령화 현상
의 미	태어나는 아이의 수가 감소하여 사회의 출산율이 낮아지는 현상	전체 인구 가운데 만 65세 이상 노년 인구가 차지하는 비율이 높아지는 현상
원 인	• 출산율의 감소 : 여성의 사회 진출 증가, 독신 가구 증가, 결혼과 출산에 대한 가치관의 변화, 자녀 양육비 및 교육비 부담 증가 • 평균 수명의 증가 : 생활 수준의 향상, 의료 기술의 발달	
문제점	• 경제 성장의 둔화 : 생산 가능 인구의 감소로 인한 노동력 부족과 노동 인구의 노령화 • 노인 부양의 부담 증가 : 노후 생계와 건강 유지를 위한 비용 증가 • 각종 사회 문제 발생 : 노인 빈곤과 질병 및 소외 문제, 세대 간 갈등 등	

02 가족 사이의 도리와 실천

1 가족 사이의 도리 중요⁺

(1) 부모가 자녀에게 지켜야 할 도리

① **자애** : 대가를 바라지 않고 모든 것을 다 바치는 부모의 헌신적인 사랑으로 무조건적 사랑, 아가페적 사랑이라고도 한다.

② **자애의 또 다른 모습** : 자녀가 잘못을 했을 때 사랑을 담아 꾸짖어 자녀가 무엇을 잘못했는지 알게 하는 엄격한 모습

> **자애와 효의 현대적 의미** ▾ 검색
>
> 부모는 자녀에게 무조건적 순종만을 요구하기보다는 자녀의 의견을 존중하고, 자녀는 부모를 이해하려는 열린 마음이 필요하다.

③ **부모가 자녀에게 지켜야 할 예절**

 ㉠ 자녀의 자율성과 사생활을 존중한다.

 ㉡ 자녀들을 서로 비교하거나 차별하지 않는다.

 ㉢ 자녀 각자의 개성을 존중한다.

(2) 자녀가 부모에게 지켜야 할 예절

① **효도** : 자식이 해야 할 마땅한 도리로 부모의 헌신에 감사하는 마음에서 출발한다.

 ※ 효(孝) : 늙을 로(老)와 아들 자(子)가 합쳐져 만들어진 글자

② 효도의 기본 : 부모를 공경하는 참된 마음 + 물질적 봉양

③ 부모의 권위를 존중한다.

(3) 형제자매 간에 지켜야 할 예절

① 형제자매 관계 : 사랑을 나누고 평생을 함께하는 가장 가까운 가족으로 서로 협력하며, 경쟁하는 관계이다.

② 우애 : 형제자매 간에 서로 돕고 양보하며 격려하는 것을 말한다.

③ 형우제공 : 형은 동생을 보살피고, 동생은 형을 믿고 따르는 마음가짐이다.

(4) 부부 간에 지켜야 할 예절

① 부부 사이에 지켜야 할 도리를 말한다.

② 존중과 화합 : 부부가 서로에 대한 이해를 바탕으로 협력하고 함께 책임지는 것이다.

> **바로 바로 CHECK√**
>
> **다음 내용과 관계있는 덕목은?**
>
> > 어버이 살아실제 섬길 일 다 하여라. 지나간 후면 애달프다 어이하리. 평생 고쳐 못할 일이 이뿐인가 하노라.　　－ 정철
>
> ① 자애　　　　**❷ 효도**
> ③ 우애　　　　④ 검소

---

2 가족 사이 도리의 실천

(1) 예절 지키기

① 가족 간 적절한 예절을 바탕으로, 웃어른을 공경하고, 아랫사람을 너그럽게 대하면서 서로 존중한다.

② 자칫 가까운 사이라고 허물없이 지내다 보면 상대방을 불쾌하게 할 수 있으므로, 서로 배려하고 양보한다.

(2) 책임과 역할 분담하기

가족 구성원들은 각각 자신의 역할과 책임이 있는데, 이는 고정된 것이 아니라 상황과 형편에 따라 바뀔 수 있으므로 상황에 맞게 책임과 역할을 하는 것이 중요하다.

(3) 대화하고 소통하기

가족끼리 서로의 목소리를 경청하고, 함께 대화하는 시간을 가지면 서로를 더 깊이 이해하고 배려하는 마음을 가질 수 있다.

(4) 공동 활동 참여하기

취미나 봉사 활동 등 가족이 함께하는 시간을 갖고 기념일에 즐거움을 나누면 가족 간의 사랑이 더 두터워질 수 있다.

---

03 세대 간 대화와 소통

1 가정에서 세대 간 대화와 소통

(1) 세대 간 대화의 소통이 어려운 이유

① 각 세대가 태어나 자라 온 환경이 다르고, 경험이나 관심사가 다르기 때문에 성격이나 가치관 차이로 소통에 어려움이 생길 수 있다.

② 조부모와 부모 세대는 나이나 서열에 따른 위계를 중시하는 수직적인 가치관이 주가 되었지만, 오늘날은 서로를 대등하게 보는 수평적 가치관이 자리 잡았기 때문에 세대 간에 차이가 발생한다.

> **세대 차이** ▾ 검색
>
> 부모 세대와 자녀 세대 간, 조부모 세대와 자녀 간에 가치관과 문화의 차이로 의사소통이 잘 되지 않는 일이 발생하는 것

(2) 세대 간 대화와 소통의 방법

경 청	상대방의 말을 주의 깊게 듣고, 상대방의 의견이 나와 다르더라도 상대방을 인정하고 존중한다.
공 감	상대방의 의견에 먼저 귀를 기울이고, 상대방의 처지에서 감정이 어떨지 생각해 보고 이해하려는 역지사지의 노력이 필요하다.
칭찬과 격려	상대방의 좋은 점을 찾아 먼저 칭찬하고, 어려움을 겪을 때는 서로 격려해야 한다.
대화의 기술	• 대화를 할 때는 자신의 말을 줄이고 상대방의 말을 우선 듣는다. • 자신의 의견을 솔직하고 부드럽게 제시하며, 비난보다 긍정적인 비판을 한다.

2 바람직한 가정의 모습 중요+

(1) 바람직한 가정을 만들기 위한 요소

① 서로 대화하는 시간을 갖는다.

② 가족 구성원들 간에 예의를 지키고 존중하며, 배려한다.

③ 각자에게 맡겨진 책임을 다해야 한다.

④ 자신의 감정을 말이나 행동으로 자주 표현한다.

⑤ 가족 구성원들이 공동으로 참여하는 활동이 필요하다.

> **가화만사성** [검색]
> 가정이 화목해야 모든 일이 잘 이루어진다. → 바람직한 가정생활의 중요성

(2) 바람직한 가족 구성원이 되기 위한 노력

① 서로의 인격을 존중하고 서로 사랑하려고 노력한다.

② 각자 자신의 역할을 올바르게 알고 평소에 충실히 실천하려고 노력한다.

③ 가족 간의 예절을 지키고, 가족 모두가 올바른 가치를 추구하기 위해 노력한다.

01 다음 중 가정에 대한 설명으로 옳은 것은?

고난도

① 맞벌이 부부의 비중이 증가하면서 가정의 기능이 강화되고 있다.

② 한 부모 가정, 재혼 가정, 시설 가정 등은 가정의 역할과 기능을 다하지 못한다.

③ 가정의 모습이 다양화되면서 가정의 도덕적 기능이 약화되고 있다.

④ 현대 사회에 들어 확대 가족이 증가 추세에 있다.

02 가정의 기능으로 알맞지 않은 것은?

① 외부의 위험으로부터 보호

② 휴식과 오락 공간 제공

③ 의식주 제공

④ 경제적 이익 추구

03 핵가족에 대한 설명으로 옳지 않은 것은?

① 가풍과 가훈을 익힐 기회가 많다.

② 가족 구성원들의 독립적인 생활 영역이 넓다.

③ 가족의 수가 적어서 가족 간의 의사소통이 비교적 활발하다.

④ 가족 구성원들이 함께 참여하는 민주적인 방식으로 집안일이 결정된다.

01

가정의 모습이나 사는 방식이 다양하고, 가족 구성원 간의 유대 관계가 약화되면서 가정의 도덕적 기능이 약화되고 있다.

① 맞벌이 부부의 비중이 증가하면서 가정의 기능이 약화되고 있다.

② 오늘날 다양한 가정의 모습으로 형태는 다르지만 모두 가정의 고유 기능을 하고 있다.

④ 핵가족이 증가 추세이다.

02

④ 경제적 이익 추구가 아니고, 경제적 기초를 제공한다.

03

가풍과 가훈을 익힐 기회가 많은 것은 확대 가족(대가족)의 특징이다.

ANSWER

01. ③ 02. ④ 03. ①

04 다음과 같은 가정에서 발생하는 갈등의 원인은?

기출

> • 노인의 무료함과 소외감
> • 노인들의 전통적 지위 상실
> • 부모의 과잉보호로 가정의 예절 교육 상실

① 남존여비 사상　　　② 세계화

③ 지역 이기주의　　　④ 핵가족화

04

핵가족화가 급속히 진행되면서 발생하는 도덕 문제이다.

05 다음과 같은 유형의 가정을 무엇이라고 하는가?

> 서로 다른 문화 속에서 살다가 결혼한 부부로 이루어진 가정으로 이 안에는 서로 다른 문화가 존재한다.

① 입양 가정　　　② 재혼 가정

③ 외국인 가정　　　④ 다문화 가정

05

① 출산이 아닌 입양에 의해 자녀를 둔 가정이다.
② 재혼을 통해 서로 다른 두 가정이 결합한 형태이다.
③ 외국인 부부 혹은 외국인 부부와 자녀로 구성된 가정을 말한다.

06 건강한 가정을 만들기 위한 자세로 옳지 않은 것은?

기출　① 가족 간에 예의를 지킨다.

② 부모님의 뜻을 제대로 이해한다.

③ 자신이 관심 있는 일에만 몰두한다.

④ 가족 구성원들이 서로 이해하고 양보한다.

06

가족 각자의 역할 수행과 상호 협력이 필요하다.

ANSWER

04. ④　**05.** ④　**06.** ③

07 다음과 같은 부모의 마음에 비추어 볼 때 자식의 도리는?

> 어느 부모라도 자식이 화재 현장에 있거나 물에 빠져 허우적거린다면, 자신의 생명을 돌보지 않고 자식을 구하려고 할 것이다.

① 절약
② 효도
③ 조언
④ 우애

07
지문의 내용은 부모가 자식을 사랑하는 마음이다. 부모의 희생적인 사랑을 자식들은 효도(孝道)로써 보답해야 한다.

08 가정 기능의 변화로 옳지 <u>않은</u> 것은?

① 상품을 소비하는 기능이 약화되고, 생산적 기능이 강화되었다.
② 확대 가족에서 핵가족으로 변화했다.
③ 정서적 유대감이 약화되었다.
④ 남성 중심의 부부관이 평등한 민주적 부부관으로 변화했다.

08
생산적 기능이 약화되고, 상품을 소비하는 기능이 강화되었다.

09 다음 내용에 해당하는 것은?

> 대가를 바라지 않고 모든 것을 다 바치는 부모의 헌신적인 사랑으로 무조건적 사랑, 아가페적 사랑이라고도 한다.

① 효도
② 존중
③ 자애
④ 우애

09
자애의 또 다른 모습 : 자녀가 잘못을 했을 때 사랑을 담아 꾸짖어 자녀가 무엇을 잘못했는지 알게 하는 엄격한 모습

ANSWER
07. ② 08. ① 09. ③

10 빈칸에 공통으로 들어갈 알맞은 말은?

> 세대 간 대화와 소통은 상대방의 말을 (   )하는 데에서 시작된다. (   )은/는 상대방의 말을 주의 깊게 듣고, 상대방의 의견이 나와 다르더라도 상대방을 인정하고 존중한다.

① 경청   ② 칭찬
③ 공감   ④ 격려

11 ㉠에 들어갈 내용으로 적절하지 **않은** 것은?

기출

> • 주제 : 바람직한 가정을 이루기 위한 노력
> • 내용 : (㉠   )

① 가까운 사이라도 예의를 지키며 존중한다.
② 다양한 방법으로 대화하며 서로 이해한다.
③ 함께 할 수 있는 일에 공동으로 참여한다.
④ 각자 역할이 있으므로 관심을 두지 않는다.

10

① 경청은 상대방의 이야기에 귀를 기울여 있는 그대로 끝까지 듣고, 상대방의 의견이 나와 다르더라도 상대방을 인정하고 존중한다.

11

바람직한 가족 구성원이 되기 위한 노력
• 서로의 인격을 존중하고 서로 사랑하려고 노력한다.
• 각자 자신의 역할을 올바르게 알고 평소에 충실히 실천하려고 노력한다.
• 가족 간의 예절을 지키고, 가족 모두가 올바른 가치를 추구하기 위해 노력한다.

ANSWER
10. ①   11. ④

NOTE

02 우 정

 우정의 중요성에 대해 생각해 보고, 진정한 우정을 맺는 방법에 대해 출제되었으므로, 꼼꼼히 공부해야 합니다. 친구 간 필요한 예절, 친구에 대한 관심과 배려의 방법 또한 알아두도록 합니다.

01 우정의 의미와 중요성

1 우정의 의미와 특징

(1) 의 미

① 친구와의 순수한 관계에서 느낄 수 있는 친밀한 감정이다.

② 이해관계가 개입되어 있지 않아 친구 간의 깊고 오랜 사귐을 가능하게 한다.

(2) 특 징

① 오랜 시간을 함께 한다고 해서 저절로 우정이 생기는 것이 아니며, 꾸준히 기쁨과 슬픔을 함께 나누면서 서로를 진심으로 이해하고 아낄 때 더욱 관계가 두터워진다.

② 상대방에 대한 호감과 우정이 관계를 유지하는 주요한 요인이 된다.

친구	▼	검색

가깝게 오래 사귄 사람으로서 친밀한 관계 속에서 서로 마음을 나누는 사람
→ 정신적·정서적 지지자, 즐거운 체험을 함께하는 사람, 나를 비추는 거울 등

(3) 청소년기의 우정

① 중요성

㉠ 가족이라는 울타리를 넘어 새로운 사회적 관계를 형성하려는 욕구가 강해진다.

㉡ 서로를 이해하고 정신적으로 공감할 수 있는 친구와의 우정을 나누는 일을 중요하게 여긴다.

② 잘못 형성된 친구 관계

㉠ 음주, 약물 오·남용, 흡연, 폭력 문제 등 청소년 비행 문제를 낳기도 한다.

㉡ 공자가 말하는 해가 되는 친구 유형 : 남의 비위를 잘 맞추는 사람, 아첨하는 사람, 말에만 능하고 간사한 사람, 겉치레만 하고 곧지 못한 사람

2 우정의 중요성

(1) 정서적 안정

① 힘들거나 외로울 때 고민을 털어놓으며 위로를 받기도 하고, 용기를 얻기도 한다.

② 희로애락을 함께 겪으면서 정서적 안정을 얻는다.

> 참깐
> 인디언 말로 '친구'란 '내 슬픔을 자기 등에 지고 가는 사람'이라고 한다.

(2) 성숙한 인격 형성

① 인간관계에 필요한 규범, 역할, 책임을 배우고, 그 과정에서 인격을 형성한다.

② 친구와 갈등을 겪을 때 역지사지의 과정을 통해 서로의 모습을 이해하고 존중하며 인격을 다듬을 수 있다.

(3) 삶의 방향 설정

삶의 구체적인 목표는 달라도 근본적인 삶의 방향을 설정하고 함께 나아갈 수 있다.

> **바로 바로 CHECK√**
>
> '어릴 때부터 대나무로 만든 말을 타고 놀던 오랜 친구'를 이르는 고사 성어는?
> ❶ 죽마고우(竹馬故友)
> ② 관포지교(管鮑之交)
> ③ 백아절현(伯牙絕絃)
> ④ 수어지교(水魚之交)

심화학습 ▶ 친구와 우정에 관한 사자성어

백아절현(伯牙絕絃)	벗의 죽음을 슬퍼하여 거문고의 줄을 끊었다는 고사에서 유래한 말
관포지교(管鮑之交)	중국 춘추 시대의 관중과 포숙의 사귐이란 뜻으로, 우정이 아주 돈독한 친구 관계를 이르는 말
금란지교(金蘭之交)	친구 간에 마음이 같으면 그 예리함이 쇠와 돌을 자를 수 있고, 같은 마음에서 나오는 말은 그 향기가 난초와 같음을 의미
수어지교(水魚之交)	물이 없으면 살 수 없는 물고기와 물의 관계라는 뜻으로, 아주 친밀하여 떨어질 수 없는 사이를 비유적으로 이르는 말
죽마고우(竹馬故友)	대나무 말을 타고 놀던 벗이라는 뜻으로, 어릴 때부터 같이 놀며 자란 벗
지란지교(芝蘭之交)	지초(芝草)와 난초(蘭草)의 교제라는 뜻으로, 벗 사이의 맑고도 고귀한 사귐을 이르는 말

02 진정한 우정을 맺는 방법

1 진정한 친구의 모습

(1) 의미
나와 친밀하게 오랫동안 사귀어 온 사람으로, 마음을 깊게 나눌 수 있는 사람이다.

(2) 바람직한 친구 관계 중요⁺

① 믿음과 옳음
- ㉠ 믿음은 친구 관계에서 가장 핵심적인 덕목으로 우정을 쌓을 수 있는 바탕이 된다.
- ㉡ 믿음은 한순간에 생기는 것이 아니다.
- ㉢ 생활 속에서 믿음을 지켜 가기 위한 노력이 필요하다.
- ㉣ 가깝고 친밀한 친구라고 무조건 따르지 않고, 옳고 좋은 일은 서로 권하고 나쁜 일은 서로 삼가야 한다.
- ㉤ 화랑의 세속 오계 중 하나인 '교우이신'과 유가의 오륜 중 '붕우유신'을 통해서도 알 수 있듯이 친구를 사귀고 유지하는 힘의 바탕은 믿음이다.

② 인격적 존중과 배려
- ㉠ 인격적 존중 : 친구를 나와 동등하다고 인정하고 존중하는 것
- ㉡ 배려 : 다른 사람을 도와주려고 정성을 다하는 마음가짐으로 친구에게 도움이 되려고 애쓰는 마음

③ 진심 어린 충고
- ㉠ 친구의 잘못된 선택이나 행동에 대해서 충고하며, 친구의 충고를 고맙게 생각하고 적극적으로 받아들인다.

잠깐

세속 오계(世俗五戒)

사군이충 (事君以忠)	충성으로써 임금을 섬긴다.
사친이효 (事親以孝)	효도로써 어버이를 섬긴다.
교우이신 (交友以信)	믿음으로써 벗을 사귄다.
임전무퇴 (臨戰無退)	싸움에 임해서는 물러남이 없다.
살생유택 (殺生有擇)	살아 있는 것을 죽일 때는 가려서 해야 한다.

오륜(五倫)   검색
- 군신유의 : 임금과 신하 사이에는 의로움이 있어야 한다.
- 부자유친 : 어버이와 자식 사이에는 친함이 있어야 한다.
- 부부유별 : 남편과 아내 사이에는 구별이 있어야 한다.
- 장유유서 : 어른과 아이 사이에는 차례와 질서가 있어야 한다.
- 붕우유신 : 친구 사이에는 믿음이 있어야 한다.

ⓒ 충고의 자세 : 적절한 말로 충고하여 친구의 마음이 상하지 않도록 조심한다.

④ 선의의 경쟁

    ㉠ 경쟁은 사회생활에서 피할 수 없지만 선의의 경쟁을 통해 결과에 대한 집착이 아닌 경쟁 과정을 통해 모두가 발전할 수 있는 계기로 삼아야 한다.

    ㉡ 경쟁에서 이기려는 마음보다는 정정당당하게 경쟁하려는 태도가 필요하다.

    ㉢ 뒤처진 친구를 위로하고 도와주며, 앞선 친구를 축하해 주고 자랑스럽게 생각하는 자세가 바탕이 된다.

⑤ 협력 관계

    ㉠ 친구 간의 협력을 통해 혼자서는 할 수 없는 일을 이룰 수 있다.

    ㉡ 서로의 결점을 보완해 주면서 공동의 목표를 향해서 나아갈 수 있다.

> **바로 바로 CHECK✓**
>
> **바람직한 친구 관계가 아닌 것은?**
> ① 상호 존중하는 관계
> ② 상대의 입장을 배려하는 관계
> ③ 서로의 발전에 도움을 주는 관계
> ❹ 폭력으로 문제를 해결하는 관계

2 진정한 친구의 중요성과 관계 유지 방법

(1) 진정한 친구를 사귀는 것이 중요한 이유

① 친구끼리는 서로 도움이 되기도 하지만, 부정적인 영향을 미치기도 하는 관계이기 때문이다.

② 친구와 많은 시간을 함께 보내기 때문에 어떤 친구를 사귀느냐에 따라 자신의 생각이나 행동이 달라지기 때문이다.

(2) 진정한 친구 관계를 유지하기 위한 방법

① 기본적인 예의 지키기

    ㉠ 친한 사이일수록 서로에게 예의를 지켜야 한다.

    ㉡ 친하다는 이유로 예의 없는 행동을 하는 경우 큰 오해를 불러일으켜 친구 사이를 멀어지게 할 수도 있다.

② 서로 다름을 인정 : 사람마다 생각하고 행동하는 방식이 다름을 인정하고 존중해야 한다.

③ 선입견과 편견의 극복 : 친구를 있는 그대로 보기 위해서는 선입견과 편견을 극복해야 한다.

> **선입견과 편견** ▾ 검색
>
> • 선입견 : 어떤 대상에 대하여 이미 마음속에 가지고 있는 고정적인 관념이나 관점
> • 편견 : 공정하지 못하고 한쪽으로 치우친 생각

3 진정한 우정을 맺는 방법 중요⁺

(1) 친구 사이의 갈등

① 친구 간 갈등의 종류

㉠ 성격·가치관 차이로 인한 갈등

㉡ 예의를 지키지 않아서 생기는 갈등

㉢ 사소한 오해 때문에 생기는 갈등

㉣ 옳지 못한 일을 부탁받았을 때 생기는 갈등

② **친구 간의 갈등 해결** : 갈등을 덮어 두거나 피하려 한다면 친구 사이는 점점 더 멀어 지고 갈등이 커질 수 있으므로, 적극적으로 해결하고자 노력해야 한다.

③ 친구 간 갈등의 원인

㉠ 예절 문제 : 친구 간에 서로 기본 예절을 지키지 않기 때문이다.

㉡ 폭력·따돌림 문제 : 친구를 괴롭히거나 따돌리기 때문이다.

㉢ 역할과 책임 문제 : 자신이 맡은 역할과 책임을 다하지 않기 때문이다.

(2) 갈등 해결을 위한 태도

① **역지사지** : 입장을 바꿔 '만일 내가 그 친구의 입장이라면 어떻게 할 것인가?' 하고 스스로 물어보는 자세이다.

② **관용** : 독단과 독선에서 벗어나 상대방의 생각을 존중하고 이해하는 자세이다.

③ **대화와 타협** : 폭력이나 강요에 의한 갈등 해결이 아닌 상호 간의 이해를 중시하는 자세이다.

④ **배려** : 서로의 다름을 인정하고 어려운 처지에 있는 친구들을 배려하는 자세이다.

⑤ **먼저 사과** : 자존심만 앞세우는 것이 아니라 먼저 친구를 감싸 줄 수 있는 자세이다.

01 참된 친구를 표현할 말로 가장 적절하지 <u>않은</u> 것은?

① 감정을 함께 나누는 사람

② 또 다른 나

③ 시간을 함께 보내는 사람

④ 제2의 자신

02 다음 내용에서 가장 두드러지게 나타나는 가치는?

기출

> 같은 마을에 태어난 죽마고우 A와 B가 전쟁에 같이 참전하였는데, B가 가슴에 총을 맞고 쓰러졌다. 이를 본 A는 뛰어나가 B를 업고 돌아왔다. 그러나 B는 이미 숨을 쉬지 않았다. 부대원들은 A의 무모한 행동을 나무랐다. 그러나 A는 말하였다. "저는 지금 기분이 좋습니다. B가 제게 말하더군요. '네가 올 줄 알았어.'라고요."

① 정직   ② 우정

③ 습관   ④ 위선

03 다음 빈칸에 들어갈 알맞은 말은?

> 인디언 말로 (   )은/는 '내 슬픔을 자기 등에 지고 가는 사람'이라고 한다.

① 친구   ② 스승

③ 부모   ④ 선배

04 ㉠, ㉡에 들어갈 알맞은 덕목은?

기출

- (㉠) : 상대방이 처한 입장을 고려하여 도와주고 보살펴주는 것
- (㉡) : 생각과 추구하는 가치가 다를 수 있음을 인정하고 존중하는 것

	㉠	㉡			㉠	㉡
①	배려	관용		②	배척	관용
③	편견	이해		④	편견	독선

05 다음의 (   ) 안에 공통적으로 들어갈 말은?

- 세속오계의 교우이(   )   • 오륜의 붕우유(   )

① 인(仁)   ② 신(信)

③ 예(禮)   ④ 지(智)

06 다음 글이 주는 교훈으로 가장 적절한 것은?

기출

　나를 사랑하는 친구는 나에게 유순함을 가르치고, 나를 미워하는 친구는 나에게 조심성을 가르쳐 주며, 나에게 무관심한 친구는 나에게 자립심을 가르쳐 준다.

① 친구를 다양하게 사귀자.
② 친구를 많이 사귀지 말자.
③ 칭찬하는 친구는 사귀지 말자.
④ 의견이 다른 친구는 사귀지 말자.

04
㉠ 배려 : 서로의 다름을 인정하고 어려운 처지에 있는 친구들을 배려하는 자세이다.
㉡ 관용 : 독단과 독선에서 벗어나 상대방의 생각을 존중하고 이해하는 자세이다.

05
세속오계의 교우이신(交友以信), 오륜의 붕우유신(朋友有信)은 모두 친구 사이의 믿음을 강조하고 있다.

06
친구는 인격 형성에 중요한 역할을 하며, 좋은 친구는 인생의 보배로서, 친구를 잘 사귀는 것도 인격을 수련하는 좋은 공부가 되며, 청소년기는 친구의 영향을 가장 많이 받는 시기이다.

ANSWER
04. ① **05.** ② **06.** ①

07 친구 간의 갈등을 해결하는 태도로 바람직하지 <u>않은</u> 것은?

① 상대방의 입장에서 생각해 본다.
② 양보하고 타협하는 자세를 가진다.
③ 나와 생각이 다른 사람은 무시한다.
④ 자존심만 앞세우지 않고 먼저 친구를 감싸 준다.

08 진정한 우정을 맺기 위한 방법으로 적절한 것을 다음 에서 고른 것은?

> ㉠ 기본적인 예절 무시하기
> ㉡ 서로 다름을 인정하기
> ㉢ 관심과 배려 실천하기
> ㉣ 친구 간의 갈등 피하기

① ㉠, ㉡   ② ㉡, ㉢
③ ㉠, ㉡, ㉣   ④ ㉢, ㉣

07
친구 간의 갈등을 해결하기 위해서는 상대방의 입장에서 생각해 보고, 서로 양보하고 타협하는 자세가 필요하며, 자존심만 앞세우기보다 먼저 친구를 감싸 주는 태도가 필요하다.

08
㉠ 친한 사이일수록 서로에게 예의를 지켜야 한다.
㉣ 갈등을 덮어 두거나 피하려 한다면 친구 사이는 점점 더 멀어지고 갈등이 커질 수 있으므로, 적극적으로 해결하고자 노력해야 한다.

ANSWER
07. ③ 08. ②

03 성 윤리

성과 사랑의 다양한 의미를 이해하고, 청소년기의 성 문제를 도덕적 시각에서 평가하도록 합니다. 이성 친구를 대하는 바람직한 자세와 예절에 관한 내용은 시험에 자주 등장하기 때문에 정리하고 넘어가야 합니다.

01 성과 사랑의 의미

1 성의 의미와 가치

(1) 성의 의미

① 남자와 여자를 구분하는 생물학적 차이를 말한다.

② 성 역할과 관련된 성 정체성을 뜻하기도 한다.

③ 성과 관련된 욕망이나 태도, 관습 등을 포함하는 성적인 것 전반을 가리키는 것이다.

> **성 정체성**   검색
>
> 사회·문화적으로 형성된 자신의 성에 대한 자각, 자아의식을 말한다.

(2) 성의 가치

성의 가치	역 할	필요 덕목
생물학적 가치	생명을 탄생시키고 종족을 번식하는 가치	책 임
인격적 가치	서로 다른 인격체와 하나가 되어 삶을 공유하고 공감하는 가치	존 중
쾌락적 가치	서로에게 유쾌함을 선사하는 가치	절 제

2 사랑의 의미와 종류

(1) 사랑의 의미 중요⁺

① 사람이나 존재를 몹시 소중히 여기고 존중하는 마음 또는 그런 일

② 인간의 근원적 감정으로 상대를 향한 배려, 존중, 책임, 헌신 등의 가치를 모두 포함하는 마음

(2) 사랑의 종류

① 필리아(philia) : 정신적 사랑 `예` 친구나 동료에 대한 우정과 우애

② 아가페(agape) : 조건 없는 희생적 사랑 `예` 자식에 대한 부모의 사랑

③ 에로스(eros) : 이성 간의 사랑

④ 공자의 인(仁) : 사람됨의 본질을 이루는 사랑의 정신

⑤ 불교의 자비(慈悲) : 사람뿐 아니라 모든 생명을 사랑하는 마음

(3) 성적 욕망과 사랑의 차이

① 성적 욕망 : 육체적 쾌락을 위한 본능 → **순간적 충동**

② 사랑 : 상대방을 귀중히 여기고 존중하며 배려하는 마음

※ 성은 사랑을 바탕으로 할 때, 쾌락 이후 찾아오는 여러 문제들에서 벗어나 긍정적인 영향을 주는 대상이 될 수 있다.

02 청소년기의 바람직한 성 윤리

1 청소년기와 성

(1) 청소년기의 성 윤리

① 청소년기는 신체적 성장과 변화가 급격히 일어나는 시기로, 이성에 대한 관심과 성에 대한 호기심이 크게 증가하는 시기이다.

② 청소년기 성에 대한 상반된 견해

  ㉠ 신성하게 보는 견해 : 성은 생명의 출발점이며, 성적 욕구를 절제하는 것을 미덕으로 여긴다.

  ㉡ 개인적 영역으로 보는 견해 : 성은 개인의 쾌락과 관련된 것으로, 성적 욕구나 절제는 개인의 자유이며 책임이라고 생각한다.

③ 청소년기 성에 대한 바람직한 태도

  ㉠ 사랑을 표현하기 위한 수단이어야 한다.

ⓛ 상대방을 존중하는 마음을 가져야 한다.

ⓒ 성의 의미와 가치를 올바르게 이해하고, 책임감 있게 행동해야 한다.

(2) 청소년기의 성 문제

① 음란물 문제

　ㄱ 음란물 : 성 윤리에 어긋나거나 성적 수치심을 불러일으키는 책, 그림, 영상 등이 그 예이다.

　ㄴ 문제점 : 성의 의미를 바르게 이해하지 못하도록 하고, 성과 관련하여 잘못된 태도를 지니도록 할 수 있으며, 중독까지 일으킬 수 있다.

② 성폭력 문제

　ㄱ 성폭력 : 상대방이 원하지 않는데도 일방적으로 가해지는 모든 성적 행동이다.

　ㄴ 문제점 : 성폭력은 상대의 인격을 훼손하고 커다란 고통을 준다.

　ㄷ 성폭력의 유형 : 언어적·신체적·정신적 폭력을 모두 포함하는 것으로, 성추행, 강간, 성적인 농담, 음란 전화 등이 그 예이다.

2 청소년기 성 윤리의 중요성

(1) 바람직한 성 윤리 중요⁺

① 인격 존중

　ㄱ 서로를 인격을 지닌 인간으로서 존중해야 한다.

　ㄴ 각자가 지닌 성을 단순히 쾌락의 대상이나 다른 것을 위한 수단으로 여겨서는 안 된다.

② 양성평등 의식

　ㄱ 성에 따른 차별을 받지 않고 자신의 능력에 따라 동등한 기회와 권리를 누리는 것이다.

　ㄴ 성 역할에 대해 고정 관념을 가지면 능력이 아닌 선입견으로 사람을 판단하여 차별함으로써 인간의 기본적 권리를 침해할 수 있다.

③ 성의 자기 결정권 존중

    ㉠ 외부의 압력이나 강요 없이 자신의 의지와 판단에 따라 자율적으로 성적 행동을 결정하고 책임지는 권리이다.

    ㉡ 결혼, 출산뿐만 아니라 성적 호기심이나 성 정체성 등 성과 관련된 모든 것에 해당한다.

④ 행위에 대한 책임

    ㉠ 자신이 스스로 택한 행동에 대해 책임질 줄 알아야 한다.

    ㉡ 결과에 대해 책임질 수 없다면 절제하는 것이 바람직하다.

(2) 청소년으로서 바람직한 성 윤리를 실천하는 방법

① 성에 대한 바람직한 이해를 바탕으로 올바른 성 윤리 의식과 태도를 가져야 한다.

② 성적 욕구에 깊이 빠져들거나 무조건 억제하기 보다는 운동, 취미, 봉사 등으로 승화하며 해소해야 한다.

③ 성의 소중함을 느끼고 이를 상대방에게 예의에 맞게 표현해야 한다.

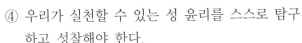

승화(昇華)　　　　검색
어떤 현상이 한 단계 더 높은 영역으로 발전하는 것을 일컫는다.

④ 우리가 실천할 수 있는 성 윤리를 스스로 탐구하고 성찰해야 한다.

03 이성 친구와 바람직한 관계를 형성하는 방법

1 이성 친구의 의미와 이성 교제의 영향

(1) 이성 친구의 의미

① 나와 성이 다른 친구로, 청소년기에 새로운 관심의 대상이 된다.

② 동성 친구와 달리 신체적 · 정서적으로 차이가 있어 상대에 대한 배려가 필요하다.

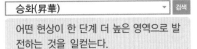

이성 교제　　　　검색
이성 친구와 우정 또는 애정을 가지고 사귀는 일

(2) 청소년기의 이성 교제의 영향 중요⁺

① 긍정적 영향

ⓐ 각자의 성에 대한 특성과 바람직한 성 역할을 이해할 수 있도록 돕는다.

ⓑ 성 역할에 대한 고정관념에서 벗어나 더 성숙한 인간으로 성장할 수 있도록 한다.

ⓒ 이성 친구는 서로의 부족한 점을 보완하고 삶의 활력과 즐거움을 준다.

ⓓ 장차 성인이 되었을 때 배우자 선택의 안목을 기를 수 있다.

② 부정적 영향

ⓐ 학생으로서 해야 할 일을 소홀히 할 수 있다.

ⓑ 심적·경제적으로 서로에게 큰 부담을 줄 수 있다.

ⓒ 충동적이고 그릇된 성적 행동을 할 경우 청소년기 임신, 미혼모 등의 사회적 문제가 발생할 수 있다.

2 이성 친구를 대하는 바람직한 자세 중요⁺

(1) 상호 존중

① 서로의 차이를 존중하며 배려할 때 더 좋은 관계를 유지할 수 있다.

② 상대방의 단점을 드러내지 않고 장점을 인정함으로써 존중할 수 있다.

(2) 상호 도움

① 서로의 삶에 도움이 되려는 자세를 가져야 한다.

② 이성 교제를 삶의 성장 과정으로 인식하고, 각자가 이전보다 더 나은 사람으로 발전할 수 있도록 서로 도울 수 있어야 한다.

(3) 예의 갖추기

① 서로에게 불쾌감을 주지 않도록 신체 접촉에 유의하고, 충동적 욕구를 절제한다.

② 대화할 때는 바르고 고운 말을 사용한다.

③ 지나치게 화려하거나 노출이 심한 옷은 삼간다.

(4) 평등한 만남

① 어느 한쪽이 상대에게 일방적으로 명령하거나 의존하는 수직적 관계가 아니므로, 서로 타협하고 분담하는 수평적인 관계를 맺는다.

② 이성친구가 자신에게만 관심을 가져야 한다는 집착을 하지 않는다.

③ 사소한 일도 서로 의논하고 나누어서 해결하는 연습이 필요하다.

실전 예상문제

01 다음 중 성의 인격적 가치의 역할로 옳은 것은?

① 다른 인격체와 하나가 되어 삶을 공유한다.
② 새로운 생명을 탄생시킨다.
③ 본능적 쾌락을 충족한다.
④ 인간의 종족을 번식한다.

01
②·④ 생물학적 가치
③ 쾌락적 가치

02 빈칸에 들어갈 알맞은 말은?

( )은/는 상대를 향한 열정과 친밀감, 책임감이 조화를 이루는 것이다.

① 우정 　　② 신뢰
③ 사랑 　　④ 정의

02
사랑은 서로를 몹시 소중히 여기고 존중하는 것으로, 인간의 근원적 감정으로 상대를 향한 배려, 존중, 책임, 헌신 등의 가치를 모두 포함하는 마음이다.

03 다음 내용에 해당하는 사랑의 종류는?

사람과 사람 간의 독립적 존재를 바탕에 둔 사랑으로, 즉 부모 자식 간의 절대적인 사랑으로 조건이 없는 희생적 사랑을 의미한다.

① 에로스 　　② 자비
③ 필리아 　　④ 아가페

03
① 에로스(eros) : 이성 간의 사랑
② 불교의 자비(慈悲) : 사람뿐 아니라 모든 생명을 사랑하는 마음
③ 필리아(philia) : 정신적 사랑 예 친구나 동료에 대한 우정과 우애

ANSWER
01.① 02.③ 03.④

04 성폭력에 대한 설명으로 옳지 <u>않은</u> 것은?

① 성폭력은 상대의 인격을 훼손하고 커다란 고통을 준다.

② 성폭력을 당하지 않으려면 성폭력에 대해 분명하게 거부하는 태도를 보여야 한다.

③ 성폭력은 신체적으로 가해지는 폭력만을 의미한다.

④ 상대방이 원하지 않는 신체 접촉이나 상대방에게 불쾌감을 주는 행동은 하지 않아야 한다.

04
③ 성폭력은 상대방이 원하지 않는데도 일방적으로 가해지는 모든 성적 행동을 말한다.

05 다음 중 바람직한 친구 관계를 유지하기 위한 노력으로 **고난도** 볼 수 <u>없는</u> 것은?

① 친구와 선의의 경쟁과 협력을 한다.

② 친한 친구와는 다른 친구들을 함께 비난하며 친하게 지내려 노력한다.

③ 친구의 사생활을 보호해 준다.

④ 친구에게 나의 감정이나 고민을 솔직하게 표현한다.

05
청소년기에 바람직한 친구 관계를 맺기 위해서는 서로 비난하지 않으며, 질투하지 않는 태도가 필요하다.

06 청소년기 이성 교제에 대한 설명으로 옳은 것은?

① 청소년기에 이성 친구와는 우정보다는 애정을 경험하는 것이 바람직하다.

② 이성 친구와 신체 접촉의 한계를 분명히 하고 책임감 있는 행동을 한다.

③ 청소년기의 이성 교제는 비공개적인 장소에서 둘만의 만남을 주로 하는 것이 좋다.

④ 청소년기에 이성에 대한 관심이 증가하는 것은 부끄럽고 부자연스러운 현상이다.

06
① 청소년기에는 이성 친구와 애정적인 관계보다는 우정의 관계를 형성하는 것이 바람직하다.
③ 청소년기의 이성 교제는 공개적인 장소에서 만나는 것이 좋다.
④ 청소년기에는 이성에 대한 관심이 증가하면서 이성 친구와의 관계에서 우정이나 애정을 경험하게 되는데, 이는 매우 자연스러운 현상이다.

ANSWER

04. ③ 05. ② 06. ②

07 다음 내용 중 옳은 것은?

① 공자는 사람됨의 본질을 이루는 사랑의 정신을 인
(仁)이라고 주장하였다.

② 불교의 자비는 모든 생명이 아닌 사람에 대한 사랑
이다.

③ 청소년기에 알게 된 성과 사랑의 의미는 성인기의
성과 사랑에 대한 태도와 관련이 없다.

④ 사랑에는 이성 간의 사랑인 아가페와 친구나 동료
에 대한 사랑인 에로스가 있다.

07

공자의 인(仁) : 사람됨의 본질을 이루는
사랑의 정신

08 양성평등을 위한 생활 실천 자세를 갖춘 학생은?

기출

② 관행적인 성차별 문화는 계속 유지해야 해.

③ 성별에 대한 고정 관념이 필요해.

① 성별에 따라 할 일은 반드시 구분해야 해.

④ 차별이 아닌 차이를 인정하고 존중해야 해.

08

①·③ 성 역할이 고정되어 있다는 의식
을 버려야 한다.

② 직원 채용 기회, 임금, 승진, 해고 등에
서 남녀 차별적 관행이 없어져야 한다.

09 다음 중 성폭력에 관한 내용으로 거리가 먼 것은?

① 성폭력은 가해자의 기준에 의해 판단되는 것이 아
니고, 피해자가 성적 수치심을 느낀다면 성폭력이
된다.

② 상대방이 원하지 않는데도 일방적으로 가해지는
모든 성적 행동이다.

③ 성폭력은 언어나 신체적 폭력은 해당되지만, 정신적
폭력은 포함되지 않는다.

④ 성폭력에는 성추행, 강간, 성적인 농담, 음란 전화
등이 있다.

09

성폭력은 언어적, 신체적, 정신적 폭력을
모두 포함하는 것으로, 성추행, 강간, 성
적인 농담, 음란 전화 등이 그 예이다.

ANSWER

07. ① 08. ④ 09. ③

10 다음 빈칸에 들어갈 말로 옳은 것은?

> 음란물은 성과 관련하여 잘못된 태도를 지니도록 할 수 있으며, (　　)까지 일으킬 수 있다.

① 중독　　　　　　② 집중
③ 책임감　　　　　④ 호기심

04 이웃 생활

학습 point⁺

오늘날 다양해진 이웃의 종류를 알아보고, 이웃을 배려하고 봉사하기 위해 다른 사람의 관점에서 생각해 보도록 합니다. 상부상조의 전통, 이웃 간의 갈등 유형 및 문제 해결에 관한 문제는 반복 출제되고 있으므로, 기출문제를 정리하면서 학습하면 효과적일 것입니다.

01 다양한 이웃과 이웃의 소중함

1 이웃의 의미와 범위

(1) 이웃의 의미

① 좁은 의미 : 지리적으로 가까운 곳에 사는 동네 사람들

② 넓은 의미 : 나와 직접적·간접적으로 관계를 맺고 살아가는 모든 사람들

③ 오늘날은 교통 통신의 발달로 이웃의 범위가 더욱 넓어졌다. → 지구촌 이웃

(2) 전통 사회에서의 이웃

① 이웃의 범위

  ㉠ 농경 사회로 외부와 교류가 많지 않았다.

  ㉡ 좁은 의미의 이웃 : 가까운 곳에 사는 사람들

② 이웃 간의 관계 : 매우 친밀한 관계로 먼 친척보다 가까이 지낸다. – 이웃사촌

  ㉠ 이웃끼리 정을 나누며 가깝게 지내고 기쁜 일, 슬픈 일을 함께한다.

  ㉡ 어려운 일을 서로 힘을 모아 이겨 낸다.

  ㉢ 이웃 간에 많은 관심을 가지고 정답게 지낸다.

  ㉣ 서로 예절을 지키고, 웃어른을 공경하는 전통이 유지된다.

이웃사촌	▼ 검색

서로 이웃에 살면서 사촌 형제나 다를 바 없이 가까운 이웃

(3) 현대 사회에서의 이웃 중요+

① 이웃의 의미 변화

ⓐ 산업화 · 정보화로 사회가 복잡하고 다양해졌다.

ⓑ 교통 · 통신의 발달로 이웃의 범위가 더욱 확대되었다.

② 오늘날의 이웃

ⓐ 지리적으로 가까운 사람을 넘어서 서로 돕고 교류하는 사람들이라는 의미로 확대되었다.

ⓑ 도시의 발달, 잦은 이사로 한곳에 오랫동안 머물러 살지 않아 이웃이 자주 바뀌고, 이웃 간의 교류 기회가 감소하였다.

ⓒ 산업의 발달과 분업화로 각자 하는 일이 달라지고, 이웃과 함께할 수 있는 기회가 줄어들었다.

ⓓ 인터넷의 발달과 교통 및 통신의 발달로 새로운 이웃이 등장했다.

ⓔ 전 세계를 하나의 마을처럼 여기는 지구촌 시대가 열렸다.

③ 오늘날의 다양한 이웃

ⓐ 같은 취미로 긴밀한 유대 관계를 맺는 동호회 사람들

ⓑ 같은 종교 활동을 통해 만나 가깝게 지내는 사람들

ⓒ 일상생활에서 만나는 사람들 예 슈퍼마켓 주인, 버스 기사, 학교 선생님 등

ⓓ 사이버 공간에서 만나는 사람들
예 사이버 이웃

ⓔ 지구촌에서 사는 사람들(지구촌 이웃) → 무역 · 인적 교류를 통해 긴밀한 관계를 맺음

ⓕ 관심이 필요한 이웃 예 독거노인, 소년 소녀 가장, 외국인 근로자 등

> **바로 바로 CHECK✓**
>
> **전통 사회와 달리 변화된 현대 사회의 이웃 생활 모습은?**
> ① 마을과 마을의 구분이 확실함
> ② 같은 마을 이웃들과 교류가 확대됨
> ③ 이웃 간의 무관심 문제가 많이 감소됨
> ❹ 교통 · 통신의 발달로 새로운 이웃이 생김

2 이웃의 소중함

(1) 더불어 사는 삶의 의미를 배움

① 인간은 사회적 동물로 혼자 살아가는 삶은 인간다운 삶이 아니다.

② 관심을 가져야 할 어려운 이웃을 도우며 더불어 사는 삶의 의미를 배운다.

(2) 힘들고 어려울 때 서로 도움

① 주변의 많은 이웃들과 도움을 주고받으며 살고 있다.

② 우리 조상들은 이웃과 힘을 모아 함께 일하는 상부상조의 전통이 있었다.

> **심화학습** — **상부상조의 전통** 중요⁺
>
> • 계 : 친목을 꾀하면서 경제적인 도움을 주고받음 예 친목계
> • 품앗이 : 일 대 일 노동 교환 방식 예 김장 일손 돕기
> • 두레 : 마을 공동의 노동 조직 예 공동 우물 파기
> • 향약 : 마을의 자치 규약 예 풍속 문란자 자체 처벌

(3) 기쁨과 슬픔을 함께 나눔

① 이웃과의 교류는 행복한 삶의 중요한 요소이다.

② 좋은 이웃과 희로애락을 나누면 삶이 풍요롭고 행복해진다.

02 이웃과의 바람직한 관계

1 이웃에 대한 배려 중요⁺

(1) 배려의 의미

이웃에게 피해를 주지 않도록 신경을 쓰거나 다른 사람을 돕고 보살펴 주려고 마음을 쓰는 것이다.

(2) 이웃을 배려하는 방법

① 관심 갖기 : 이웃과 마음을 열고 서로에게 관심을 가지고, 서로를 알아가려 노력한다.

② 기본 예절 지키기 : 이웃에게 내가 먼저 인사하고 예의를 지키면 공동체를 유지하는 원천이 된다.

③ 양보하는 자세 가지기 : 자신만의 이익만 내세우지 말고 이웃에게 양보하는 자세를 가진다.

2 공동체 속에서의 봉사 중요+

(1) 봉사 활동의 의미와 특징

① 의미 : 국가나 사회 또는 다른 사람을 위하여 마음을 다해 애쓰는 행동

② 봉사 활동의 특성

  ㉠ 이타성 : 다른 사람을 도우려는 이타적인 행위

  ㉡ 자발성 : 스스로 타인을 돕고자 하는 마음에서 우러나온 행위

  ㉢ 무대가성 : 대가를 바라지 않는 순수한 마음으로 실천하는 행위

  ㉣ 지속성 : 한번으로 그치는 것이 아니라 한결같은 마음으로 나눔을 계속 실천하는 행위

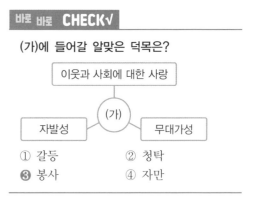

바로 바로 CHECK√

(가)에 들어갈 알맞은 덕목은?

이웃과 사회에 대한 사랑

자발성 — (가) — 무대가성

① 갈등 ② 청탁
❸ 봉사 ④ 자만

(2) 봉사 활동의 실천 효과

① 봉사 활동을 실천함으로써 사회에 이바지할 수 있다는 사실에 보람을 느낀다.

② 이기심을 억제하고, 겸손함을 배울 수 있다. ⇒ 봉사는 단순히 주기만 하는 것이 아니라 서로 나누는 것

③ 이타심과 공동체 의식을 확립할 수 있다.

④ 사회성 발달과 협동심, 책임감을 향상할 수 있다.

(3) 봉사의 계획과 평가

① 자신이 할 수 있는 작고 평범한 활동부터 시작한다. → 특별한 사람들만 하는 활동이 아님

② 봉사 활동이 제대로 이루어질 수 있도록 봉사 방법과 실천 계획을 세우는 것이 필요하다.

(4) 봉사 활동 시 유의 사항 ^{중요+}

① 봉사를 받는 사람의 입장을 최대한 배려해야 한다.

② 부주의한 말이나 행동으로 봉사를 받는 사람의 마음을 아프게 하지 않도록 주의한다.

3 이웃 간의 갈등과 해결 중요+

(1) 이웃 간의 갈등 원인

① 소원한 이웃 관계

    ㉠ 교통·통신의 발달에 따른 잦은 이동으로 서로 친해질 수 있는 시간이 부족하다.

    ㉡ 사람들 간의 관계가 복잡해지고 서로의 관심사가 다르다.

    ㉢ 바쁜 일상생활 때문에 이웃과 함께하는 시간이 줄어들었다.

② 이기주의

    ㉠ 자기 자신의 이익만 꾀하고, 사회 일반의 이익은 염두에 두지 않으려는 태도이다.

    ㉡ 상대방을 배려하지 않고 공동체의 규칙이나 예절을 잘 지키지 않는다.

    ㉢ 가족 이기주의, 집단 이기주의 등이 있다.

집단 이기주의 ▾	검색
특정 집단이 공익보다는 그들 집단의 이익(사익)만을 위하는 태도	

③ **공동 주택형 주거 환경** : 밀집된 공간에 살면서 다양한 이웃 갈등이 발생한다.

    ※ 공동 주택에서 발생하는 갈등 : 소음 문제(층간 소음·애완견 짖음 등), 주차 공간 부족 문제, 쓰레기 문제 등

(2) 이웃 간의 갈등

① 이기주의로 인한 갈등 : 공공장소 소란 행위, 새치기, 쓰레기 무단 투기, 주차 문제 등

② 집단 이기주의로 인한 갈등 : 님비 현상, 핌피 현상 등

(3) 이웃 간의 갈등 예방 및 해결 방안

① 이웃 간의 갈등 예방을 위한 자세

    ㉠ 역지사지의 마음을 가진다.

    ㉡ 자기 입장만을 주장하지 않고, 서로 배려하며 먼저 양보한다.

    ㉢ 공동체 생활에 필요한 규칙을 지킨다.

② 갈등 해결의 기본자세

  ㉠ 존댓말을 사용하고 상대방에 대한 예의를 지킨다.

  ㉡ 서로 논의를 통해 공동으로 지켜야 할 원칙을 정한다.

  ㉢ 자기 입장만을 고집하지 말고 상대방의 입장에서 생각한다.

심화학습 님비 현상과 핌피 현상

님비 현상 (Not In My Back Yard)	'내 뒷마당에서는 안 된다.'라는 뜻으로, 자기 주거 시설 주변에 혐오 시설의 설치를 반대하는 현상
핌피 현상 (Please In My Front Yard)	'내 앞마당에 설치해 달라.'는 뜻으로 자기 주거 시설 주변에 편의 시설의 설치를 요구하는 현상

01 다음과 같은 현대 사회의 특징으로 인해 새롭게 생겨난 이웃으로 보기 어려운 것은?

> 현대 사회에서는 교통·통신과 정보 매체가 발달하였다. 이에 따라, 다양한 인간관계를 형성하고 교류하는 데 필요한 시간과 거리의 제약을 뛰어넘을 수 있게 되었고, 이웃의 범위는 더욱 확대되고 다양해졌다.

① 취미 클럽 회원　　② 인터넷 카페 회원
③ 직장 동료　　　　④ 옆집 사람

02 공동 주택에서 이웃 간에 지켜야 할 예절로 적절하지 않은 것은?

① 쓰레기 무단 투기
② 이웃의 사생활 존중하기
③ 밝은 표정으로 인사하기
④ 거실에서 쿵쾅거리며 뛰지 않기

03 다음 중 이웃에 관한 설명으로 거리가 먼 것은?

① 함께 더불어 사는 공동체의 일원이다.
② 직접적·간접적으로 영향을 주고받는다.
③ 최소 단위의 공동체이다.
④ 서로 만나고 교류한다.

01
옆집 사람은 오늘날 새롭게 생겨난 이웃이 아니라 전통적인 이웃이다.

02
쓰레기 무단 투기는 공동생활의 규칙을 위반한 행동이다.

03
③ 최소 단위의 공동체는 가정이다.

ANSWER
01. ④　02. ①　03. ③

04 다음 내용에 해당하는 이웃의 종류는?

> 인터넷의 확산으로 가상 공간에서 시간과 장소에 구애받지 않는 이웃 관계가 늘어나고 있다. 많은 사람이 사이버 공간의 카페, 블로그, SNS를 통해 이웃을 맺고 교류한다.

① 사이버 이웃　　　② 다문화 이웃
③ 지구촌 이웃　　　④ 공동체 이웃

05 다음 중 이웃이 소중한 이유로 옳지 <u>않은</u> 것은?

고난도
① 서로 영향을 주고받으면서 살고 있기 때문이다.
② 이웃을 통해 부를 쌓을 수 있기 때문이다.
③ 좋은 이웃과 희로애락을 나누면 삶이 풍요롭고 행복해지기 때문이다.
④ 함께 어우러져 살아가는 동반자이기 때문이다.

06 이웃 생활에서 발생하는 도덕 문제를 해결하기 위한

기출 자세로 옳지 <u>않은</u> 것은?
① 이웃에 대한 관심을 가져야 한다.
② 어려운 이웃에게 도움의 손길을 내민다.
③ 이웃 간의 문제에서 자신의 이익을 우선한다.
④ 자발적으로 참여하는 공동체 정신을 발휘한다.

04
① 사이버 이웃 : 사이버 공간에서 만나는 사람들로, 정보통신 기술의 발달로 시간과 장소에 구애받지 않는다.

05
이웃의 소중함
• 더불어 사는 삶의 의미를 배운다.
• 힘들고 어려울 때 서로 돕는다.
• 기쁨과 슬픔을 함께 나눈다.

06
이웃 간의 도덕 문제 해결을 위해서는 양보하고 타협하는 자세가 기본이다.

ANSWER
04. ①　05. ②　06. ③

07 현대 사회에서 이웃 간 발생하는 문제점으로 거리가 먼 것은?

① 사생활 침해   ② 이웃 간 무관심

③ 상대방 입장 이해   ④ 공동생활에서의 무질서

08 다음에서 알 수 있는 이웃 생활의 문제점은?

기출

> 밤늦게 노래를 부르거나 피아노를 치면 이웃에게 불쾌감을 주게 되고, 정도가 지나치면 이웃 간에 다투게 된다.

① 사생활 침해   ② 차별적 대우

③ 생명 경시 풍조   ④ 물질 만능주의

09 다음 중 참된 봉사 활동의 특성이 <u>아닌</u> 것은?

① 타인을 배려하는 마음의 외적인 표현이다.

② 적극적이고 자발적으로 참여하는 것이다.

③ 지속적으로 실천하는 계획된 활동이다.

④ 물질적 보상을 목적으로 하는 활동이다.

10 다음 내용과 관계 깊은 것은?

기출

> • 계   • 두레
> • 향약   • 품앗이

① 친구 간의 우정   ② 스승과 제자의 사랑

③ 형제자매 간의 우애   ④ 이웃 간의 상부상조

07

현대 사회에서 발생하는 이웃 간의 문제로는 사생활 침해 문제, 무관심 문제 등이 있다.

08

이웃 생활에서 생기는 문제로는 사생활 침해 문제, 무관심 문제, 공동생활에서 발생하는 문제(쓰레기 처리, 주차 문제 등), 집단 이기주의(님비 현상, 핌피 현상 등) 등이 있다.

09

참된 봉사는 자발성(자발적으로 참여), 지속성(꾸준한 실천), 무대가성(대가나 보상을 바라지 않는 마음), 이타성(타인을 배려하는 마음의 실천) 등이 바탕이 되어야 한다.

10

계, 두레, 향약, 품앗이는 우리 조상들의 이웃 간의 상부상조의 전통들이다.

ANSWER
07. ③   08. ①   09. ④   10. ④

11 바람직한 친구 관계에 대해 가장 잘 설명한 것은?

① 나에게 이익이 될 때 친구를 이해해 준다.

② 우정이 오래 가려면 좋은 말만 해 주어야 한다.

③ 경쟁은 서로의 성장에 도움이 되는 선의의 경쟁이어야 한다.

④ 친구가 나쁜 일을 하더라도 그것을 따르는 것이 의리이다.

11

① 이익이 될 때가 아니라 언제나 친구를 이해해 준다.

② 좋은 말만이 아니라 때로는 충고도 필요하다.

④ 나쁜 일을 함께하는 것이 친구와의 의리는 아니다.

12 다음 글을 통해 알 수 있는 사실은?

고난도

> "먼 곳에 있는 물로는 불을 끄지 못하고, 멀리 있는 친척은 가까운 이웃보다 못하다."

① 이웃이 친척보다 촌수가 더 가깝다.

② 친척보다 이웃에게 항상 더 관심을 가져야 한다.

③ 화재에 대비해서 항상 이웃에게 관심을 가져야 한다.

④ 이웃과 정을 나누다 보면 친척 못지않은 가까운 사이가 될 수 있다.

12

이웃사촌이라는 말처럼 이웃 간의 친밀한 관계는 먼 친척보다 더 많은 도움을 주고받는 관계가 될 수 있다.

13 다음 내용과 관련된 봉사 활동의 특성으로 가장 적절한 것은?

> 봉사 활동은 한두 번 일시적으로 끝나는 것이 아니라 계획적으로 꾸준히 실천하며 도움을 전해 주는 것이어야 한다.

① 지속성 ② 무대가성

③ 이타성 ④ 자발성

13

② 무대가성 : 대가를 바라지 않는 순수한 마음으로 실천하는 행위

③ 이타성 : 다른 사람을 도우려는 이타적인 행위

④ 자발성 : 스스로 타인을 돕고자 하는 마음에서 우러나온 행위

ANSWER
11. ③ 12. ④ 13. ①

05 정보 통신 윤리

 학습 point⁺

정보화 시대에 발생하는 도덕 문제를 성찰하고, 사이버 공간의 특성과 윤리적 문제들을 빠짐없이 학습하여야 합니다. 도덕적 책임감을 지니고 정보 통신 매체의 올바른 사용 태도 또한 알아두도록 합니다.

01 정보화 시대에 발생하는 도덕 문제

1 정보화 시대와 사이버 공간의 의미

(1) 정보화 시대

① 각종 정보 통신 기술로 다양한 정보를 생산하고 이용하는 것이 생활의 중심이 되는 시대를 말한다.

② 정보화 시대에 접어들면서 우리의 생활 영역이 현실 공간에서 사이버 공간까지 확대된다.

(2) 사이버 공간

정보 통신망을 통해 방대한 정보를 교환하고 공유하는 가상 공간이다.

가상 공간	검색
현실적으로 존재하는 공간이 아닌 컴퓨터, 인터넷 등으로 만들어진 공간	

2 사이버 공간의 특성 중요⁺

익명성	자신이 누구인지 감출 수 있으며, 상대방이 누구인지 알지 못한다. • 장점 : 사생활 보호 및 사이버 공간의 자유 보장 • 단점 : 사이버 공간의 비도덕적 행위의 원인
개방성	일정한 자격과 권한을 가진 사람이라면 누구나 정보를 찾아볼 수 있다.
평등성	나이나 지위에 따른 차별 없이 수평적 의사소통이 가능하다.
자율성	어떤 정보를 얻고 어떻게 활동할 것인가를 스스로 결정할 수 있다.

쌍방향성	일방적 정보 생산·소비보다는 양쪽이 다 같이 정보를 생산하고 공유할 수 있다. 예 댓글 문화
비동시성	시간에 구애받지 않고 일을 처리할 수 있다.
광역성	국경이나 인종, 언어를 초월하여 넓은 지역까지 영향을 미친다.
신속성	전파된 정보가 빠른 속도로 퍼져 나간다.

3 정보화 시대에 발생하는 도덕 문제

(1) 사생활 침해 문제

① 사이버 공간에서의 사생활 침해의 위험성

ㄱ 사이버 공간에서의 사생활 침해는 전파 범위와 속도가 광범위하고 신속하여 현실 공간보다 더 큰 피해를 끼친다.

ㄴ 연예인, 정치인 등 일부 공인만이 아니라 우리 모두가 피해자가 될 수 있다.

> **사생활** ▼ 검색
> 공적인 삶에 대비되는 것으로 사적인 생각과 생활이 담긴 개인적인 삶의 영역이며, 헌법에 의해 보호받는 기본권이다.

② 사생활을 보호하는 방법

ㄱ 다른 사람의 개인 정보를 몰래 사용하지 않는다.

ㄴ 허위의 사실을 게시하여 타인의 명예를 훼손하지 않는다.

ㄷ 사이버 공간에서의 자신의 활동이 사생활 존중과 관련된 법률에 위배되지 않는지 확인하고 행동한다.

(2) 사이버 중독 문제

① 사이버 중독 : 지나친 인터넷 사용으로 인해 일상생활이 힘들 정도로 신체적·정신적 장애를 겪는 상태로서, 현실 공간에서의 인간관계 소홀, 가족과의 갈등, 가치관의 혼란 등 여러 가지 사회 문제를 유발한다.

② 가치관의 혼란 문제 : 현실 세계와 사이버 공간을 구별하지 못하고, 죄의식 없이 살인, 폭행 등의 심각한 범죄를 저지르기도 한다.

③ 해결 : 개인의 자기 절제 및 제도적 지원이 필요하다.

(3) 사이버 폭력 문제

① 사이버 폭력 : 사이버 공간에서 다양한 형태로 타인에게 가해지는 괴롭힘을 의미한다.

② 사이버 폭력의 유형

   ㉠ 인터넷 상에 욕설이나 인격 모독, 허위사실 또는 비방하는 글을 올리는 것이다.

   ㉡ 특정인을 비하하는 글, 이미지, 동영상 혹은 개인 신상 정보를 유포하는 행위를 한다.

   ㉢ 타인의 개인정보를 동의 없이 함부로 유출, 유포하는 행위이다.

   ㉣ 단체 채팅방에 계속 초대하거나 초대 후 집단적으로 나가버리는 행위 등 다양한 형태로 이루어진다.

③ 사이버 폭력의 예방 : 사이버 공간의 특성에 대한 이해가 선행되어야 하며, 다양한 형태별로 차별화된 대응 노력이 필요하다.

(4) 지적 재산권 침해

① 지적 재산권

   ㉠ 지적 창작물에 대한 창작자의 권리이다.

   ㉡ 창작자의 노력과 성과의 인정, 창작 활동 격려 등을 위해 보호해야 한다.

② 사이버 공간에서의 재산 침해 유형

   ㉠ 사이버 절도 : 해킹 등을 통해 사이버 머니나 마일리지, 게임 아이템 등을 빼돌리는 행위이다.

   ㉡ 불법 복제 : 영화나 음악 파일, 소설, 만화, 소프트웨어 프로그램, 사진 등을 창작자의 허락 없이 복제하여 사용하는 행위이다.

해킹	▼	검색
허가받지 않은 상태에서 다른 사람이나 기관의 컴퓨터 시스템에 접근하여 저장된 정보를 마음대로 변경하고 삭제하는 등의 행위		

   ㉢ 표절 : 남의 창작물을 마치 자기가 만든 것처럼 꾸미는 행위이다.

③ 사이버 재산 침해에 대한 책임

   ㉠ 손해 배상 : 타인의 재산이나 지적 재산권을 침해한 경우에는 민사상 손해 배상 책임을 진다.

   ㉡ 형사처벌 : 타인의 재산 침해가 범죄가 되는 경우에는 형법에 따라 처벌된다.

(5) 사이버 공간에서의 권리 침해와 언어 예절

① **사이버 공간의 권리 침해** : 사이버 공간에서 말, 글, 소리, 영상 등으로 타인의 명예나 이익을 침해하는 행위

   ⊙ **사이버 명예 훼손** : 특정인의 명예에 관련된 사실이나 허위 사실을 사이버 공간에 퍼뜨리는 행위

      ※ 옳은 사실이라도 상대방을 비방할 목적으로 쓰는 것이라면 명예 훼손에 해당한다.

   ⊙ **사이버 모욕** : 타당한 이유 없이 욕설이나 험담을 사이버 공간에 올리는 행위

   ⊙ **사이버 성희롱** : 사이버 공간에서 채팅 등을 통해 음란한 대화를 하거나 음란물을 퍼뜨려 상대방에게 성적 수치심을 주는 행위

② **언어폭력** : 욕설이나 비난하는 말 등을 통해 상대방에게 마음의 상처를 주는 행위

      ※ 언어폭력 유형 : 욕설, 비방(명예 훼손), 도배, 성적 욕설(음담패설), 유언비어 등

③ **언어폭력 문제 해결 방안**

   ⊙ **개인적 차원** : 언어 폭력에 대한 충동과 욕구를 억제하고, 다른 사람의 인격을 존중한다.

   ⊙ **사회적 차원** : 제도나 정책을 마련한다.

02 정보화 시대의 도덕적 책임

1 정보화 시대에 도덕적 책임의 필요성

(1) 사이버 공간의 익명성이 도덕성에 미치는 영향

현실 공간에서보다 사이버 공간에서는 양심의 가책을 덜 느끼게 되고, 이는 무책임한 행동의 원인이 된다.

> **잠깐**
>
> **사이버 공간에서 무책임한 언행이 쉬운 이유**
> • 비대면성, 익명성 : 직접 얼굴을 마주하지 않아서 자기 이름이나 정체를 쉽게 숨김
> • 무제약성 : 시공간의 제약을 덜 받음
> • 사이버 공간에서는 현실 공간보다 더 자유롭게 행동할 수 있지만, 더 함부로 행동하기도 쉬움

(2) 정보화 시대에 도덕적 책임이 필요한 이유

① **사이버 공간도 인간의 공동생활 공간** : 사이버 공간에서의 행동도 현실 세계와 마찬가지의 책임이 뒤따른다.

② 사이버 공간의 특성상 현실 공간보다 더 심각한 피해가 발생 : 더 엄격한 윤리 기준이 필요하다.

③ 사이버 예절의 준수가 사이버 공간에서의 심각한 도덕적 문제를 예방할 수 있는 바탕이 된다.

2 정보화 시대에 도덕적 책임을 실천하는 자세 중요⁺

(1) 인간 존중

① 사이버 공간에서 만나는 다른 사람을 현실 공간에서 만나는 사람들을 대하는 것처럼 존중해야 한다.

② 타인을 자신과 같은 소중한 존재로 존중한다.

(2) 책임 의식

① 사이버 공간에서 한 말이나 행동은 기록으로 남기 때문에 바꾸거나 없앨 수 없으며, 상대방에게 예상하지 못한 피해를 주거나 심각한 사회 문제를 일으킬 수 있다.

② 자신의 행동이 가져올 결과를 예상하고 책임 있게 행동해야 한다.

(3) 해악 금지

① 사이버 공간에서 사이버 폭력, 해킹이나 컴퓨터 바이러스 유포, 개인 정보 유출, 유언비어 작성 등 다른 사람에게 부당한 해악을 끼치는 행위를 해서는 안 된다.

② 사이버 공간의 특성상 피해 확산 속도가 빠르고 피해 범위도 매우 넓다.

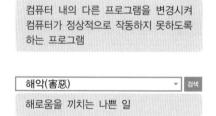

컴퓨터 바이러스 ▾ 검색

컴퓨터 내의 다른 프로그램을 변경시켜 컴퓨터가 정상적으로 작동하지 못하도록 하는 프로그램

해악(害惡) ▾ 검색

해로움을 끼치는 나쁜 일

(4) 정의 추구

① 다른 사람의 권리를 침해하지 않고 법을 준수해야 한다.

② 정보화의 혜택을 많은 사람과 고르게 나누고, 모든 사람을 공평하고 정의롭게 대우해야 한다.

03 정보 통신 매체의 올바른 사용 태도

1 정보 통신 매체를 올바르게 사용해야 하는 이유

(1) 부정확한 정보도 많기 때문

정보의 양이 많은 만큼 그 내용이 부정확하거나 틀린 정보도 많은데, 정확하지 않으면 아무 소용이 없고 정보를 찾은 목적대로 활용할 수 없다.

(2) 심각한 사회 문제가 되기 때문

① 인터넷에 중독되면 만성 피로감, 어깨 결림, 시력 저하, 손목 저림 등 건강이 나빠진다.

② 인터넷 때문에 수면 시간이 줄어들고 일상생활의 리듬이 깨진다.

③ 정보 통신 매체의 과도한 사용은 현실에서의 인간관계를 소홀히 하는 문제가 생긴다.

(3) 나쁜 평판의 원인이 되기 때문

인터넷이나 SNS에 공개하는 글이나 사진 등이 지워지지 않고 남아 있으면 그 사람을 판단하고 해석하는 도구가 되기도 한다.

2 정보 통신 매체를 사용할 때 필요한 태도

(1) 정보 통신 매체 중독 예방하기

① 스스로 절제하는 자세를 가진다.

② 정보 통신 매체 사용 시간을 제한하는 등 자율적으로 사용 규칙을 정한다.

(2) 정보를 바르게 이해하고 표현하기

① 정보 바르게 이해하기 : 비판적 사고를 바탕으로 정보를 바르게 이해한다.

② 올바른 정보 활용 및 표현 능력 기르기 : 정보의 출처를 확인하고, 사실과 일치하는지 검증한다.

도덕

(3) 예절을 갖추어 의사소통하기 ^{중요+}

① 악성 댓글을 달지 않는다.

② 나쁜 소문이나 허위 사실을 퍼트리지 않는다.

③ 상대방을 비방하거나 불쾌한 표현을 사용하지 않는다.

심화학습 ╱ 건강하게 인터넷 이용하는 방법

- 특별한 목적 없이 컴퓨터를 켜지 않는다.
- 컴퓨터 사용 시간을 가족들과 협의하여 결정한다.
- 컴퓨터 사용 시간과 내용을 사용일지에 기록하는 습관을 들인다.
- 컴퓨터 옆에 알람시계를 두어 사용 시간을 수시로 확인한다.
- 인터넷 사용 이외에 운동이나 취미활동 시간을 늘린다.
- 인터넷 때문에 식사나 취침시간을 어기지 않는다.
- 스스로 인터넷 사용 조절이 어려울 경우, 시간관리 소프트웨어를 설치한다.

〈출처 : 국가건강정보포털〉

실전 예상문제

01 다음 내용 중 옳은 것은?

고난도

① 사이버 공간은 현실 공간보다 시공간의 제약을 덜 받는다는 점에서 좀 더 자유롭다고 할 수 있다.

② 정보 통신 기술을 잘못 사용하면 다른 사람에게 해를 끼치는 법적 문제만 발생한다.

③ 친구와 함께 찍은 사진을 SNS에 올리는 행위는 사생활 침해라고 할 수 없다.

④ 사이버 공간에서는 여러 사람과 수직적인 인간관계를 맺을 수 있다.

02 다음 내용과 관련된 현대 사회의 특징은?

기출

> • 인터넷을 사용하여 편리하게 정보를 교환함
> • 가상 공간에서 익명성 때문에 문제가 발생하기도 함

① 정보화
② 개성 강조
③ 자연환경 중시
④ 교통수단 발달

03 다음 내용에 해당하는 것은?

> 타인의 사진이나 개인 정보 등을 동의 없이 사이버 공간에 올리는 행위이다.

① 사이버 중독
② 사생활 침해
③ 지적 재산권 침해
④ 사이버 폭력

01

사이버 공간은 시공간의 제약을 덜 받으며 행동할 수 있으며, 현실 공간보다 더 자유롭게 행동할 수 있다.

02

현대 사회에서는 인터넷을 통해서 서로 간의 정보를 주고받을 수 있다. 그리고 때때로 인터넷에서의 익명성을 무기로 다른 사람을 비방한다든가 하는 문제가 발생하기도 하는데 이러한 현상은 정보화 사회에서 생겨나는 문제점 중 하나이다.

03

사이버 공간에서의 사생활 침해는 전파 범위와 속도가 광범위하고 신속하여 현실 공간보다 더 큰 피해를 끼친다.

ANSWER
01. ① 02. ① 03. ②

04 사이버 공간의 긍정적인 측면으로 옳지 <u>않은</u> 것은?

① 재택근무의 활성화

② 쉽고 빠른 정보 탐색

③ 불건전한 정보의 증가

④ 온라인 시장의 활성화

05 ㉠에 들어갈 알맞은 말은?

기출

> • 주제 : 사이버 공간에서의 (㉠)
> • 내용 : 사이버 공간에서는 현실공간에서와 마찬가지로 자신의 행동이 어떤 결과를 낳을지 신중하게 생각하고 행동해야 한다.

① 용기   ② 책임

③ 알 권리   ④ 무제약성

06 지적 재산권 침해에 해당하는 것을 〈보기〉에서 모두 고르면?

> **보기**
> ㉠ 음악을 다운로드하여 자신의 블로그에 올려놓은 것
> ㉡ 가짜 브랜드 상품을 만들어 판매한 것
> ㉢ 뮤지컬이나 연극을 창작자의 허락 없이 촬영하여 판 것
> ㉣ 인테넷상에 떠도는 사진을 살짝 변형시켜 자신의 블로그에 올려 공개한 것

① ㉠, ㉡   ② ㉡, ㉢, ㉣

③ ㉠, ㉡, ㉢   ④ ㉠, ㉡, ㉢, ㉣

04

불건전한 정보의 증가는 사이버 공간의 부정적인 측면이다.

05

사이버 공간에서의 책임 의식

• 사이버 공간에서 한 말이나 행동은 기록으로 남기 때문에 바꾸거나 없앨 수 없으며, 상대방에게 예상하지 못한 피해를 주거나 심각한 사회 문제를 일으킬 수 있다.

• 자신의 행동이 가져올 결과를 예상하고 책임 있게 행동해야 한다.

06

지적 재산권이란 지적 창작물에 대한 창작자의 권리로서 소설, 영화, 음악, 사진 등 모든 지적 창작물에 적용된다.

07 사이버 공간에서 지켜야 할 올바른 태도를 〈보기〉에서 고르면?

고난도

> **보기**
> ㉠ 현실과 사이버 공간은 별개라고 생각한다.
> ㉡ 사이버 공간의 정보를 모두 잘 받아들인다.
> ㉢ 남에게 상처와 피해를 주지 않도록 주의한다.
> ㉣ 서로를 잘 모르기 때문에 더 신중한 태도를 지닌다.

① ㉠, ㉡
② ㉡, ㉢
③ ㉢, ㉣
④ ㉠, ㉢

08 다음 대화에 해당하는 사이버 공간의 특성으로 가장 적절한 것은?

기출

 내가 누구인지 아무도 모르니까 내 멋대로 표현할 거야.

 그건 자신의 신분을 숨기고 책임을 회피하는 잘못된 행동이야.

① 익명성
② 개방성
③ 평등성
④ 획일성

09 다음 내용 중 옳지 <u>않은</u> 것은?

① 사이버 공간에서는 비교적 수평적인 인간관계를 맺는다.
② 정보 통신 매체로 접한 정보는 사이버 공간의 특성상 피해 확산 속도가 빠르고 피해 범위도 매우 넓다.
③ 다른 사이트에서 퍼온 글을 자신의 SNS에 올릴 때에는 개인 정보 보호를 위해 출처를 분명히 밝혀야 한다.
④ 사이버 공간에서의 의사소통은 언제나 자신의 기분에 따라 솔직하게 표현하는 것이 좋다.

07
㉠ 현실 공간과 사이버 공간 모두 사람들이 만나 함께 활동하는 공간이다.
㉡ 사이버 공간의 모든 정보가 옳은 정보는 아니기 때문에 신중하게 파악하고 받아들일 필요가 있다.

08
익명성 : 자신이 누구인지 감출 수 있으며, 상대방이 누구인지 알지 못한다.
• 장점 : 사생활 보호 및 사이버 공간의 자유 보장
• 단점 : 사이버 공간의 비도덕적 행위의 원인

09
④ 사이버 공간에서의 의사소통은 타인을 존중하는 마음으로 상대방의 감정을 생각해 예절에 맞게 의사소통을 하는 것이 좋다.

ANSWER
07. ③ 08. ① 09. ④

10 다음 빈칸에 들어갈 내용으로 가장 적절한 것은?

> 스마트폰을 올바르게 사용하기 위해서는 사용 시간을 줄이고 (　　)하는 습관이 필요하다.

① 진위　　　　　② 검증
③ 절제　　　　　④ 예절

11 사이버 공간의 특성으로 보기 어려운 것은?

① 특정한 사람에게 개방된 공간이다.
② 매우 다양하고 많은 양의 정보가 있다.
③ 자신을 숨기면서 자유롭게 활동할 수 있다.
④ 어떤 행위를 한 사람의 정체가 잘 드러나지 않는다.

10

③ 정보 통신 매체의 중독을 예방하려면 스마트폰 사용 시간을 제한하는 등 스스로 절제하는 자세를 가져야 한다.

11

사이버 공간은 특정한 사람이 아니라 누구에게나 개방된 공간이다.

ANSWER
10. ③　11. ①

NOTE

Chapter 06 평화적 갈등 해결

 갈등의 내적 갈등과 외적 갈등에 관한 내용이 종종 출제되고 있습니다. 또한, 갈등이 발생하는 원인과 갈등을 해결하는 방법, 평화적 갈등 해결의 중요성과 절차에 대해 빠짐없이 학습하여야 합니다.

01 갈등이 발생하는 원인

1 갈등의 의미와 유형

(1) 갈등의 의미와 원인

① 갈등 : 개인이나 집단 사이에 목표나 이해관계가 달라 서로 적대시하거나 충돌하는 상태

> **갈등(葛藤)의 어원** ▼ 검색
> 칡과 등나무의 감고 올라가는 방향이 서로 반대가 되어 만나면 꼬이기만 할 뿐 좀처럼 풀릴 수 없는 성질에서 비롯됨

② 갈등의 원인
  ㉠ 이해관계의 차이 : 이익과 손해를 분배하는 과정에서 빚어지는 갈등
  ㉡ 가치관의 차이 : 생각의 차이, 가치관의 차이로 인한 갈등
  ㉢ 구조적 갈등 : 잘못된 사회 구조나 관행으로 인한 갈등
  ㉣ 사실 관계 갈등 : 하나의 사실(사건)에 대해 보는 입장이 다를 때 나타나는 갈등
  ㉤ 잘못된 의사소통 : 상대방의 기분을 상하게 하는 말과 행동이나 존중하지 않는 태도로 인한 갈등

③ 갈등의 양면성
  ㉠ 부정적인 면 : 갈등이 심해지면 서로 간의 믿음이 약해지고 공동의 목표를 달성하기 어렵다.
  ㉡ 긍정적인 면 : 갈등을 잘 해결하면 화합의 계기가 되고 건강한 사회를 이룰 수 있다.
  ㉢ 갈등은 양면성을 갖고 있기 때문에 회피하기보다는 적극적으로 해결하는 자세가 필요하다.

(2) 갈등의 유형 중요⁺

① 내적 갈등 : 한 사람의 마음속에서 일어나는 갈등 – 선택의 문제

② 외적 갈등

　㉠ 개인 간 갈등, 개인과 집단, 집단과 집단, 국가와 국가 간의 갈등 등

　㉡ 외적 갈등 중 집단과 집단, 국가와 국가 간의 갈등은 해결이 어려울 뿐만 아니라, 갈등이 심화되면 커다란 사회 문제를 유발할 수 있다.

바로 바로 CHECK√

다음 내용에 해당하는 것은?

- 음식점에서 메뉴 선택을 고민하는 민호의 갈등
- 취업과 대학 진학 사이에서 고민하는 영철이의 갈등

① 남녀 간의 갈등　② 세대 간의 갈등
③ 종교 간의 갈등　❹ 개인의 내적 갈등

---

2 갈등의 심화 요인과 갈등 대처 방식

(1) 갈등의 심화 요인

① 흑백 논리 : 모든 문제를 흑과 백, 선과 악처럼 극단으로만 구별하고 중립적인 것을 인정하지 않으려는 이분법적 사고방식이나 논리

　예 동물농장 : 두 발로 걷는 것은 적, 날개가 있는 것은 친구

② 고정 관념 : 머릿속에서 굳어져 잘 변하지 않는 생각

　㉠ 편견 : 공정하지 못하고 한쪽으로 치우친 생각

　㉡ 선입견 : 어떤 대상에 대하여 이미 마음속에 가지고 있는 고정된 생각

③ 아집 : 자신의 견해나 사고방식을 쉽게 바꾸지 않음

④ 과장과 왜곡 : 사실을 정확하게 파악하지 못하고 확대하거나, 다르게 보는 사고방식

(2) 갈등에 대처하는 방식

유 형	의 미	특 징
회피형	문제를 무시하거나 상황을 외면	문제 해결을 미룰 뿐 해결이 되지 못하여 더 큰 갈등을 발생시킴
공격형 (경쟁형)	상대방을 압도하여 갈등을 해결	상대방에게 두려움을 주어 관계가 더욱 악화됨

순응형	상대방의 요구나 입장을 그대로 받아들이고 따르며 문제를 해결	다른 사람과의 관계를 중요하게 생각하므로 수용적인 태도를 보임
협동형 (협력형)	갈등을 합리적으로 처리하기 위해 상대방과 적극적으로 협력	갈등 당사자 모두가 만족할 수 있는 해결 방법을 찾을 수 있음

3 갈등을 해결하는 방법

(1) 힘에 의한 해결

① 상대방에게 희생을 요구하거나 승자와 패자로 나뉘게 되는 것이다.

② 힘에 의한 해결 방법은 갈등의 근본적 해결이 어렵다.

(2) 법에 의한 해결

① 제도적 장치를 통해 갈등을 평화적으로 해결하는 것이다.

② 제3자가 개입하므로 근본적인 해결책은 아니다.

(3) 대화를 통한 해결

서로가 만족할 수 있는 결과를 이끌어 내어 갈등을 평화적으로 해결할 수 있다.

예 협상, 조정, 중재 등

02 평화적 갈등 해결의 중요성과 절차

1 평화의 의미와 평화적 갈등 해결의 중요성

(1) 평화의 의미

① 소극적 평화 : 전쟁, 분쟁과 같은 갈등이 없는 평온한 상태

② 적극적 평화

　　㉠ 자유, 평등, 정의 등의 원리에 따라 모든 사람에게 삶의 질을 보장하는 상태

　　㉡ 물리적·신체적 폭력뿐만 아니라 사회적·구조적 폭력도 제거된 상태

(2) 평화적 해결의 중요성

① 폭력은 또 다른 폭력을 부른다.

② 인간의 존엄성이 보장되는 사회를 만들기 위해 필요하다.

2 　평화적 갈등 해결의 절차

(1) **1단계** : 먼저 갈등 상황을 객관적으로 인식한다. 자신이 직면한 갈등 상황이 무엇인지 파악하고, 자신과 타인의 입장과 감정을 균형 있게 바라보아야 한다.

(2) **2단계** : 다양한 갈등 해결 방법을 모색한다. 이때 각각의 해결 방법이 어떤 결과를 가져올지 예측해 보는 것이 필요하다.

(3) **3단계** : 다양한 갈등 해결 방법 중에서 최선의 대안을 도출한다. 이 대안을 갈등 상황에 적용해 본 후, 결과를 평가하고 반성해 보아야 한다.

3 　평화적인 문제 해결을 위한 노력

(1) **개인적 차원** : 분노 조절, 심리적 안정과 평화 유지

(2) **사회적 차원** : 법과 제도의 정비, 대화와 협상의 문화 풍토 조성

(3) **평화적 문제 해결의 자세** 중요⁺

① 역지사지(易地思之)의 자세 : 상대방의 입장에서 생각하는 자세

② 관용의 자세 : 남의 실수나 잘못을 용서하는 것, 다른 사람의 생각과 가치를 수용하는 자세

③ 법·규칙에 의한 갈등 해결 : 공정한 절차를 통해 갈등 해결

④ 합리적으로 의사소통하기

(4) 평화적인 갈등 해결 방법 중요⁺

① **대화와 토론** : 대화와 토론을 통해 갈등의 성격을 이해하고 서로의 입장 차이를 좁힐 수 있다.

② **양보와 타협** : 자신의 주장을 굽혀 다른 사람의 의견을 따르거나 조금씩 양보함으로써 절충된 결론을 내린다.

③ **다수결의 원칙** : 대화와 타협만으로 해결하기 어려울 때 사용할 수 있는 최종적 절차로서 소수가 소외되지 않도록 한다.

④ **협상** : 갈등 당사자들이 직접 대화하여 문제를 해결하는 것을 말한다.

⑤ **조정과 중재**

    ㉠ **조정** : 갈등 당사자들이 문제를 해결할 수 있도록 제3자가 조정안을 제시하고, 당사자들이 수용하는 형태의 갈등 해결 방법이다.

    ㉡ **중재** : 제3자를 중재자로 내세워 협상을 통해 갈등을 해결하는 방법이다.

    → **중재자 : 중립적 태도**

    ※ **또래 중재** : 친구 사이에 갈등이 발생했을 때, 갈등과 관련이 없는 친구를 중재자로 세워 갈등 당사자들이 협상하도록 함

    ※ 조정은 강제성이 없지만 중재는 강제성을 가짐

바로 바로 CHECK√

갈등 해결을 위한 바람직한 자세로 적절하지 **않은** 것은?

① 대화와 설득
❷ 편견과 아집
③ 양보와 타협
④ 역지사지(易地思之)

01 〈보기〉에서 갈등이 발생하는 원인을 모두 고른 것은?

[고난도]

> 보기
> ㉠ 욕구나 이익의 충돌
> ㉡ 신념이나 신앙의 차이
> ㉢ 의사소통 방식의 차이
> ㉣ 합리적 법률이나 관습
> ㉤ 상대방을 배려하는 마음

① ㉠, ㉡, ㉢ ② ㉠, ㉣, ㉤
③ ㉡, ㉢, ㉣ ④ ㉠, ㉡, ㉤

01
㉣, ㉤은 갈등 해결을 위해 필요한 요소들이다.

※ 갈등이 발생하는 원인
이해관계의 차이, 가치관의 차이, 잘못된 사회 구조에 따른 갈등, 사실 관계를 보는 시각 차이에 따른 갈등

02 다음 내용 중 옳지 않은 것은?

① 갈등은 여러 사람과 더불어 살아가는 과정에서 자연스럽게 생기는 것이다.
② 자원이나 이익을 분배하는 과정에서 서로 타협하지 못하면 갈등이 생길 수 있다.
③ 갈등 상황을 덮어 두거나 회피할 때 갈등은 근본적으로 해결될 수 있다.
④ 갈등을 바람직하게 해결하는 과정을 통해 더욱 성숙하고 발전할 수 있다.

02
갈등 상황에서는 덮어 두거나 회피하지 말고, 대화와 토론 등을 통해 서로의 입장 차이를 좁혀야 갈등을 근본적으로 해결할 수 있다.

03 다음 사례들을 모두 포함하는 갈등의 유형은?

> • 세대 간의 갈등 • 남녀 간의 갈등
> • 지역 간의 갈등 • 인종 간의 갈등

① 개인 간의 갈등 ② 집단 간의 갈등
③ 국가 간의 갈등 ④ 개인 내부의 갈등

03
사례들은 모두 외적 갈등에 속하고 외적 갈등 중에서 집단 간의 갈등에 속한다.

ANSWER
01. ① 02. ③ 03. ②

04 가치 갈등을 해결하는 태도로 바람직하지 <u>않은</u> 것은?

기출

① 상대방의 입장에서 생각해 본다.

② 양보하고 타협하는 자세를 가진다.

③ 나와 생각이 다른 사람은 무시한다.

④ 공공의 이익을 우선시하는 태도를 가진다.

04

가치 갈등을 해결하기 위해서는 상대방의 입장에서 생각을 해 보고, 서로 양보하고 타협하는 자세가 필요하며, 개인의 이익보다는 공공의 이익을 우선시하는 태도가 필요하다.

05 갈등을 겪고 있는 상황으로 적절하지 <u>않은</u> 것은?

① 동네에서 주차 문제로 이웃 간에 다투는 경우

② 음식점 앞에서 길게 선 줄에 끼어드는 사람과 말다툼하는 경우

③ 식구들끼리 밥을 먹을 때도 핸드폰을 사용해서 부모님과 실랑이를 하는 경우

④ 학급 회의에서 수학여행을 주제로 의논하는 경우

05

학급 회의를 통해 대화와 토론을 하면 서로의 입장을 이해하고 입장 차이를 좁힐 수 있다.

06 다음 빈칸에 들어갈 내용으로 가장 적절한 것은?

> (   )은/는 칡과 등나무가 서로 복잡하게 얽혀 있는 것과 같이 서로 충돌하고 대립하여 화합하지 못하는 상태이다.

① 가치관　　　　　② 갈등

③ 이해관계　　　　④ 성숙

06

갈등(葛藤)의 어원
칡과 등나무의 감고 올라가는 방향이 서로 반대가 되어 만나면 꼬이기만 할 뿐 좀처럼 풀릴 수 없는 성질에서 비롯됨

07 다음과 같은 문제 해결을 위해 가장 필요한 자세는?

기출

> 오늘날 친구 간에 발생하는 집단 따돌림 현상이나 학교 폭력 문제를 해결하기 위해서는 상대방의 입장에서 생각해 보려는 태도가 필요하다.

① 이기주의(利己主義)　② 아전인수(我田引水)

③ 개인주의(個人主義)　④ 역지사지(易地思之)

07

역지사지는 상대방의 입장에서 생각해 보는 자세이고, ①・②・③은 자신의 입장에서 생각하는 자세이다.

ANSWER

04. ③　**05.** ④　**06.** ②　**07.** ④

08 다음 내용에 해당하는 것은?

> 갈등 당사자들끼리 직접 만나서 합의점을 찾아 갈등을 해결하는 것을 말한다.

① 협상　　　　　　② 조정
③ 소통　　　　　　④ 중재

08
② 조정 : 제3자가 조정안을 제시하고 당사자들이 수용하는 형태의 갈등 해결 방법이다.
③ 소통 : 뜻이 서로 잘 통해서 막히지 않고 잘 통하는 것을 말한다.
④ 중재 : 제3자를 중재자로 내세워 협상을 통해 갈등을 해결하는 방법이다.

09 갈등 해결의 일반적 절차를 바르게 배열한 것은?

고난도

> ㉠ 다양한 갈등 해결 방법을 모색한다.
> ㉡ 최선의 대안을 도출한다.
> ㉢ 갈등 상황을 객관적으로 인식한다.

① ㉠ → ㉡ → ㉢　　② ㉡ → ㉢ → ㉠
③ ㉢ → ㉠ → ㉡　　④ ㉢ → ㉡ → ㉠

09
평화적 갈등 해결의 절차
• 1단계 : 먼저 갈등 상황을 객관적으로 인식한다. → 자신이 직면한 갈등 상황이 무엇인지 파악하고, 자신과 타인의 입장과 감정을 균형 있게 바라보아야 한다.
• 2단계 : 다양한 갈등 해결 방법을 모색한다. → 각각의 해결 방법이 어떤 결과를 가져올지 예측해 보는 것이 필요하다.
• 3단계 : 다양한 갈등 해결 방법 중에서 최선의 대안을 도출한다. → 이 대안을 갈등 상황에 적용해 본 후, 결과를 평가하고 반성해 보아야 한다.

10 다음 빈칸에 들어갈 말로 적절하지 <u>않은</u> 것은?

> 갈등은 어떤 선택을 하지 못하고 망설이거나 괴로워하는 마음 상태, 또는 개인이나 집단 사이에 목표나 (　　　)이/가 달라 서로 적대시하거나 충돌하는 상태를 말한다.

① 이해관계　　　　② 환경
③ 인간관계　　　　④ 가치관

10
갈등 : 개인이나 집단 사이에 목표나 이해관계가 달라 서로 적대시하거나 충돌하는 상태

ANSWER
08. ①　**09.** ③　**10.** ①

폭력의 문제

폭력의 비도덕성을 성찰하고, 폭력의 종류, 폭력에 올바르게 대처하는 방법, 폭력을 예방하는 방법에 대해 간혹 출제되고 있으므로, 관련 내용들을 빠짐없이 공부하도록 합니다.

01 폭력의 비도덕성

1 폭력의 의미

(1) 좁은 의미

① 다른 사람에게 신체적·물질적 피해를 주기 위해 부당한 방법을 통해 강제로 제압하는 행위

② 사람이나 재물에 물리적 혹은 정신적 피해를 가하는 인간의 공격적 행위

(2) 넓은 의미

① 타인에게 피해를 입히는 말이나 따돌리는 행위

② 다른 사람의 자유롭고 평화로운 생활을 방해하는 모든 행위와 이로 인한 박탈감과 고통

2 폭력이 비도덕적인 이유

(1) 신체적·정신적 고통

① 폭력의 피해자는 신체적인 상처뿐만 아니라 폭력에 대한 두려움으로 고통 받는다.

② 폭력 앞에서 무기력한 자신에게 심한 수치심을 느껴 심리적 불안과 두려움 등 정신적인 충격을 준다.

(2) 폭력의 악순환

① 폭력의 피해자가 상대방에 대한 혐오감과 복수심 때문에 다시 폭력을 사용하게 될 수 있다.

② 폭력적인 환경에 많이 노출된 경우 폭력에 둔감해져서 폭력을 쉽게 사용하게 될 수 있다.

(3) 인간의 존엄성 훼손

① 폭력은 다른 사람의 신체에 손상을 입힐 뿐만 아니라 소중한 생명을 앗아갈 수도 있다.

② 폭력은 피해자들의 자존감을 짓밟고 인격을 손상시킴으로써 인간으로서 누려야 할 자유와 권리를 침해한다.

(4) 사회적 갈등 심화

① 폭력이 퍼진 사회에서는 힘센 자가 지배하고, 힘이 약한 자는 인간다운 삶을 살 수 없는 약육강식의 사회가 된다.

② 사회 구성원 간의 다양한 의견 대립과 갈등을 합리적 절차와 과정에 따라 해결하지 않고 폭력을 사용하면 사회 질서가 무너지고 혼란을 가져온다.

약육강식	▼	검색
약한 자는 강한 자에게 먹히거나 지배됨을 비유적으로 이르는 말		

02 일상생활 속의 폭력

1 폭력의 유형 중요⁺

(1) 가담한 사람 수에 따른 분류

① 개인적 폭력 : 한 사람이 다른 사람에게 폭력을 행사하는 것

② 집단적 폭력 : 두 사람 이상이 폭력을 가하는 것으로 집단 따돌림도 집단적 폭력에 해당함

(2) 대상과 장소에 따른 분류

① **가정 폭력** : 가족 구성원 사이의 신체적·정신적 또는 재산상 피해를 수반하는 행위
　예 부부 간 폭행, 자녀나 노부모 폭행 및 학대

② **학교 폭력** : 학생들 사이에서 일어나는 신체적·정신적 가해 행동

(3) 형태에 따른 분류

① **물리적 폭력(직접적 폭력)** : 신체에 직접적인 해를 입히는 행위 **예** 신체 폭행
② **구조적 폭력(간접적 폭력)** : 부적합한 주위 환경이나 잘못된 사회 구조 때문에 발생하는 폭력 **예** 인종 차별, 성차별

(4) 행위 여부에 따른 분류

① **행위에 의한 폭력(작위적 폭력)** : 어떤 행위를 함으로써 발생하는 폭력
② **행위를 하지 않아 발생하는 폭력(부작위적 폭력)** : 폭력을 방관함으로써 피해를 예방하지 못한 것 **예** 집단 따돌림 방관

(5) 국가 권력에 의한 폭력

국가가 권력을 남용하여 개인이 신체적·정신적 상처를 받거나 재산상의 피해를 보는 경우

심화학습 　학교 폭력의 유형

신체 폭력	신체에 상처를 내거나 정신적 기능을 훼손시키는 경우
언어폭력	욕설, 협박, 비웃기, 별명 부르기 등 상대방에게 언어적 공격을 한 경우
금품 갈취	갚을 생각이 없으면서 돈을 빌리거나 돈을 걷어 오라고 하는 등의 행위
따돌림	싫어하는 말을 반복하거나 다른 사람들과 어울리지 못하도록 막는 것 등
괴롭힘	상황적 협박과 강요, 원하지 않는 일을 강요하는 행동 등
기 타	성폭력, 사이버 폭력, 매체 폭력, 폭력 동아리 강요 등

2 일상에서 일어나는 폭력의 종류 중요⁺

신체적 폭력	• 물리적인 힘이나 도구를 이용하여 신체를 직접적으로 때리는 것 • 신체적 피해, 인명의 손상, 관계의 단절을 가져오는 폭력적 행동 예 어깨나 목을 세게 움켜잡는 것, 흉기를 휘두르는 행위, 밀치기 등
언어적 폭력	인격을 무시하거나 모욕하는 말을 사용하여 듣는 이에게 정신적·심리적 피해를 주는 언어적 행동 예 욕설이나 야유하기, 험담하기 등
정서적 폭력	집단으로 한 사람을 따돌리거나 무시하고 위협하는 행동 등으로 감정적인 상처를 주는 행위 예 따돌림, 위협하는 행위 등
사이버 폭력	가상 공간에서 언어적 폭력과 정서적 폭력이 결합하여 나타나는 폭력 예 개인 신상 정보 유포, 모욕적인 언사나 욕설 등

03 폭력에 대처하는 방법

1 폭력이 일어나는 원인과 문제점

(1) 폭력의 원인

개인적 측면	• 개인 간의 힘의 불균형, 개인의 가정환경이나 성장 과정 • 자신의 생각을 강요하고 물리적인 힘을 가하거나 정신적으로 압박을 주는 것 • 자제력 부족 : 갈등 상황에서 충동적으로 행동하거나 분노 조절을 못하는 것
사회적 측면	• 대중 매체의 폭력성과 각종 유해 환경, 경쟁이 일상화된 삶 • 대중 매체를 통해 보는 폭력 장면 : 폭력에 둔감해지고 폭력을 문제 해결의 수단으로 잘못 인식하기 쉬움 • 폭력을 쉽게 용인하는 사회적 인식과 분위기

(2) 폭력의 문제점

① 인간의 존엄성을 훼손시킨다.

② 사회적으로 갈등을 증폭시키고 폭력의 악순환을 일으킨다. → 사회 정의의 훼손

③ 가해자, 피해자 모두에게 신체적·정신적·사회적 고통을 준다.

④ 갈등을 해결하는 방식으로 폭력을 쉽게 생각한다. → 또 다른 갈등 유발

> **참깐**
> **가해자와 피해자**
> • 가해자 : 남에게 신체적·정신적·물질적으로 해를 입힌 사람
> • 피해자 : 남에게 정신적·신체적·물질적으로 피해를 입은 사람

2 폭력에 대처하는 방법

(1) 주변에 도움 요청하기

① 부모님이나 선생님, 상담 기관이나 경찰 등에 도움을 요청한다.

② 보복이 두려워 폭력을 알리지 않으면 오랫동안 지속되고 강도가 심해지고, 주변으로 확대될 수 있다.

(2) 불쾌감 표현하기

① 폭력을 가하려는 상대방에게 자신의 불쾌감을 솔직하게 전달한다.

② 폭력을 장난으로 생각하는 경우에는 불쾌감 전달로도 폭력을 감소시킬 수 있다.

(3) 공감하기

① 폭력을 당하는 친구의 어려움에 공감하고 도와주어야 한다.

② 피해자가 당하는 폭력은 나와 상관없다고 생각하며 방관하는 것은 더 큰 피해를 가져올 수 있다는 것을 알아야 한다.

(4) 폭력 피해자 돕기

① 피해자의 상태를 파악하고 치료를 받게 하거나 정신적인 안정을 취하도록 돕는다.

② 주변 사람들이나 다양한 상담 기관 등에 피해자의 상황을 알린다.

3 폭력을 예방하는 방법

(1) 감정의 조절

① 화가 났을 때는 되도록 말을 삼가고, 마음의 안정을 찾는 것이 중요하다.

② 이성적으로 판단한 다음 대화를 이어간다.

(2) 대화와 협상

① 일상생활에서 상대방을 배려하는 언어 예절을 지킨다.

② 배려와 존중에 근거하여 대화하고 소통할 수 있어야 한다.

(3) 법과 제도의 마련

① 피해자가 상처를 회복하고 정상적인 생활을 할 수 있도록 한다.

② 가해 행위에 대해 적절히 처벌하고 폭력 피해의 심각성을 일깨우는 교육과 정상적인 사회생활을 돕는 제도가 필요하다.

(4) 사회 분위기 조성

① 대중 매체가 폭력을 미화하지 않도록 유의해야 한다.

② 대화와 토론을 통해 갈등을 평화적으로 해결하는 사회 분위기를 조성한다.

③ 생명 존중의 정신과 폭력은 안 된다는 사회 구성원의 의식을 형성해야 한다.

(5) 상담, 폭력 예방 프로그램에 참여

폭력의 위험성과 심각성을 인식하고, 상담 및 폭력 예방 프로그램에 참여한다.

01 다음 중 물리적 폭력의 사례로 적절한 것은?

① 테러
② 환경 파괴
③ 인종 차별
④ 가난과 굶주림

02 다음 중 폭력에 대한 설명으로 옳지 <u>않은</u> 것은?

고난도

① 다른 사람에게 공격적인 행동이나 말을 함으로써 신체적·정신적으로 피해를 주는 것을 가리킨다.
② 폭력의 피해자는 상대방에 대한 혐오감과 복수심 때문에 다시 폭력을 사용하게 될 수 있다.
③ 폭력을 사용하면 다른 사람과의 갈등을 신속하고 원만하게 해결할 수 있다.
④ 가해자, 피해자 모두에게 신체적·정신적·사회적 고통을 준다.

03 다음 글에서 설명하는 내용으로 옳은 것은?

> • 폭력의 피해자가 상대방에 대한 혐오감과 복수심 때문에 다시 폭력을 사용하게 될 수 있다.
> • 폭력적인 환경에 많이 노출된 경우 폭력에 둔감해져서 폭력을 쉽게 사용하게 될 수 있다.

① 폭력의 악순환
② 폭력의 일반화
③ 폭력의 보편성
④ 폭력의 양면성

04 다음이 의미하는 폭력의 원인으로 적절한 것은?

고난도

> TV, 영화, 게임, 만화 등에서 폭력적 장면을 많이 볼수록 폭력적인 행동을 하기 쉽다.

① 폭력성은 개인의 성격이기 때문에 환경의 영향과는 관계없다.
② 폭력을 행사하는 사람의 공격성은 태어날 때부터 가지고 있는 천성이다.
③ 폭력은 대다수의 사람과는 관계없이 특정한 사람들에게서만 나타나는 현상이다.
④ 대중 매체의 폭력성은 폭력적 행동을 유발하는 원인이 된다.

04

폭력의 사회적 측면에 대한 내용이다. 대중 매체의 폭력성과 각종 유해 환경에 노출된 경험, 경쟁이 일상화된 삶 등은 폭력적 행동의 원인이 된다.
①, ②, ③은 폭력을 개인적 특성에서 찾고 있다.

05 폭력에 대한 설명으로 옳은 것은?

① 합리적 절차와 과정 대신 폭력을 사용하면 사회 질서를 바로잡기 쉽다.
② 때에 따라서는 폭력을 사용할 수도 있다.
③ 사소한 행동도 폭력이 될 수 있음을 알아야 폭력을 예방할 수 있다.
④ 폭력을 당하면 다른 사람에게 숨기고 참고 견디는 것이 바람직하다.

05

내가 재미로 한 행위가 상대에게는 커다란 고통이 될 수 있다는 사실과 사소한 일도 그냥 덮고 지나가거나 방관하게 되면 나중에 커다란 문제가 될 수 있다는 것을 알아야 한다.

06 학교 폭력 문제를 해결하기 위한 방법으로 적절하지 않은 것은?

① 자신감을 가지고 생활한다.
② 스스로 해결하려는 자세를 갖는다.
③ 부모님이나 선생님과 자주 대화를 나눈다.
④ 폭력을 보고 방관하지 않는다.

06

학교 폭력 문제를 스스로 해결하려고 하면 오히려 문제를 방치하는 결과를 초래할 수 있다. 따라서 주변에 적극적으로 도움을 요청하는 자세가 필요하다.

ANSWER

04. ④ 05. ③ 06. ②

07 밑줄 친 '소극적 평화'의 사례로 적절한 것은?

고난도

> 폭행, 테러, 전쟁과 같이 신체에 직접적인 폭력이 가해지는 것을 직접적 폭력 또는 물리적 폭력이라고 한다. 그리고 이러한 직접적·물리적 폭력이 없는 상태를 <u>소극적 평화</u>라고 한다.

① 평등하고 정의로운 사회
② 더불어 사는 사회가 실현된 사회
③ 사회적 불평등이 해소된 사회
④ 폭력이나 전쟁이 없는 사회

08 폭력에 관한 다음 내용 중 옳은 것은?

① 폭력을 당하면 외부에 알리지 말고, 스스로 해결해야 한다.
② 개인적 차원의 노력만으로도 폭력을 예방할 수 있다.
③ 폭력을 예방하기 위해서는 타인에 대한 공감 능력을 키워야 한다.
④ 폭력을 당한 당사자가 아니면 폭력 장면을 보고도 신고할 수 없다.

09 폭력을 예방하는 방법으로 옳지 <u>않은</u> 것은?

① 화가 났을 때 문제 해결을 위해 무조건 대화부터 시도한다.
② 대중 매체가 폭력을 미화하지 않도록 유의해야 한다.
③ 폭력의 위험성과 심각성을 인식하고, 상담 및 폭력 예방 프로그램에 참여한다.
④ 가해 행위에 대해 적절히 처벌하고 폭력 피해의 심각성을 일깨운다.

07

①, ②, ③은 적극적 평화, 즉 물리적 폭력뿐만 아니라 사회적·구조적 폭력도 제거된 상태에 해당한다.

08

폭력을 예방하기 위해서는 폭력에 관한 민감성 및 타인에 대한 공감 능력을 키워야 한다.

09

감정의 조절
• 화가 났을 때는 되도록 말을 삼가고, 마음의 안정을 찾는 것이 중요하다.
• 이성적으로 판단한 다음 대화를 이어간다.

ANSWER
07. ④ 08. ③ 09. ①

10 다음 내용에 해당하는 폭력으로 가장 적절한 것은?

> 중학교 2학년 5반에는 선생님을 제외한 반 전체 친구들이 함께하는 카카오톡 단체방이 있다. 어느 날부터 반 친구들은 명희가 하는 얘기에는 대답을 하지 않고, 명희를 제외하고 투표를 하는 등 명희를 따돌리고 있다.

① 정서적 폭력 ② 신체적 폭력
③ 언어적 폭력 ④ 구조적 폭력

10

정서적 폭력 : 집단으로 한 사람을 따돌리거나 무시하고 위협하는 행동 등으로 감정적인 상처를 주는 행위 예 따돌림, 위협하는 행위 등

ANSWER
10. ①

01 다음 빈칸에 공통으로 들어갈 말은?

> • (　　)이/란 가깝게 오래 사귄 사람을 뜻하는 말이다.
> • '(　　)을/를 보면 그 사람을 알 수 있다'는 말이 있을 정도로 (　　)은/는 한 개인의 삶에 많은 영향을 미친다.

① 부모　　　　　　② 형제자매
③ 친구　　　　　　④ 선생님

01
가깝게 오래 사귄 사람은 '친구'의 정의이다.

02 다음 밑줄 친 말을 가장 적절히 표현한 것은?

> 친구 사이의 경쟁은 이기려는 마음보다는 상호 발전을 도모하는 데 목적을 두어야 한다. <u>서로 도우면서 정정당당하게 경쟁하려는</u> 태도가 필요하다.

① 선의의 경쟁　　　② 무한 경쟁
③ 유유상종　　　　④ 약육강식

02
선의의 경쟁은 경쟁에서 승패를 가리는 데 목적을 두는 것이 아니라 정정당당하게 경쟁하려는 태도가 필요하다.

03 다음에서 ㉠과 ㉡에 들어갈 말은?

> 자녀가 부모님께 정성을 다해 공경하는 것을 (㉠)이/라 하고, 자녀에 대하여 헌신적으로 쏟는 부모의 사랑으로 아무런 조건 없는 사랑을 (㉡)이/라 한다.

	㉠	㉡		㉠	㉡
①	자애	희생	②	자애	효도
③	우애	효도	④	효도	자애

03
㉠ 효도 : 자녀가 부모님께 정성을 다해 공경하는 것
㉡ 자애 : 자녀에 대해 헌신적으로 쏟는 부모의 사랑으로 아무런 조건 없는 사랑

04 현대 사회의 가정의 문제점을 바르게 지적하고 있는 **고난도** 사람은?

① 선희 – 가정과 남편의 권위만을 강조하고 있어.
② 영수 – 남아 선호(男兒選好) 사상 때문에 여자 아이들이 차별받고 있어.
③ 혜림 – 가족 상호 간의 수직적인 인간관계가 강조되고 있어.
④ 강호 – 핵가족의 증가로 자녀 문제, 노인 문제가 증가하고 있어.

05 다음 중 바람직한 가정을 만들기 위한 요소로 옳지 <u>않은</u> 것은?

① 가족 구성원들이 공동으로 참여하는 활동이 필요하다.
② 각자에게 맡겨진 책임을 다해야 한다.
③ 자신의 감정을 말이나 행동으로 표현하면 갈등이 생길 수 있으므로 속으로만 생각한다.
④ 가족 구성원들 간에 예의를 지키고 존중하며, 배려한다.

06 전통 사회의 이웃 관계에서 나타나는 모습으로 옳지 <u>않은</u> 것은?

① 이웃 간에 교류가 많았다.
② 농사일과 관혼상제 등이 있을 때 서로 도와주었다.
③ 개인주의적 사고방식으로 인해 서로 알고 지내는 것을 불편하게 생각하였다.
④ 웃어른을 공경하고 서로 간에 예절을 지키는 것이 자연스럽게 몸에 배었다.

07 노인을 공경하는 정신이 잘 드러난 오륜(五倫)의 덕목은?

① 부부유별(夫婦有別)   ② 장유유서(長幼有序)

③ 군신유의(君臣有義)   ④ 붕우유신(朋友有信)

07

장유유서(長幼有序) : 어른과 아이 사이에는 양보와 질서가 있어야 한다.

※ 웃어른이 앉거나 눕는 곳에서는 함부로 앉거나 눕지 말아야 한다. — 「사소절」

08 우리 조상들이 실천한 상부상조의 정신 중 다음 내용을 바르게 설명한 것은?

> • 권선징악과 상부상조를 주로 하는 향촌의 자치 규약
> • 좋은 행실은 서로 권장하고, 나쁜 행실은 서로 바로잡아 주며, 예절과 풍속으로 서로 사귀고, 어려운 일을 당하면 서로 돕는다.

① 계   ② 두레

③ 향약   ④ 품앗이

08

① 계 : '사람들의 모임'이라는 뜻으로, 마을 사람들 간의 현실적인 이익과 친선을 목적으로 한다.
② 두레 : 공동체 의식을 바탕으로 형성된 마을 단위의 공동 노동 조직으로, 노동의 대가(품삯)를 서로 주고받는다.
④ 품앗이 : 일상생활에서 노동력이 부족할 때 이웃의 도움을 받고, 이웃이 필요할 때에는 일로써 갚는 1 대 1의 노동 교환 방식이다.

09 친구 간의 갈등 해결을 위한 태도로 옳지 <u>않은</u> 것은?

① 자존심만 앞세우는 것이 아니라 먼저 친구를 감싸 줄 수 있는 자세를 가진다.

② 깊고 오래된 갈등은 강제적으로라도 풀어야 한다.

③ 서로의 다름을 인정하고 어려운 처지에 있는 친구들을 배려한다.

④ 독단과 독선에서 벗어나 상대방의 생각을 존중하고 이해한다.

09

폭력이나 강요에 의한 갈등 해결이 아닌 상호 간의 이해를 중시하는 자세이다.

ANSWER
07. ②   08. ③   09. ②

10 다음의 격언들이 강조하는 바가 <u>아닌</u> 것은?

> • 노인의 말은 맞지 않는 것이 별로 없다.
> • 집안에 노인이 안 계시면 다른 집 노인이라도 모셔라.

① 시대가 빠르게 변화하여 노인의 경험은 유용하지 않다.
② 노인들의 삶의 지혜는 사회 발전에 큰 기여를 해 왔다.
③ 노인들의 삶의 지혜나 경험을 존중해야 한다.
④ 풍부한 삶의 지혜를 가진 노인들을 공경해야 한다.

11 다음 빈칸에 들어갈 공통적인 말로 맞는 것은?

> 진정한 친구란 남에게 해를 끼치거나 규칙을 어기는 행동을 하지 않도록 (   )하며, 친구의 (   )를 고맙게 생각하고 적극적으로 받아들인다.

① 감동   ② 충고
③ 모범   ④ 설명

12 다음 사례의 갈등 해결 방법 유형에 대한 설명으로 옳은 것은? [고난도]

> 점심시간에 내 별명을 부르며 놀리는 친구가 있어서 교실 밖으로 나와 버렸다.

① 문제를 무시하거나 상황을 외면하고 있다.
② 상대방에게 두려움을 주어 관계가 더욱 악화될 우려가 있다.
③ 갈등 당사자 모두가 만족할 수 있는 가장 합리적인 해결 방안이다.
④ 비폭력적인 방법으로 갈등 해결의 바람직한 방안이다.

10
노인의 삶의 지혜와 경륜을 존중하라는 의미의 격언들이다. 시대가 빠르게 변하기 때문에 노인의 다양한 경험들은 더욱 유용할 수 있다.

11
진정한 친구란 남에게 해를 끼치거나 규칙을 어기는 행동을 하지 않도록 충고하고 좋은 일을 하도록 권할 수 있는 친구이다.

12
사례의 유형은 회피형에 속한다. ①은 회피형, ②는 공격형, ③ · ④는 협동형에 대한 설명이다.

ANSWER
10. ① 11. ② 12. ①

13 다음 중 진정한 친구의 모습으로 거리가 <u>먼</u> 것은?

① 친구 간의 믿음은 한순간에 생기는 것이 아니다.
② 옳고 좋은 일은 서로 권하고 나쁜 일은 서로 삼가야 한다.
③ 가깝고 친밀한 친구는 무조건 따라야 한다.
④ 생활 속에서 믿음을 지켜 가기 위한 노력이 필요하다.

13
가깝고 친밀한 친구라고 무조건 따르지 않고, 옳고 좋은 일은 서로 권하고 나쁜 일은 서로 삼가야 한다.

14 친구와의 갈등을 해결하기 위한 자세를 〈보기〉에서 고른 것은?

> **보기**
> ㉠ 관용과 배려　　㉡ 편견과 아첨
> ㉢ 독단과 독선　　㉣ 대화와 타협

① ㉠, ㉡　　　　② ㉠, ㉢
③ ㉠, ㉣　　　　④ ㉢, ㉣

14
편견은 한쪽으로 치우친 생각을 말하고, 아집은 자신의 주장만 고집함을 말한다. 독단과 독선은 자신만 옳다고 판단하는 것을 의미한다.

15 성의 생물학적 가치에 대한 설명으로 적절한 것을 고른 것은? **고난도**

> ㉠ 서로에게 유쾌함을 선사한다.
> ㉡ 새로운 생명을 탄생시킨다.
> ㉢ 서로 다른 인격체와 하나가 되어 삶을 공유하고 공감한다.
> ㉣ 자손을 낳으려는 사람의 본능과 관련이 있다.

① ㉠, ㉡　　　　② ㉠, ㉢
③ ㉡, ㉣　　　　④ ㉢, ㉣

15
㉠ 쾌락적 가치
㉢ 인격적 가치

ANSWER
13. ③　14. ③　15. ③

16 성 윤리를 실천하는 방법으로 잘못된 것은?

고난도

① 성에 대한 고민이 생기면 부모님이나 전문 상담 선생님께 말씀드리고 의논한다.

② 성과 관련된 욕망을 느끼는 마음은 잘못된 것이 아니므로 충동적인 행동으로 욕망을 충족한다.

③ 성에 대한 균형 잡힌 시각을 세우려고 노력한다.

④ 운동이나 봉사 활동 등을 통해 성과 관련된 욕구를 조절한다.

17 청소년기의 이성 교제에서 긍정적 영향으로 볼 수 없는 것은?

① 이성 친구는 삶의 활력과 즐거움을 주지만, 서로의 부족한 점을 보완하는 것은 힘들다.

② 각자의 성에 대한 특성과 바람직한 성 역할을 이해할 수 있도록 돕는다.

③ 장차 성인이 되었을 때 배우자 선택의 안목을 기를 수 있다.

④ 성 역할에 대한 고정관념에서 벗어나 더 성숙한 인간으로 성장할 수 있도록 한다.

18 다음 중 이성 친구를 대하는 바람직한 자세로 옳지 않은 것은?

① 이성 친구가 자신에게만 관심을 가져야 한다는 집착을 하지 않는다.

② 서로의 차이를 존중하며 배려할 때 더 좋은 관계를 유지할 수 있다.

③ 이성 친구에게 잘 보이기 위해 화려하고 노출이 심한 옷을 입어도 괜찮다.

④ 서로에게 불쾌감을 주지 않도록 신체 접촉에 유의하고, 충동적 욕구를 절제한다.

16

성욕이란 인간의 성장에 있어서 없어서는 안 될 주요한 에너지의 일종이므로 결코 나쁜 것은 아니지만, 자기의 욕구대로 성욕을 해소하는 것은 올바르지 않다.

17

이성 친구는 서로의 부족한 점을 보완하고 삶의 활력과 즐거움을 준다.

18

③ 이성 친구를 만날 때 지나치게 화려하거나 노출이 심한 옷은 삼간다.

ANSWER

16. ② 17. ① 18. ③

19 다음에서 밑줄 친 '이것'에 해당하는 것은?

> 이것은 이웃에게 피해를 주지 않도록 신경을 쓰거나 다른 사람을 도와주고 보살피는 것이다. 그리고 이것은 상대방을 위해 사소한 친절을 베푸는 것에서 시작된다.

① 우정 ② 겸손
③ 배려 ④ 자애

20 다음 설명에 해당하는 상부상조의 전통은?

> 노동력이 부족할 때 이웃 사람끼리 도움을 주고받는 일대일의 노동 교환 방식이다.

① 계 ② 두레
③ 향약 ④ 품앗이

21 다음 내용 중 옳은 것은?

① 이웃을 배려하는 과정에서 도덕적으로 성숙한 사람으로 성장할 수 있다.
② 봉사는 금전적 보상을 바탕으로 이뤄져야 한다.
③ 오늘날에는 대부분 같은 동네에 사는 사람들을 이웃으로 여긴다.
④ 품앗이는 친목을 꾀하면서 주로 경제적인 대가를 지불하는 모임이다.

19
③ 배려 : 이웃에게 피해를 주지 않도록 신경을 쓰거나 다른 사람을 돕고 보살펴 주려고 마음을 쓰는 것이다.

20
④ 품앗이 : 일대일 노동 교환 방식
예 김장 일손 돕기

21
② 봉사는 금전적 보상을 바라지 않고 해야 한다는 무대가성을 바탕으로 이뤄져야 한다.
③ 오늘날의 이웃은 지리적으로 가까운 사람을 넘어서 서로 돕고 교류하는 사람들이라는 의미로 확대되었다.
④ 품앗이는 경제적 대가 없이 일로 도움 주고 일로 도움 받는 방식이다.

ANSWER
19. ③ 20. ④ 21. ①

22 정보 통신 매체를 사용할 때 지켜야 할 예절로 옳지 <u>않은</u> 것은?

① 퍼 온 글을 사용할 때 출처를 밝힌다.

② 가상 공간에서 친해지면 개인적인 내용을 공개하거나 욕설 등으로 친근감을 표현해도 된다.

③ 개인에게 보내야 할 메시지가 전체에게 가지 않도록 주의한다.

④ 상대방의 동의 없이 특정 상품을 광고하지 않는다.

22

② 가상 공간에서는 유언비어·욕설·비방을 삼가고, 타인의 명예를 훼손할 수 있는 내용은 피하고, 개인적인 내용을 공개하여 사생활 침해를 당하지 않도록 주의한다.

23 사이버 공간의 특징을 〈보기〉에서 모두 고른 것은?

고난도

> **보기**
> ㉠ 여러 명의 내가 존재할 수 있다.
> ㉡ 전 세계 사람들과 의사소통할 수 있다.
> ㉢ 쉽고 빠르게 정보를 얻을 수 있고 항상 진실된 정보를 얻을 수 있다.
> ㉣ '나'의 모습이 잘 드러나지 않아 자신의 행동에 책임을 지지 않아도 된다.

① ㉠, ㉡　　　　② ㉠, ㉢

③ ㉡, ㉢　　　　④ ㉢, ㉣

23

사이버 공간에서는 익명성을 바탕으로 여러 명의 내가 존재할 수 있고, 개방성을 바탕으로 전 세계 사람들과 의사소통이 가능하다.

㉢ 신속성을 바탕으로 쉽고 빠르게 정보를 교환할 수는 있지만 항상 진실된 정보는 아니다.

㉣ 익명성 때문에 나의 모습이 잘 드러나지 않지만 그래서 더 자신의 행동에 대한 책임이 필요하다.

24 사이버 권리 침해의 특징으로 옳은 것은?

① 피해 확산이 매우 빠르다.

② 가해자를 찾기가 비교적 쉽다.

③ 일일이 규율하고 통제하기가 가능하다.

④ 온라인상의 피해는 현실 공간과는 관련이 없다.

24

사이버 권리 침해

• 사이버 공간의 광역성, 신속성의 부정적인 특성으로 피해 확산의 속도가 매우 빠르고 광범위하다.

• 가해자를 하나하나 찾기도 어렵고, 규칙에 따른 통제도 어렵다.

• 사이버 권리 침해는 현실 공간에서의 명예 훼손이나 재산권 침해 등으로 이어질 수도 있다.

ANSWER

22. ② **23.** ① **24.** ①

25 인터넷 중독으로 나타날 수 있는 문제점으로 보기 어려운 것은?

① 현실 세계에서의 인간관계가 좀 더 친밀해진다.

② 수면 부족, 시력 저하 등 건강상의 문제가 생길 수 있다.

③ 일상에서 해야 할 일들을 제때 하지 못하는 일이 자주 발생한다.

④ 사이버 공간과 현실 공간을 구별하지 못해 자아 정체성 형성에 어려움을 겪을 수 있다.

26 정보화 시대에 도덕적 책임이 필요한 이유로 옳은 것은?

① 사이버 공간에서는 다른 사람의 권리가 자신의 권리보다 더 중요하기 때문이다.

② 사이버 공간에서의 행동도 현실 세계와 마찬가지의 책임이 뒤따르기 때문이다.

③ 사이버 공간에서는 개인의 도덕성이 필요하지 않기 때문이다.

④ 사이버 공간에서는 자유로운 의사소통이 힘들기 때문이다.

27 다음은 사이버 공간의 특성을 설명한 것이다. ㉠~㉢에 **고난도** 들어갈 용어를 차례대로 나열한 것은?

> • (㉠) – 일정한 자격과 권한을 가진 사람이라면 누구나 정보를 찾아볼 수 있다.
> • (㉡) – 자신이 누구인지 감출 수 있으며, 상대방이 누구인지 알지 못한다.
> • (㉢) – 시간에 구애받지 않고 일을 처리할 수 있다.

	㉠	㉡	㉢
①	익명성	쌍방향성	광역성
②	개방성	자율성	익명성
③	비동시성	평등성	광역성
④	개방성	익명성	비동시성

25
인터넷 중독에 빠지면, 현실 세계보다 사이버 공간에서의 생활에 집중하면서 현실 세계에서의 인간관계가 약화될 수 있다.

26
② 사이버 공간도 인간의 공동생활 공간이므로, 현실 세계와 마찬가지의 책임이 뒤따른다.

27
㉠ 개방성 : 누구든지 다양한 정보에 접근할 수 있는 특성
㉡ 익명성 : 아이디나 닉네임을 사용함으로써 자신의 정체를 숨길 수 있는 성질
㉢ 비동시성 : 시간에 구애받지 않고 일을 처리할 수 있는 특성

ANSWER
25. ① 26. ② 27. ④

28 다음 중 갈등의 유형이 <u>다른</u> 하나는?

① 진로 선택 문제로 겪는 세대 간의 갈등

② 종교적 신념 차이로 겪는 종족 간의 갈등

③ 공부와 오락 사이에서 고민하며 겪는 갈등

④ 대학을 서로 유치하려는 지역 주민 간의 갈등

29 갈등에 대한 설명으로 적절하지 <u>않은</u> 것은?

① 갈등이 생겼을 때는 무조건 피하는 것이 좋다.

② 힘에 의한 해결 방법은 갈등의 근본적 해결이 어렵다.

③ 일상 생활에서 자주 발생한다.

④ 누구나 겪는 자연스러운 현상이다.

30 폭력의 문제점에 대한 설명으로 옳지 <u>않은</u> 것은?

① 폭력은 한 인간의 영혼을 파괴할 수도 있다.

② 폭력은 인간의 존엄성을 훼손하는 비도덕적 행위이다.

③ 대부분의 피해자는 폭력을 장난으로 생각하는 경우가 많다.

④ 폭력은 신체적 피해는 물론 정신적으로도 심각한 피해를 준다.

31 물리적 폭력에 해당하는 것은?

① 친구와 말다툼을 하다 화가 나서 주먹으로 얼굴을 때리는 경우

② 회사에 손님이 오셨을 때 여직원에게만 커피를 달라고 하는 경우

③ 외국에서 온 노동자의 임금을 한국 사람보다 무조건 적게 주는 경우

④ 동료의 물건을 빌려 간 후 바로 돌려주지 않는 경우

28

③ 내적 갈등

①, ②, ④ 외적 갈등

29

갈등이 생겼을 때는 무조건 피하지 말고, 대화를 통해 서로가 만족할 수 있는 결과를 이끌어 내어 평화적으로 해결해야 한다.

30

③ 폭력을 장난으로 생각하는 것은 가해자들의 생각이다.

※ 폭력은 인간의 존엄성을 훼손하는 행위로 가해자, 피해자 모두에게 신체적·정신적 피해를 준다.

31

물리적 폭력(직접적 폭력) : 신체에 직접적인 해를 입히는 행위 **예** 신체 폭행

ANSWER

28. ③ 29. ① 30. ③ 31. ①

NOTE

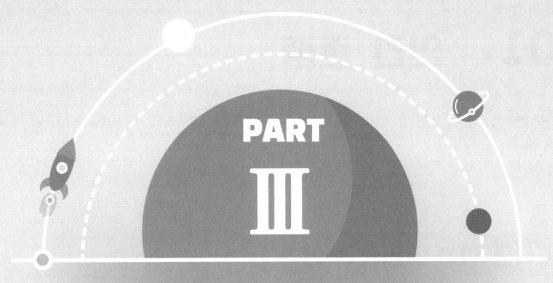

PART III

사회·공동체와의 관계

Chapter 01 인간 존중

학습 point⁺

인간 존중과 양성평등, 성차별, 성역할, 사회적 약자와 인권에 관한 문제가 자주 출제되었습니다. 모든 인간을 인권을 가진 존재로 공감하면서 이에 관한 문제들을 빠짐없이 학습하여야 합니다.

01 인간 존엄성과 인권

1 인간 존엄성

(1) 의 미

① 인간의 본질인 인격을 존중 : 인간이라는 이유만으로 존엄하게 대우받아야 한다.

② 인간은 그 자체만으로도 소중한 존재로서, 수단이 아닌 목적으로 대우받아야 한다.

③ 모든 인간은 기본적인 자유와 권리를 보장 받으면서 인간다운 삶을 살 수 있다.

④ 사회를 유지하는 기본 정신 : 인간의 존엄성 이 지켜지는 사회가 정의로운 사회이며, 그렇지 않은 사회는 정의롭지 못한 사회이다.

> 참깐
> **세계 인권 선언의 인간 존중 정신**
> • 제1조 : 모든 사람은 태어날 때부터 자유 롭고, 존엄성과 권리에 있어서 평등하다.
> • 제2조 : 모든 사람은 인종, 피부색, 성, 언어, 종교 등 어떤 이유로도 차별받지 않는다.

(2) 인간이 존엄한 이유 : 이성, 자율성, 도덕성을 갖고 있다.

① **이성** : 개념적으로 사고하는 능력을 감각적 능력에 상대하여 이르는 말

② **자율성** : 자신의 의지에 따라 스스로 판단하고 결정을 내림

③ **도덕성** : 자신의 행동에 책임을 짐

2 인권과 인간 존엄성의 실현

(1) 인간 존엄성과 인권의 관계

인권은 인간 존엄성을 바탕으로 나온 것이다.

(2) 인권의 의미

① 인간답게 살 권리 : 인간이라면 누구나 가지는 권리이다.

② 인간이 갖는 보편적 권리 : 생존권, 자유권, 평등권, 참정권 등 인간다운 삶을 위해 필요한 기본적인 권리를 포함한다.

③ 약자를 위한 권리 : 사회적 약자의 존엄한 삶을 보장한다.

④ 책임을 동반할 권리 : 자신의 인권과 책임을 알고, 타인의 권리를 존중하면서 지켜 주어야 한다.

(3) 인권의 특성 중요⁺

① 보편성 : 인종, 피부색, 언어, 종교 등 그 어떤 이유와도 관계없이 모든 사람이 태어나면서부터 누려야 할 권리이다.

② 천부성 : 어떤 사람이든 태어나면서 자연적으로 얻는 권리이다.

③ 항구성 : 변히지 않고 오래가는 성질을 의미하는 것으로, 인간이 부여받은 인권은 박탈당하지 않고 영원히 보장된다.

④ 불가침성 : 어떤 이유로도 인권을 침해받을 수 없으며, 다른 사람의 인권은 어떠한 경우에도 침해할 수 없다.

심화학습 ─ 인권 보장의 역사

1) 1세대 인권(자유권적 인권) : 시민 혁명기 국가로부터의 자유 강조
2) 2세대 인권(사회권적 인권) : 야경국가의 문제로 복지 국가에서 강조
3) 3세대 인권(집단권적 인권) : 제2차 세계 대전 이후 전 세계의 보편적 인권 강조

---

(4) 인간의 존엄성 실현 중요⁺

① 우리나라의 인간 존엄 사상

㉠ 홍익인간(弘益人間) : 고조선의 건국 이념으로 '인간을 널리 이롭게 하라'는 뜻

㉡ 동학의 인내천 : '인간을 마치 하늘처럼 존엄하게 대우하라' → 차별 없는 세상 지향

② 동양의 인간 존엄 사상

㉠ 불교 : 모든 생명체는 부처와 같은 존재 → 자비의 실천 강조

㉡ 공자의 인(仁) : 어진 사람은 남을 사랑하는 사람이다. → 인의 실천 강조

ⓒ 맹자의 성선설(性善說) : 모든 사람은 착한 본성을 가지고 태어나며, 그것을 확충하면 성인이 될 수 있다.

③ 서양의 인간 존엄 사상

   ㉠ 예수 : 사랑의 실천을 통한 인간 존중의 실현 강조

   ㉡ 고대 그리스 사상가 : 이성을 가진 모두는 동등하며 평등한 존재이다.

   ㉢ 파스칼 : 인간은 우주에 비해 너무도 미약한 인간이지만 생각하는 존재로서 우주를 이해할 수 있는 존엄한 존재이다.

   ㉣ 칸트 : 모든 인간은 어떠한 경우에라도 수단이 되어서는 안 되며, 그 자체로 목적으로 대우해야 한다.

④ 제도와 법률을 통한 인권의 보장 : 헌법에 인간의 기본권을 명시하였다.

⑤ 인간 존엄성과 인권을 보호하기 위한 자세 : 소외 집단에 대한 관심과 배려, 역지사지와 공감 등

> **잠깐**
>
> **인간 존엄 사상**
> * 석가모니 : "서로를 가엾게 여기고 사랑하라."
> * 공자 : "자기가 하기 싫은 일을 남에게 시키지 않는 사람이 어진 사람이다."
> * 예수 : "네 이웃을 네 몸과 같이 사랑하라."
> * 파스칼 : "인간은 생각하는 갈대"

> **바로 바로 CHECK✓**
>
> 다음에서 강조하고 있는 생활 태도는?
>
> > * 널리 인간을 이롭게 한다.
> > * 인간은 어떠한 상태로 태어나든 가장 소중한 존재이다.
>
> ① 준법 정신   ❷ 인간 존중
> ③ 질서 의식   ④ 참여 정신

3 인권의 소중함과 보장을 위한 노력

(1) 인권이 소중한 이유

① 인간이 존엄하다는 생각은 근대 이후 인권 사상으로 발전하였는데, 인권은 인간이 지니는 기본적인 권리이자 인간 존엄성을 보장하기 위한 권리이다.

② 인권을 보장받을 때 우리는 자신의 능력을 발휘할 수 있고, 행복하게 살 수 있다.

③ 다른 사람들과 더불어 서로 존중하며 살아갈 수 있어야 하는데, 이는 인권이 존중될 때 이루어질 수 있다.

④ 정당한 절차와 공정한 분배, 기회의 균등이 이루어지는 사회는 인권 존중을 기본으로 한다.

(2) 인권 보장을 위한 노력

① 개인적 차원

　㉠ 어떤 이유에서도 타인의 인권을 침해하거나 부당한 대우를 해서는 안 된다.

　㉡ 나의 인권이 부당하게 침해되었을 때에는 나의 권리를 수호하기 위해 노력해야 한다.

② 사회적 차원

　㉠ 인권 보장을 위해 법도 제도가 마련되어야 한다.

　㉡ 시민들이 인권 의식을 신장할 수 있도록 다양한 교육과 홍보를 하는 등의 노력이 필요하다.

③ 다른 사람의 인권에 관심을 두지 않으면 사회 전반적으로 인권에 무관심하게 되므로, 주변의 인권 문제에 민감하게 반응해야 한다.

④ 인권을 침해받은 사람의 고통에 공감하고 함께 문제를 해결하기 위해 노력한다.

심화학습 ─ 인권의 종류

1) 자유권

　① 인간의 존엄성을 유지하는 데 필요한 기본적 권리

　② 생명, 신체의 안전, 인격, 사생활에 대한 권리뿐만 아니라 언론, 집회, 사상, 양심, 종교의 자유 등을 포함

　③ 소극적 권리 : 다른 사람이 침해하지 않거나 국가가 간섭하지 않으면 보장되는 권리

2) 복지권

　① 소외 계층이 경제적 도움이나 사회적 서비스를 제공 받을 권리

　② 적극적 권리 : 국가와 사회를 상대로 적극적인 배려를 요구할 수 있는 권리

3) 평등권

　① 모든 권리의 밑바탕에 깔려 있는 기본적인 권리

　② 성별, 인종, 신체적 특성 등으로 부당한 차별을 받지 않고 법 앞에 평등한 보호와 대우를 받을 권리, 기회의 균등 등

02 사회적 약자와 인권

1 사회적 약자 중요⁺

(1) 의 미
① 신체적 또는 문화적 특성으로 인해 사회에서 차별 대우를 받거나 인권을 침해당하는 사람들을 말한다.
② 단순히 적은 수의 사람으로 이루어진 집단을 뜻하지는 않는다.

(2) 발생 원인
① 경제적으로 어려워 능력에 맞는 기회를 활용할 수 없다.
② 경쟁을 지나치게 중시하는 사회적 분위기로 인해 발생한다.
③ 잘못된 관습과 인종에 대한 선입견과 편견 때문에 발생한다.

(3) 사회적 약자들이 받는 고통
① 편견, 불관용, 무시와 경멸 등 인간의 존엄성 훼손, 국가의 무관심 등으로 고통 받는다.
② 당연히 누릴 기본적 권리를 누리지 못한다.
③ 인종, 신체, 문화, 종교 등의 특성에 의해 사회 다수의 사람들에게 차별을 받는다.
④ 생계를 위협하는 빈곤, 각종 문화와 의료 혜택으로부터 소외된다.

(4) 사회적 약자의 예
절대 빈곤층, 장애인, 노약자, 혼혈인, 결혼 이민자, 북한 이탈 주민, 외국인 노동자, 양심수, 성적 소수자 등

 잠깐

미국의 소수 집단 우대 정책
'소외 집단(소외 계층) 우대 정책' 또는 '약자 보호 정책'이라고도 한다. 미국에서 오랜 세월 소외되고 차별받아 온 흑인, 히스패닉, 동양인 등 소수 인종이나 여성을 고용이나 대학 입학 등에서 우대하는 정책이다. 그러나 최근에는 백인 주류 사회로부터 역차별이라는 지적이 끊임없이 발생하고 있다.

2 사회적 약자의 인권 보장

(1) 사회적 약자의 인권을 보장해야 하는 이유

① 사회적 약자도 존엄한 인간이며, 우리 사회의 동등한 구성원이자 이웃이기 때문이다.

② 인간 존엄성을 실현하고 모든 사람의 인권을 보장하는 사회로 나아갈 수 있기 때문이다.

(2) 사회적 약자의 인권 보장을 위한 노력 중요+

① 사회적 차원

㉠ 경제적 지원 : 최소한의 생계와 생활 수준을 유지할 수 있도록 기본적인 문화생활을 보장하기 위한 정책을 실시한다.

㉡ 사회적 약자를 배려하는 사회적 환경 조성 : 국민 기초 생활 보장법, 장애인을 위한 각종 편의 시설, 장애인 고용 의무제, 여성 할당제, 농어촌 학생 특례 입학 제도, 지역 균형 선발제 등

※ 사회적 약자에 대한 경제적 지원 사례 : 최저 생계비 보장 제도, 문화 바우처 사업 등

② 개인적 차원 : 편견 버리기, 사회적 약자에 대한 따뜻한 관심과 배려, 공감의 정신 등

공감	▼	검색

상대방의 경험, 정서, 생각 등을 상대방의 관점과 입장에서 이해하고 느끼는 감정적 공유

---

03 양성평등의 실천

1 성 역할의 의미와 문화적 다양성

(1) 성(性)

① 생물학적인 성 : 몸에 나타난 외적 차이나 성염색체 등을 근거로 여자와 남자로 구분되는 성별 → 태어나면서 결정

② 사회 · 문화적 성

　㉠ 사회 안에서 여성과 남성으로서 따라야 하는 규범을 통해 학습된 성

　㉡ 민족, 계급, 시대 등에 따라 마땅하게 여겨지는 행동 양식을 익히는 과정에서 형성

　㉢ 젠더(Gender) : 사회적 · 문화적으로 형성되고 구성된 성 → 사회적으로 양육된 성 역할

(2) 성 역할 중요+

① 성 역할 : 성별에 따라 일반적으로 사회에서 기대하는 행동이나 태도를 의미한다.

　㉠ 남녀의 역할은 고정된 것이 아니다.

　㉡ 각 문화의 특성에 따라 다양하게 나타날 수 있다.

② 성 역할의 변화

과 거	• 남녀의 '차이' 강조 : 신체적 차이 혹은 남성과 여성의 다름에 집중했다. • 남성성과 여성성을 서로 대립하는 특성으로 구분했다. • 여성은 여성성이 높아야 하고, 남성은 남성성이 높아야 한다고 생각했다.
오늘날	• 각 개인이 성별에 따른 신체의 구분과 무관하게 남성과 여성의 심리적 특성을 모두 갖는다는 개념으로 변화했다. • 여성의 교육 기회 확대와 사회 진출 확대로 여성과 남성의 경계가 허물어졌다. • 성 역할을 이분화하지 않고, 우열로 구분하지 않는 문화가 확산되었다.

(3) 문화에 따른 성 역할의 다양성

① 가부장제 사회 : 가부장을 중심으로 사회의 위계질서를 만들고, 그러한 질서를 유지하려는 사회로 남성 중심적 성 역할을 강조하였다.

바로 바로 **CHECK✓**

여성과 남성이 각각 어떻게 생각하고 행동해야 하며 느껴야 하는지를 포괄하는 일련의 기대를 뜻하는 용어로 가장 적절한 것은?

① 성 편견　　　❷ 성 역할
③ 성차별　　　④ 고정 관념

여 성	• 수동적이고 의존적인 기질을 타고났다고 생각한다. • 임신과 출산, 육아, 집안일을 주된 역할로 본다. • 역할이 매우 제한적이다.
남 성	• 육체적으로 힘이 세고 능동적인 기질을 타고났다고 본다. • 바깥일, 가장으로서 집안의 생계를 돌보아야 한다는 책임을 가진다.

② 모계 중심의 사회 : 여성 중심의 성 역할을 강조한다.

　예 중국의 나시 족 : 중요한 일에 대한 결정뿐만 아니라 집안일에서부터 바깥일까지 모든 일을 여성이 담당한다.

(4) 사회 구조에 따른 성 역할

① 농경 사회 : 남성의 노동력이 더 높게 평가되면서 상대적으로 남성의 지위가 높다.

② 산업 사회

    ㉠ 기계를 통해 생산 활동과 상업 등이 활성화되면서 여성의 능력이 발휘될 수 있는 분야가 확대되었다.

    ㉡ 여성의 경제력, 지위가 향상되었다.

    ㉢ 남성에게 종속되어지는 성 역할에서 벗어나게 되었다.

2 성차별의 사례와 문제점

(1) 성 역할에 대한 고정 관념

성 역할에 대하여 다수의 사람들이 공통적으로 가지는 고정된 견해와 사고

→ 성차별의 원인

(2) 성차별

① 의미

    ㉠ 성 역할 고정 관념으로, 생물학적 성을 기초로 하여 특정한 성에 대해 사회적으로 이루어지는 편견, 차별이다.

    ㉡ 성차별은 여성들만의 문제가 아니라 남성, 여성 모두에게서 나타날 수 있는 문제이다.

② 여성에 대한 성차별

    ㉠ 오랫동안 사회 활동이나 정치 참여에서 남성과 동등한 권리를 누리지 못하였다.

    ㉡ 여성의 사회 진출이 활발해진 오늘날에도 육아 및 각종 가사 노동은 당연히 여성의 몫이라는 인식이 있다.

    ㉢ 임신, 출산 등을 이유로 승진의 기회가 줄어들거나 회사를 그만두어야 하기도 한다.

③ 남성에 대한 성차별

    ㉠ 감정의 지나친 절제 요구 : 대범하고 용감해야 한다는 고정 관념, 섬세하고 정서적인 활동에 어울리지 않는다는 고정 관념

      ⓛ 가족의 생계 책임 : 남성이 경제적인 면에서 주도적인 역할을 담당해야 한다는 고정 관념

      ⓒ 남성을 보호의 대상으로 생각하지 않는 언어적 표현이나 사회적 통념

      ※ 성범죄 관련 법에서 남성은 가해자로 간주되기 쉽다.

  ④ **성차별로 인한 문제점**

      ㉠ 기본적인 권리 침해 : 성별을 이유로 차별하는 것은 인간의 기본적인 권리를 침해하는 것이다. → **인간의 존엄성 훼손**

      ⓛ 개인의 잠재력 발휘를 저해시킨다.

      ⓒ 국가적 차원의 인력 낭비 초래 : 성별에 관계없이 자신의 적성에 따라 능력을 펼칠 수 있는 것이 바람직하다.

      ⓔ 저출산의 원인 : 여성의 출산과 양육을 문제 삼아 취업이나 복직에 불이익을 주는 경우, 결혼을 미루거나 결혼을 하더라도 자녀를 원하지 않는 현상이 나타난다.

3　양성평등의 추구

(1) 양성평등의 의미

  ① 의미

      ㉠ 남녀 모두의 권리, 의무, 자격 등이 차별 없이 고르고 한결같다.

      ⓛ 성별에 근거하여 법률적, 사회적으로 차별하지 않고 똑같이 대우해야 한다.

  ② 필요성 : 남녀가 모두 조화롭게 살 수 있는 사회를 만들어 나가기 위해서는 양성의 상호 보완을 추구하는 양성평등이 필요하다.

> **참깐**
> **양성평등의 절대적 · 상대적 평등**
> • 절대적 평등 : 인격적 존중, 기회의 균등, 기본권의 보장
> • 상대적 평등 : 능력으로만 평가받아야 한다.

(2) 양성평등 운동의 역사

  ① 초기의 양성평등 운동

      ㉠ 상대적으로 남성보다 불리한 위치에 있었던 여성의 지위를 향상하기 위한 차원에서 시도되었다.

      ⓛ 남성과 여성의 조건이 동등하다면 여성에게 우선권을 부여하는 적극적인 우대 조치를 취하였다.

② 역차별 논란과 바람직한 방향

　　㉠ 양성평등은 여성 해방이 아니라 양성이 동등하게 대우받는 것을 목표로 해야 한다.

　　㉡ 여성으로 한정된 양성평등 운동은 바람직하지 않다.

　　㉢ 성별에 따른 고정 관념에 구속되지 않고 자유롭게 자신의 능력을 발휘할 수 있는 사회적 시각과 실질적인 제도가 마련되어야 한다.

③ 우리나라의 양성평등 현황

　　㉠ 교육에서는 젊은이들의 경우 양성평등이 이루어진다.

　　㉡ 가사 노동, 취업 기회, 승진, 임금 등에서는 불평등이 남아 있다.

(3) 양성평등을 실현하기 위한 노력 중요⁺

① 개인적 노력

　　㉠ 의식의 변화

　　　　ⓐ 성 역할이 고정되어 있다는 의식을 버려야 한다.

　　　　ⓑ 남녀가 서로 인격적으로 존중한다.

　　　　ⓒ 여성 스스로 약자라는 인식을 버려야 한다.

　　㉡ 역지사지와 배려의 태도가 필요하다.

　　㉢ 차별하지 않으면서 '차이'는 인정할 줄 아는 자세를 가진다.

② 사회 구조 및 제도 개선

　　㉠ 「남녀 고용 평등과 일・가정 양립 지원에 관한 법률(2007)」 실시

　　㉡ 양성의 평등한 정치 참여 기회를 보장

　　㉢ 결과, 기회, 조건에서 실질적 양성평등이 이루어지도록 한다.

　　㉣ 직원 채용 기회, 임금, 승진, 해고 등에서 남녀 차별적 관행이 없어져야 한다.

　　㉤ 여성 할당제, 보육 시설 증진

③ 문화적 개선 노력 : 대중 매체의 성차별적 내용이 개선될 수 있도록 노력해야 한다.

01 인간이 존엄하게 대우받는 것으로 가장 바른 모습은?

① 인종과 민족에 따라 차별받는 것
② 종교에 의해 소외되는 것
③ 남성이기 때문에 존엄하게 대우받는 것
④ 장애로 차별받지 않는 것

02 인권과 거리가 가장 먼 것은?

① 사람답게 살 권리
② 인간이 갖는 보편적 권리
③ 약자를 위한 권리
④ 강자가 우선인 권리

03 다음과 가장 관계 깊은 전통 사상은?

> • 생명 존중 사상
> • 사랑하고 가엾게 여기는 자비 정신
> • 이 세상 모든 만물이 서로 연결되어 있음

① 불교　　　　　　② 유교
③ 도교　　　　　　④ 토속 신앙

04 인간 존중 사상을 바르게 연결한 것은?

① 공자 - 자비　　　② 석가모니 - 인(仁)
③ 동학 - 인내천　　④ 소크라테스 - 사랑

01
인간을 존엄하게 대우하는 것은 인종, 민족, 종교, 성별, 신체적 조건에 관계없이 동등하고, 존엄하게 대우받는 것을 말한다.

02
인권은 인간답게 살 권리, 생존권, 자유권, 평등권, 약자를 위한 권리, 책임을 동반할 권리 등을 포함한다.

03
생명 존중 사상, 자비 정신, 연기설은 불교의 인간 존중 사상이다.

※ 연기설이란 이 세상 모든 만물이 서로 연결되어 있어서 나와 전혀 관계없어 보이는 것도 실제로는 여러 가지 모습으로 나와 관련이 있다는 것을 말한다.

04
① 공자 - 인(仁) 사상
② 석가모니 - 자비 정신
④ 소크라테스 - 스스로의 무지에 대한 깨달음을 주장

ANSWER
01. ④　02. ④　03. ①　04. ③

05 인간 존엄성과 인권에 대한 설명으로 옳지 <u>않은</u> 것은?

고난도

① 인간 존엄성과 인권은 바람직한 사회를 만드는 토대라는 점에서도 소중하다.

② 인간다운 삶이란 생명 유지를 넘어 인간 존엄성을 보장받으며 사는 것이다.

③ 인권은 누구도 함부로 박탈할 수 없다.

④ 다른 사람의 인권은 경우에 따라 침해할 수 있다.

05
어떤 이유로도 인권을 침해받을 수 없으며, 다른 사람의 인권은 어떠한 경우에도 침해할 수 없다.

06 우리 사회의 소수자에 대한 설명으로 옳지 <u>않은</u> 것은?

① 이미 외국인 이주자가 100만 명을 넘음

② 결혼 이주 여성들이 언어의 장벽으로 인해 많은 어려움을 겪음

③ 북한 이탈 주민은 언어의 차이가 없어 적응에 어려움이 없음

④ 이주 노동자들의 경우 근로조건이나 임금에서 각종 차별을 받고 있음

06
북한 이탈 주민의 경우 언어적 차이는 없으나 각종 문화적 차이와 사회적 차별로 적응하는 데 어려움을 겪고 있다.

07 성 역할의 시대적 변화에 대한 설명으로 옳지 <u>않은</u> 것은?

① 오늘날 남성과 여성에게 기대되는 성 역할은 과거와 다르다.

② 과거에는 남성과 여성의 다름에 집중했다.

③ 여성의 사회 활동 증가에 따라 성 역할도 많이 변화하였다.

④ 평등 의식의 확산으로 성 역할의 구분이 완전히 사라졌다.

07
성 역할이란 성별에 따라 일반적으로 사회에서 기대하는 행동이나 태도를 말한다. 성 역할은 시대와 문화에 따라 달라질 수 있는 개념으로 과거에는 남성과 여성의 다름에 집중했고, 남성성과 여성성을 서로 대립적인 개념으로 파악했다. 그러나 오늘날은 평등의식의 확산으로 성 역할에 대한 고정 관념이 많이 완화되었다. 그러나 성 역할의 구분이 완전히 사라진 것은 아니다.

ANSWER

05. ④　06. ③　07. ④

08 다음 내용으로 알 수 있는 인권의 특징이 <u>아닌</u> 것은?

기출

> 인권은 국적, 인종, 성별, 종교 등에 관계없이 인간이 존엄하게 살아가기 위해 필요한 권리이며, 모든 인간이 누려야 할 권리이다. 그리고 인권은 태어날 때부터 가지는 권리이며 어느 누구도 절대 침해할 수 없다.

① 천부성　　　　② 폭력성
③ 보편성　　　　④ 불가침성

08
① 천부성 : 어떤 사람이든 태어나면서 자연적으로 얻는 권리이다.
③ 보편성 : 어느 시대 어느 장소에서나 모든 인간이 인간답게 살아가기 위해 동등하게 누릴 권리이다.
④ 불가침성 : 어떤 이유로도 인권을 침해받을 수 없으며, 다른 사람의 인권은 어떠한 경우에도 침해할 수 없다.

※ ② 폭력성이 아니고, 항구성이다.
　• 항구성 : 변하지 않고 오래가는 성질을 의미하는 것으로, 인간이 부여받은 인권은 박탈당하지 않고 영원히 보장된다.

09 성차별의 문제점으로 옳지 <u>않은</u> 것은?

① 개인의 잠재력을 발휘하는 데 제한이 된다.
② 개인의 기본적 권리 침해의 문제점을 만든다.
③ 인간의 존엄성을 존중하고 양성이 공존할 수 있도록 한다.
④ 경제 활동 인구의 감소로 국가의 잠재 성장률 저하가 나타날 수 있다.

09
인간의 존엄성을 존중하고 양성이 공존할 수 있도록 하는 것은 양성평등이 실현될 때 나타날 수 있는 현상이다.

10 오늘날 양성평등을 위한 자세로 옳은 것은?

① 가사는 전적으로 여성에게 맡긴다.
② 가부장이 권위적으로 가정을 운영한다.
③ 전통 계승 차원에서 여성의 사회 진출을 제한한다.
④ 명절 때 음식 준비와 손님맞이를 부부가 함께한다.

10
양성평등은 남성과 여성 중 특정 성에 대하여 부정적인 감정이나 고정 관념을 가지지 않는 태도를 말한다.

ANSWER
08. ② 　09. ③ 　10. ④

NOTE

02 문화 다양성

 학습 point⁺

다문화 사회에서 필요한 타문화를 바라보는 관점, 문화적 편견을 극복하기 위한 방법을 정리해 두어야 합니다.
보편 규범과 문화 다양성의 관계를 이해하고 제대로 파악하도록 합니다.

01 문화 다양성과 다문화 사회

1 문화와 문화 다양성

(1) 문화의 의미

① 넓은 의미의 문화

　㉠ 인간이 인위적으로 만들어 낸 생활 방식의 총체

　㉡ 자연 상태에서 벗어나 삶의 목적이나 이상을 실현하고자 사회 구성원에 의해 습
　　 득·공유·전달되는 생활양식

　㉢ 의식주를 비롯하여 언어, 풍습, 종교, 학문, 예술, 제도 등을 포함

② 좁은 의미의 문화 : 수준 높은 교양을 갖추기 위한 학문, 예술 등

③ 문화와 인간

　㉠ 인간과 동물을 구분하는 특징 : 인간은 주어진 환경을 삶에 유리하게 바꾸거나
　　 나름의 삶의 양식을 만든다.

　㉡ 문화적 존재 : 인간은 문화에 따라 살아갈 뿐만 아니라 새로운 문화를 만들어 간다.

(2) 문화의 다양성 중요⁺

① 문화의 보편성 : 모든 인간 사회에서 나타나는 보편적인 문화 현상이다.

　예 의식주, 관혼상제, 언어 사용 등

② 문화의 다양성 : 문화는 사회나 시대에 따라 다양한 모습으로 나타난다.

　예 사회마다 다양한 언어, 주택, 의복, 음식 등

③ 문화가 다양한 이유

  ㉠ 환경 및 상황의 차이 : 각 사회는 서로 다른 환경과 역사적 경험에 적응해 가면서 독특한 생활 방식을 만들어 간다.

  ㉡ 가치관의 차이 : 사회 구성원이 추구하는 가치관에 따라 서로 다른 문화가 형성된다.

  ㉢ 지역, 시대에 따라 문화는 다양한 모습으로 나타난다.

④ 문화의 다양성 사례

구 분	공통점	차이점		
		한 국	중 국	일 본
음 식	벼농사를 중심으로 쌀을 주식으로 하는 식문화	절인 음식 발달	기름진 음식 발달	생선 음식 발달
불 탑	종교로 불교를 수용하여 불탑 건설	석탑 발달	전탑(벽돌) 발달	목탑 발달
한 자	중국의 영향을 바탕으로 한 한자 문화권	정자체 사용	간자체 사용	가나 사용
젓가락	식사 도구로 젓가락 사용	쇠젓가락	길이가 긴 나무젓가락	끝이 뾰족한 나무젓가락

2   다문화 사회와 도덕

(1) 다문화 사회

① 의미 : 고유한 문화, 종교, 언어, 교육 등 다양한 생활 양식을 가진 사람들이 한 지역에 함께 살면서 다양한 문화가 공존하는 사회를 말한다.

② 원인 : 국제결혼의 증가, 외국인 노동자의 증가, 외국인의 유입 증가, 북한 이탈 주민 유입 증가

③ 다문화 사회의 문화적 다양성은 사회 구성원에게 선택의 폭을 넓혀 주고 삶을 풍부하게 만들어 준다.

(2) 다문화 사회의 장점

① 각 문화의 가치를 이해하고 체험할 수 있다.

② 인간의 자율성과 창의성을 높여 사회 발전에 기여한다.

③ 서로 다른 문화를 가진 사람들이 공존하기 위한 삶의 자세를 배울 수 있다.

(3) 다문화 사회의 문제점

① 다양한 문화가 섞이면서 각 지역의 전통문화들이 설 자리를 잃게 될 가능성이 있다.

② 문화적 차이로 인한 오해와 갈등이 발생한다.

③ 상대적으로 세력이 약한 문화가 무시되거나 사라지면서 개인의 정체성 혼란이 발생한다.

④ 사회 통합의 어려움 : 서로 다른 문화적 배경을 가진 사람들을 하나로 묶는 것이 어렵다.

(4) 다문화 사회에서의 올바른 태도

① 자문화 중심주의와 문화 사대주의를 극복한다.

② 편견 없이 상대방을 이해하는 태도를 갖는다.

③ 인류의 보편적 가치를 추구한다. 예 인간 존중, 사랑, 평등 등

심화학습 ── **타 문화에 대한 편견 극복**

편견의 의미	어떤 현상이나 집단에 대한 근거 없이 한쪽으로 치우친 생각이나 태도로, 인간 존중 정신에 위배된다.
문화적 차이로 인한 편견	자신의 기준으로 상대방을 일방적으로 판단하거나 상대방의 문화에 대해 잘 알지 못하여 발생한다.
편견의 문제점	• 편견으로 인한 오해, 차별, 비난이 발생할 수 있다. • 타인에게 부당함과 인격적 모욕을 느끼게 한다.

02 문화를 바라보는 태도

1 문화를 바라보는 여러 가지 태도

(1) 문화 상대주의 중요⁺

① 의미
  ㉠ 문화의 다양성을 인정하고 각 문화는 환경과 역사적·사회적 상황에서 이해해야 한다는 관점이다.
  ㉡ 다른 문화를 존중한다고 해서 그 문화를 무 조건 수용한다는 것은 아니다.

> **극단적 문화 상대주의** ▼ 검색
> 인류의 보편적 가치를 해치는 부분까지 문화 상대주의를 적용하는 태도로 바람직 하지 않은 문화 인식 예 이슬람 사회의 명예 살인, 남태평양의 식인 풍습 등

② 문화 상대주의의 장점
  ㉠ 인류 문화 발전에 기여한다.
  ㉡ 각기 다른 문화의 고유한 가치를 이해할 수 있다.
  ㉢ 다문화 사회에서 다양한 문화들이 인정받을 수 있다.

③ 문화 상대주의의 단점
  ㉠ 극단적 문화 상대주의가 발생할 수 있다. → 극단적 문화 상대주의는 존중의 대상이 아님
  ㉡ 인류의 보편적 가치에 어긋나는 것까지 인정할 위험이 있다.
  ㉢ 도덕적 회의주의나 도덕적 상대주의에 빠질 수 있다.
    ⓐ 도덕적 회의주의 : 세상에 절대적으로 옳거나 그른 것이 없다는 생각
    ⓑ 도덕적 상대주의 : 각 사회마다 서로 다른 도덕 법칙이 있으므로 보편적이고 절대적인 도덕 법칙은 없다는 생각

④ 타 문화를 이해하는 태도
  ㉠ 한 사회의 문화는 나름대로 가치와 의미를 가지고 형성된 것으로 모두 존재의 이유가 있다.
  ㉡ 각 문화의 배경이나 그 문화가 공동 체에서 받아들여지는 의미를 이해 한다.
  ㉢ 다른 문화와 비교해서 우열을 가릴 수 없다.

> **바로 바로 CHECK√**
>
> 여러 문화의 다양성을 인정하고 다른 사 회의 문화를 그들의 입장에서 이해하려는 태도를 나타내는 것은?
> ❶ 문화 상대주의　② 문화 절대주의
> ③ 문화 사대주의　④ 자문화 중심주의

⑤ 문화 상대주의의 실천 방법

　㉠ 다른 문화권의 전통과 고유문화에 대한 기본적인 예의를 갖추어야 한다.

　㉡ 관용의 정신 : 나와 '틀린' 것이 아니라 서로 '다른' 것임을 인정한다.

　㉢ 소수 민족의 자율성과 전통을 존중하려는 노력이 필요하다.

(2) 자문화 중심주의(국수주의)

① 의미 : 자신의 문화가 다른 문화보다 우월하다고 믿고, 자기 문화의 기준에 따라 다른 문화를 평가하는 태도이다.

② 장점 : 문화적 주체성을 확립할 수 있고, 사회 통합에 기여한다.

③ 단점 : 국가 사이의 고립이나 다른 문화권과의 갈등을 초래할 수 있다.

(3) 문화 사대주의

① 의미 : 다른 사회의 문화가 자신이 속한 문화보다 우월하다고 믿고 무비판적으로 그것을 동경하거나 숭상하여 자신의 문화에 대해서는 낮게 평가하는 태도이다.

② 장점 : 우수한 문화를 빠르게 흡수할 수 있다.

③ 단점 : 문화적 주체성 상실 및 올바른 문화 교류에 방해가 된다.

2　보편적 규범에 근거한 문화 성찰

(1) 보편적 규범

① 의미 : 시대와 장소를 초월하여 모든 인류가 보편적으로 추구하고 인정하는 가치

　예 존중, 사랑, 평등, 자유 등

② 중요성 : 인류의 보편적 가치에 어긋나는 문화는 인정받을 수 없다.

(2) 문화 상대주의에 대한 오해

도덕적 절대주의	행위의 옳고 그름에 관한 보편적인 기준이 존재한다는 태도
도덕적 상대주의	서로 다른 사회에는 서로 다른 도덕 법칙이 있으며, 옳고 그름은 관점의 문제일 뿐이라고 보는 태도
도덕적 회의주의	세상에는 옳고 그름에 관한 기준이 존재하지 않는다는 태도

(3) 보편적 규범에 근거한 타 문화와 자문화 성찰

① 타 문화 성찰 : 문화 상대주의의 한계를 고려해야 한다. → 문화가 상대적이라고 해서 그 안에 담긴 도덕규범까지 상대적인 것은 아니기 때문임

② 자문화 성찰

    ㉠ 연고주의 문화 : 공정하고 정의로운 사회를 가로막는다.

    ㉡ 가족 이기주의와 다문화 이웃에 대한 배타적 태도 : 다른 사회 구성원들의 인간다운 삶을 해칠 수 있다.

(4) 문화를 바라보는 바람직한 태도

① 세계의 다양한 문화의 특성을 이해하고 인정하는 태도가 필요하다.

② 다른 나라의 문화를 무시하거나 과대평가하지 않는다.

③ 문화를 보편적 규범에 근거하여 비판·수용·개선하도록 한다.

④ 다양한 문화가 조화를 이루어 인류 전체가 함께 공존하고 번영하도록 노력한다.

03 다문화 사회의 갈등

1 다문화 사회에서 발생하는 갈등의 원인과 양상

(1) 갈등의 원인

① 언어, 종교, 가치관, 생활양식 등 문화적 차이를 알지 못하거나 이해하지 못하고 서로 자기 문화만 강조하기 때문이다.

② 문화적 차이를 인정하지 않는 태도가 편견과 고정 관념으로 이어져 서로 다른 문화 간에 갈등이 발생할 수 있다.

(2) 갈등의 양상

① 문화에 따라 다른 예절이나 생활 습관 때문에 생긴 오해가 다툼이나 분쟁으로 이어질 수 있다.

② 외국인 근로자나 다문화 가정의 구성원 중 일부가 차별 대우와 인권 침해의 피해자가 되기도 한다.

2 다문화 사회의 갈등 해결 중요+

(1) 필요성

① 모든 인간은 존엄한 대우를 받아야 하며, 문화가 다르다는 이유로 편견을 가지거나 차별하는 태도는 옳지 않다.

② 다문화 사회의 갈등을 해소함으로써 사회의 안정과 발전을 이끌어 갈 수 있다.

(2) 해결 방안

① 개인적 노력

　㉠ 다양한 지식 습득 : 다른 문화적 배경을 지닌 사람들의 언어, 풍습, 종교 등을 알아보고 이해해야 한다.

　㉡ 존중과 배려의 자세 : 문화적 차이로 어려움을 겪는 사람들을 따뜻하게 배려해야 한다.

　㉢ 다양한 문화 체험 활동 : 다른 문화를 체험하면서 그 문화를 더 폭넓게 이해하고 다른 문화를 인정하고 존중하는 태도를 기를 수 있다.

② 사회적 노력

　㉠ 문화적 배경이 다른 사람들이 서로 소통할 수 있는 사회적 차원의 사업을 기획·시행한다.

　㉡ 서로 다른 각각의 문화를 이해할 수 있는 문화 적응 교육 등을 마련해야 한다.

01 문화의 다양성을 보호하고 증진하는 일이 중요한 이유로 옳지 <u>않은</u> 것은?

① 여러 문화를 경험함으로써 더 나은 삶의 방식을 배울 수 있다.
② 다양한 문화적 경험을 통해 삶을 풍요롭게 만들 수 있다.
③ 우리 문화와 다른 문화를 비교하여 우열을 가릴 수 있다.
④ 문화 교류를 통해 새로운 문화를 창조할 수 있다.

02 다음 중 문화 현상에 해당하는 것은?

① 목이 말라 물을 마셨다.
② 날씨가 갑자기 추워져 몸이 떨렸다.
③ 청양고추를 고추장에 찍어 먹었다.
④ 너무 피곤하여 스르르 잠이 들었다.

03 다음이 나타내는 문화의 속성은?

> 모든 문화는 다른 사람을 만났을 때 형식은 다르지만 반가움을 표현하는 예절을 가지고 있다. 이처럼 인간의 모든 집단에서 나타나는 문화는 공통적인 현상이 있다.

① 문화의 특수성   ② 문화의 다양성
③ 문화의 학습성   ④ 문화의 보편성

04 각 사회의 문화가 다양한 이유가 <u>아닌</u> 것은?

고난도 ① 각 사회마다 서로 다른 자연환경을 가지고 있기 때문에

② 다양한 역사적 경험에 적응하면서 발달했기 때문에

③ 사회마다 추구하는 가치관이 다르기 때문에

④ 인간이면 누구나 가지고 있는 보편적 특성 때문에

04

인간이면 누구나 가지고 있는 보편적 특성은 보편성의 사례에 해당한다. 각 사회의 문화가 다양한 이유는 각 사회마다 자연환경, 역사적 경험, 추구하는 가치가 다양하기 때문이다.

05 다음 중 추구하는 가치관이 달라 나타난 문화의 다양성 사례는?

① 종교적 가르침에 따라 소를 신성시하는 것

② 자연환경의 영향으로 얼음집을 짓고 살아가는 사람들

③ 추운 지방에 사는 사람들이 옷을 많이 입는 것

④ 더운 지방 사람들이 열대과일을 즐겨 먹는 것

05

종교는 사회적 가치관, 신념에 해당한다. 따라서 종교적 신념에 따라 소를 신성시하는 것은 가치관이 달라 나타난 문화의 다양성에 해당한다.
②, ③, ④는 자연환경의 차이에서 발생하는 문화의 다양성이다.

06 자기 문화만 중요하며 다른 문화는 이에 미치지 못한다고 생각하여 자기 문화로 다른 문화를 평가하는 태도는?

① 문화 상대주의   ② 문화 절대주의

③ 문화 사대주의   ④ 자문화 중심주의

06

① 문화 상대주의는 그 사회의 입장에서 문화를 이해하고 존중하는 태도이다.
③ 문화 사대주의는 다른 사회의 문화가 자신의 문화보다 우월하다고 믿고 자신의 문화를 낮추어 보는 태도이다.

07 편견 극복을 위한 자세로 보기 <u>어려운</u> 것은?

① 자신과 다른 문화권의 사람에게 자신의 문화를 강요한다.

② 각 사회에서 문화가 다르게 나타날 수 있음을 인정한다.

③ 다양한 문화에 대한 열린 자세를 갖는다.

④ 다른 문화에 대해 이해하고 존중하는 태도를 지닌다.

07

자신의 문화를 강요하는 것은 자문화 중심주의적 사고로, 문화적 편견에 해당한다.

ANSWER

04. ④   05. ①   06. ④   07. ①

08 세계화 시대에 바람직한 문화 교류의 자세는?

기출 ① 문화의 주체성을 인정하는 자세
② 다른 나라의 문화를 모방하는 자세
③ 국수주의적 입장에서 교류하는 자세
④ 사대주의적 입장에서 교류하는 자세

09 다음 내용 중 옳지 <u>않은</u> 것은?

과난도 ① 다문화 사회의 갈등이 심화하면, 우리 사회를 위협하는 불안 요소가 될 수도 있다.
② 다문화 사회에서 그 사회의 고유한 문화는 옳고 이주민들의 문화는 틀렸다고 볼 수 있다.
③ 문화적 차이에 대한 이해가 부족할 경우 서로 다른 문화적 배경을 가진 사람들 사이에서 갈등이 발생할 수 있다.
④ 다양한 문화 체험 활동에 참여하는 것은 문화 간 공존과 화합을 위한 노력이다.

10 다음 글에서 설명하는 문화를 바라보는 태도로 옳은 것은?

> 자기 문화를 낮게 평가하고 다른 문화를 더 우수한 것으로 여겨 그것을 동경하는 태도

① 도덕적 절대주의 　② 자문화 중심주의
③ 도덕적 상대주의 　④ 문화 사대주의

08
문화의 주체성을 인정하는 자세를 문화 상대주의라고 한다.
②, ④는 문화 사대주의이다.
③ 국수주의란 우리 문화만 우수하게 보고, 다른 문화를 낮추어 보는 문화 인식 태도이다.

09
다문화 사회에서는 자문화 중심주의와 문화 사대주의를 극복하는 올바른 태도를 가져야 한다.

10
문화 사대주의 : 다른 사회의 문화가 자신이 속한 문화보다 우월하다고 믿고 무비판적으로 그것을 동경하거나 숭상하여 자신의 문화에 대해서는 낮게 평가하는 태도이다.

ANSWER
08. ① 　09. ② 　10. ④

11 다문화 사회에서 갈등이 발생하는 원인으로 적절하지 <u>않은</u> 것은?

① 다른 문화의 관점에서 자신의 문화를 성찰하려고 하기 때문이다.

② 문화에 따라 다른 예절이나 생활 습관 때문에 오해가 생기기 때문이다.

③ 서로 자기 문화만을 강조하기 때문이다.

④ 자신과 다른 문화를 틀린 것이라고 생각하기 때문이다.

11

다문화 사회에서 갈등이 발생하는 원인은 서로 다른 문화적 차이를 인정하지 않는 태도가 편견과 고정 관념을 가지기 때문이다.

ANSWER
11. ①

NOTE

03 세계 시민 윤리

학습 point⁺ 세계 시민으로서 요구되는 도덕적 가치를 이해하고, 지구 공동체에서 일어나는 다양한 도덕 문제를 알고 이를 개선하려는 태도에 대해 공부합니다. 지구 공동체 문제를 개선하기 위한 노력 또한 알아두도록 합니다.

01 나는 세계 시민인가?

1 세계화와 세계 시민

(1) 세계화

① 의미 : 인류가 정치, 경제, 사회, 문화 등 여러 분야에서 서로 연결되고 교류가 일상화되는 현상이다.

② 영 향

㉠ 세계 여러 지역의 사람들이 상호 의존적인 관계에 놓이게 되고, 지구촌 전체를 하나의 공동체로 인식하는 움직임이 나타난다.

㉡ 한 국가만의 시민이 아닌 세계 시민의 역할이 강조되고 있다.

지구촌	▾	검색

전 인류가 한마을에 사는 것처럼 가까워진 세계

(2) 세계 시민

① 의미 : 더불어 사는 지구촌을 만들기 위해 다양한 지구촌의 문제를 자신의 문제로 여기고, 이를 해결하기 위해 적극적으로 행동하는 사람

② 바람직한 자세

㉠ 인류 공존과 공동의 문제를 함께 해결하려는 세계 시민주의의 자세가 필요하다.

㉡ 세계 시민주의 자세 속에서 애국심도 의미를 가진다.

㉢ 세계 여러 사람들과 경쟁과 협력의 조화를 이루려는 자세가 필요하다.

㉣ 편견 없는 사고와 열린 마음으로 지구촌의 문제를 해결하려고 노력해야 한다.

02 세계 시민이 직면한 도덕 문제와 해결 방법

1 세계 시민이 직면한 도덕 문제

(1) 빈곤과 기아

① 아동의 노동력 착취 : 일한 만큼의 정당한 대가를 받지 못해 굶주림과 가난으로 생존을 위협받고 있다.

② 교육 받을 기회 박탈 : 일을 하느라 학교에 가지 못하며, 평생 저임금의 직업으로 가난이 대물림된다.

(2) 환경 문제

① 환경을 고려하지 않은 무분별한 개발 및 과도한 에너지 소비로 지구 온난화, 오존층 파괴, 사막화 등 지구 환경이 파괴되고 있다.

② 특정 국가나 지역 문제가 아닌 미래 세대의 생존까지 위협하는 문제이다. → 환경 문제의 발생과 해결의 책임은 모두 세계 시민에게 있음

(3) 폭력과 전쟁

① 국가 간의 영토나 천연자원의 확보를 둘러싼 갈등, 종교나 이념의 대립, 핵무기 및 테러 등의 위협으로 인해 분쟁과 전쟁이 발생한다.

② 안전과 생존을 위협할 뿐만 아니라 평화롭고 인간다운 삶을 살 수 없게 한다.

(4) 문화 다양성의 훼손

① 세계화로 다양한 문화를 접할 수 있게 되었지만, 문화 간 갈등 발생 및 전 세계의 문화가 강대국의 문화로 획일화가 되기도 하였다.

② 세계 여러 지역의 고유한 문화는 삶의 지혜가 축적된 인류 공동의 자산이므로, 문화 다양성의 파괴는 인류 전체에게 큰 손실이다.

2 지구 공동체 문제와 해결 방법

(1) 오늘날 지구 공동체가 겪는 문제

① 경제의 세계화로 인하여 남북 문제와 같은 선진국과 개발도상국 간의 빈부 격차가 확대되고 있다.

② 무분별한 개발과 자원의 낭비는 지구의 환경을 파괴시키고 있다. → 지구 전체의 환경 문제로 이어짐

③ 세계화가 진행되면서 문화 간의 충돌을 일으켜 각 나라의 고유 문화가 훼손·상실되고 있다.

④ 영토 문제, 자원의 확보, 민족·종교적 대립 등으로 인하여 세계 인류 평화가 위협받고 있다.

(2) 지구 공동체 문제를 개선하기 위한 노력 중요⁺

① **개인적 차원** : 자원 절약, 쓰레기 분리 배출, 환경 친화적 소비, 빈곤 국가 후원 등을 실천하여 지구 공동체 의식을 함양한다.

② **국가적 차원** : 지구 공동체 문제를 개선하기 위한 법과 제도를 만들고, 지구 공동체의 문제에 관심을 기울이는 사람들을 지원한다.

③ **국제적 차원** : 국가 간 다양한 국제 협약을 맺거나 다양한 비정부 기구의 활동을 통해 문제 해결을 위해 노력한다.

비정부기구(NGO)	▼	검색

권력이나 이윤을 추구하지 않고 인간의 가치를 옹호하며 시민사회의 공공성을 지향, 활동하는 시민사회단체

실력 탄탄 다지기
실전 예상문제

01 빈칸에 공통으로 들어갈 용어로 옳은 것은?

> ( )란 정치, 경제, 문화 등 사회의 여러 분야에서 전 지구의 인류가 서로 연결되는 현상이다. 교통수단과 정보 통신이 발달하면서 ( )가 더욱 빨라지고 있다.

① 정보화 ② 산업화
③ 세계화 ④ 도시화

02 밑줄 친 말에 해당하지 <u>않는</u> 것은?

> 우리는 세계 곳곳에서 벌어지는 <u>부정의한 일</u>에 분노하고 지구촌 구성원에게 책임 의식을 지녀야 한다.

① 아동 노동 ② 소수 민족 언어 보존
③ 인종 차별 ④ 명예 살인

03 세계화 시대에 우리 민족 문화가 가지는 기능과 거리가 **고난도** 먼 것은?

① 대한민국의 대외적인 이미지를 높일 수 있다.
② 외래 문화의 수용과 흡수를 억제하는 방패막의 구실을 한다.
③ 부가 가치가 높은 문화 산업을 육성함으로써 국가의 부를 증대시킬 수 있다.
④ 과거·현재·미래의 역사를 연결시켜 민족 정체성을 확립하고 세계화에 기여한다.

01

세계화란 정치, 경제, 문화 등 사회의 여러 분야에서 전 지구의 인류가 서로 연결되는 현상을 의미한다.

02

세계 시민이 직면한 도덕 문제 : 빈곤과 기아, 환경 문제, 폭력과 전쟁, 문화 다양성의 훼손 등

03

세계화 시대에 우리 민족 문화를 통하여 대한민국의 대외적인 이미지를 높일 수 있고, 부가 가치가 높은 문화 산업을 육성함으로써 국가의 부를 증대시킬 수 있으며, 과거·현재·미래의 역사를 연결시켜 민족 정체성을 확립하고 세계화에 기여한다. 또한 민족 구성원들에게 향토, 지방, 지역, 국가를 통합하는 기준을 제시하고, 한국인으로서의 정체성을 유지하게 한다.

ANSWER
01. ③ 02. ② 03. ②

04 다음 내용에서 세계 시민이 직면한 도덕 문제로 적절한 것은?

> 어떤 나라의 아이들은 학교에 다니지도 못하고 온종일 농장이나 공장에서 하루 종일 쉴 새 없이 일하고 매일매일 피곤함이 쌓이지만 굶지 않기 위해 내일도 일을 나가야 한다.

① 빈곤 문제　　　　② 지구 온난화
③ 기상 이변　　　　④ 전쟁의 공포

05 오늘날 지구 공동체가 겪는 문제로 적절하지 <u>않은</u> 것은?

① 세계화가 진행되면서 문화 간의 충돌을 일으켜 각 나라의 고유 문화가 훼손·상실되고 있다.
② 영토 문제, 자원의 확보, 민족·종교적 대립 등으로 인하여 세계 인류 평화가 위협받고 있다.
③ 경제의 세계화로 인하여 선진국과 개발도상국 간의 빈부 격차가 줄어들고 있다.
④ 무분별한 개발과 자원의 낭비는 지구의 환경을 파괴시키고 있다.

06 다음 내용 중 옳은 것은?

고난도
① 환경 문제는 현재를 사는 우리에게만 영향을 미칠 뿐 미래 세대에는 영향을 주지 않는다.
② 세계 시민은 자신의 국가를 무엇보다 소중히 여기는 연대 의식을 바탕으로 행동해야 한다.
③ 지구 공동체의 문제를 해결하기 위해 중학생인 우리가 일상생활에서 노력할 수 있는 일은 없다.
④ 세계화 시대에 우리는 세계 여러 지역의 사람들과 상호 의존적인 관계에 놓이게 되었다.

04
빈곤 문제는 경제 및 사회 정의 훼손과 관련된 문제로, 사람들이 인간으로서의 권리를 제대로 보장받지 못하고 사회 정의가 실현되지 못하는 원인이 된다.

05
경제의 세계화로 인하여 남북 문제와 같은 선진국과 개발도상국 간의 빈부 격차가 확대되고 있다.

06
세계화 시대는 세계 여러 지역의 사람들이 상호 의존적인 관계에 놓이게 되고, 지구촌 전체를 하나의 공동체로 인식하는 움직임이 나타난다.

ANSWER
04. ①　05. ③　06. ④

07 지구 공동체 문제를 해결하기 위한 개인적 차원의 적절한 사례로 옳지 <u>않은</u> 것은?

① 지구촌의 이웃을 도울 수 있는 직업을 갖는다.

② 지구 공동체 문제를 개선하기 위한 법과 제도를 만든다.

③ 자원봉사에 적극적으로 참여한다.

④ 국제기구를 통해 후원이나 기부를 한다.

07

②는 국가적 차원에서 지구 공동체 문제를 해결하는 방법이다.

개인적 차원 : 자원 절약, 쓰레기 분리 배출, 환경 친화적 소비, 빈곤 국가 후원 등을 실천하여 지구 공동체 의식을 함양한다.

ANSWER

07. ②

04 도덕적 시민

국가의 발생과 역할, 소극적 국가와 적극적 국가의 차이, 정의로운 국가의 조건에 대해 알아두어야 합니다. 아울러 시민이 갖추어야 할 자질에 대해서도 파악하고, 사익과 공익의 추구, 준법과 공익 증진에 관한 문제는 간혹 출제되므로 반드시 정리하도록 합니다.

01 정의로운 국가

1 국가의 발생과 역할 중요⁺

(1) 국가의 발생에 관한 입장

① 자연 발생설 : 함께 모여 살고자 하는 인간의 사회적 본성에 의해 국가가 자연적으로 생겨났다고 보는 입장이다.
→ 아리스토텔레스

② 사회 계약설 : 국가가 생기기 이전의 자연 상태는 불안하기 때문에, 사람들이 계약을 맺어 생명과 재산을 안전하게 지키기 위해 국가를 만들었다고 보는 입장이다. → 홉스, 로크, 루소

③ 가족 확대설 : 가족이 확대되어 국가가 생겼다고 보는 입장이다.

> **잠깐**
>
> **자연 발생설과 사회 계약설 입장의 공통점**
> • 개인이나 작은 집단의 힘만으로 해결할 수 없는 일들을 국가는 해결할 수 있다.
> • 국민의 생명과 재산을 보호하고 국민이 행복하게 살아가도록 하기 위해 국가가 필요하다.

(2) 국가의 역할 범위

① 소극적 국가관(야경국가)

ㄱ 의미

ⓐ 국민의 생활에 대한 국가의 개입을 최소한으로 줄이는 것이 가장 바람직하다.

ⓑ 개인의 자유를 최대한으로 보장하는 것이 최선이라는 입장이다.

ㄴ 국가의 역할 : 국가는 경찰과 군대의 역할만 수행하여 치안과 국방에만 전념하고 다른 활동에는 개입하지 말아야 한다.

ⓒ 근거

　　ⓐ 제한된 자원으로 어려운 사람들을 돌보는 일에는 한계가 있다.

　　ⓑ 국가의 개입이 개인의 자유와 권리를 침해할 수 있다.

　　ⓒ 국민을 과잉보호하면 국가에 대한 의존성을 키울 수 있다.

② **적극적 국가관(복지 국가)**

　ⓐ 의미 : 국가가 적극적으로 개입하여 모든 국민의 최소한의 인간다운 삶을 보장해야 한다는 입장이다.

　ⓑ 국가의 역할 : 국가는 국민 생활의 어려움을 덜어 주기 위하여 적극적으로 개입하고, 복지 혜택을 제공함으로써 국민의 삶의 질을 개선해야 한다.

　ⓒ 근거

> **바로 바로 CHECK✓**
>
> **다음과 가장 관련 깊은 국가의 역할은?**
>
> • 의무 교육　　　　• 의료 혜택
> • 저소득층 생활비 보조
>
> ❶ 복지 혜택 제공
> ② 국민 권리 축소
> ③ 개인적 자유 통제
> ④ 타국의 침입 방어

　　ⓐ 지나친 자유의 강조는 사회적 불평등을 초래할 수 있다.

　　ⓑ 사회적 약자를 보호함으로써 공정한 경쟁이 보장될 때 인간다운 삶이 실현될 수 있다.

　　ⓒ 모든 국민에게 최소한의 인간다운 삶의 보장은 국가의 의무이다.

③ 소극적 국가관과 적극적 국가관의 장단점

구 분	소극적 국가관	적극적 국가관
장 점	• 경제적 이익의 증가 • 효율성의 증가	국가가 적극적으로 개입하여 빈부 격차나 사회 갈등을 해결
단 점	가난한 사람과 부자 사이의 경제적 불평등이 심화(빈부 격차)	국민들이 국가의 복지 정책에 의존하여 게을러질 수 있음(복지병)

(3) 국가와 국민의 삶의 관계

① 국가는 개인 삶의 기반으로서 국가의 발전은 개인의 풍요로운 삶을 이루게 하고, 개인의 발전은 국가 성장의 원동력이다.

② 보편적 가치를 실현하려고 노력하는 국가에서는 국민이 도덕적인 삶을 살 가능성이 크다.

2 정의로운 국가의 조건

(1) 인간 존엄성 보장

① 전쟁이나 테러, 지진·태풍과 같은 자연재해 등의 재난 상황에서 국민의 생명을 지키고 안전을 보장해야 한다.

② 모든 인간은 인종, 민족, 신분, 성별, 재산 등에 관계없이 그 자체로 존중받아야 하고, 최소한의 인간다운 삶을 누리며 살 수 있도록 해야 한다.

③ 구성원의 인간 존엄성을 보장하는 일은 정의로운 국가의 기본 바탕이다.

(2) 공정한 사회 제도 확립·운영

① 국가는 어떤 제도나 정책을 마련할 때 일정한 절차에 따라 민주적으로 결정하고, 공정하게 운영해야 한다.

② 국가에 의한 피해로부터 구성원 개인의 권리를 지키고 보호할 수 있는 제도적 장치를 마련해야 한다.

(3) 보편적 가치 지향

정의로운 국가의 모습은 사람들마다 생각이 다를 수 있지만, 인권, 자유, 평등, 평화, 복지 등의 가치는 국가가 추구해야 할 보편적 가치이다.

① **인권** : 각자의 몫에 맞게 공정하고 올바른 상태

② **자유** : 다른 사람에게 피해를 주지 않는 범위 내에서 자신의 의지대로 살아갈 수 있는 권리

> **보편적 가치** ▼ 검색
> 인류가 오랜 역사를 거쳐 지속해서 바람직하다고 여겨 온 가치

③ **평등** : 성별, 학력, 경제력과 같은 조건에 관계없이 누구나 동등한 존재로 대우하는 것

④ **평화** : 폭력이나 전쟁, 갈등이 없는 평온한 상태

⑤ **복지** : 사회적 약자를 포함한 모든 구성원이 인간다운 삶을 살아갈 수 있도록 제도적으로 지원하는 것

02 시민이 갖추어야 할 자질

1 바람직한 시민의 모습

(1) 시민의 의미

① 한 국가의 주권자로서 권리와 의무를 갖고 국가의 여러 가지 일에 참여하는 사람

② 자발적이고 능동적으로 자신이 속한 공동체에 대해 고민하고, 책임을 다하는 자율적이고 주체적인 사람

> 시민 ▼ 검색
>
> 민주적 공동체의 구성원으로서 헌법이 보장하는 모든 권리와 의무를 지는 자유로운 사람

(2) 바람직한 시민이 갖추어야 할 자질

① 배려와 공감의 자세

　㉠ 서로의 다름을 이해하고 상대방의 입장에서 생각하는 자세가 필요하다.

　㉡ 다른 사람을 배려하지 않거나 서로의 입장에 공감하지 못하면 갈등이 발생하거나 심화할 수 있다.

② 민주적 절차 존중하는 태도

　㉠ 공동체의 의사를 결정할 때 다양한 의견을 외면하고 민주적 절차를 무시하면 사회적 갈등과 혼란이 생긴다.

　㉡ 시간이 걸리더라도 민주적 절차를 통해 나온 결과를 따르려는 태도가 필요하다.

③ 사익과 공익을 조화롭게 추구 **중요⁺**

　㉠ 사익을 지나치게 추구(→ 타인에게 피해를 줄 수 있음)하거나, 공익을 지나치게 강조(→ 개인의 희생을 강요하는 문제가 생길 수 있음)하는 것 모두 바람직하지 않다.

　㉡ 공익을 해치지 않는 범위 안에서 사익을 추구하려는 노력을 할 때 개인과 공동체 모두의 발전과 행복을 이룰 수 있다.

> **바로 바로 CHECK✓**
>
> **지나친 사익 추구의 문제점은?**
> ❶ 타인에게 피해를 준다.
> ② 공동체의 발전에 기여한다.
> ③ 많은 사람이 이익을 얻는다.
> ④ 개인보다 공동체를 중시한다.

2 시민이 갖추어야 할 바람직한 애국심

(1) 애국심의 의미

① 애국심 : 자신이 속한 나라를 사랑하고, 나라에 헌신하려는 마음

② 시민에게 필요한 바람직한 애국심

  ㉠ 자기 나라를 제대로 알고 그것을 적극적으로 알리려는 자세를 가진다.

  ㉡ 세계 속에서 우리 국가 공동체의 발전을 추구한다.

  ㉢ 국가가 잘못된 길을 가려고 할 때 이를 바로잡는 태도를 가진다.

  ㉣ 자신의 민족과 국가를 사랑할 뿐만 아니라, 세계 시민으로서 열린 마음을 가지고 인류를 사랑하며 평화를 추구한다. – 세계 시민주의

> **참깐**
>
> **잘못된 애국심**
> • 국수주의, 자문화 중심주의 : 자기 나라만이 최고라고 생각하거나, 다른 나라에 대해 이유 없이 거부감을 가지는 것
> • 자기 나라에 이익이 될 경우 도덕적이지 않은 일에 눈감는 경우
> • 국가 간에 불필요한 갈등을 일으키는 경우

③ 중학생으로서 나라 사랑을 실천하는 길

  ㉠ 국가를 소중하게 여기는 마음을 가진다.

  ㉡ 자신의 능력을 기르고, 국가와 민족의 발전에 필요한 역량을 키운다.

  ㉢ 국가 상징물(국기, 국가, 국화)에 대하여 관심을 가진다.

  ㉣ 국가와 민족을 위해 헌신하고 희생한 애국선열들께 감사하는 마음을 가진다.

  ㉤ 통일을 위한 지혜와 힘을 모으기 위해 노력한다.

  ㉥ 남을 배려하고, 소외된 이웃들에게 관심을 가진다.

(2) 시민에게 필요한 바람직한 애국심

① 인류의 보편적 가치에 따라 옳고 그름을 가려 분별력 있게 나라를 사랑하는 마음을 가진다. → 맹목적이고 배타적인 애국심 경계

> 배타 ▼ 검색
> 나와 다른 것을 거부하여 밀어 내침

② 세계 시민으로서 세계 인류의 평화와 행복을 바라야 한다.

03 준법과 공익 증진

1 법의 역할과 준법의 중요성

(1) 법의 의미

① 질서를 유지하고 사회가 유지되기 위해 정의 실현을 목적으로 하는 국가의 강제력을 수반하는 사회 규범이다.

사회 규범	▾	검색
사회 질서를 유지하기 위해 정해 놓은 태도나 행동의 기준		

② 국가의 구성원이 반드시 지켜야 하는 공동생활의 기준이다.

(2) 법의 역할

① 개인의 권리 보장

    ㉠ 개인의 자유와 권리를 보장해 준다.

    ㉡ 개인의 생명이나 재산 등을 보호해 준다.

    ㉢ 안정된 삶을 살 수 있게 해준다.

② 사회 질서 유지

    ㉠ 사고나 범죄로부터 사람들을 보호하고 안전하게 살아갈 수 있게 해 주며 사회 질서를 유지해 준다.

    ㉡ 우리가 살아가는 환경을 보호하며 쾌적한 환경에서 살아갈 수 있게 해 준다.

(3) 준법의 중요성

법을 지키면 개인의 권리를 보호하고 공익을 실현할 수 있다.

2 준법과 시민 불복종

(1) 준법의 의미와 필요성 중요⁺

① 준법의 의미 : 준법이란 법을 지키는 것이다.

② 준법의 필요성 : 개인의 자유와 평등 및 안전의 보장, 사회 질서 유지, 정의로운 사회 형성을 위해 적극적인 준법 의식이 필요하다.

(2) 시민 불복종의 의미

① 기본권을 침해하는 부당한 법에 대항하여 이를 폐기 또는 개정하기 위해 해당 법을 위반하는 행위를 말한다.

② 국가에 의한 인간의 자유와 권리 침해를 거부하면서 공동선을 목적으로 정당성을 잃은 국가 권위에 공개적·비폭력적 불복종하는 것이다.

③ 즉, 국가가 잘못된 방향으로 갈 때 이를 합법적인 방법으로 막을 수 없는 경우, 국민은 국가에 대한 복종을 거부할 권리가 있다.

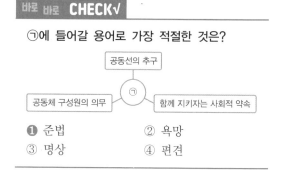

바로 바로 CHECK√

㉠에 들어갈 용어로 가장 적절한 것은?

공동선의 추구

공동체 구성원의 의무 — ㉠ — 함께 지키자는 사회적 약속

❶ 준법 ② 욕망
③ 명상 ④ 편견

(3) 시민 불복종의 정당화 요건과 사례

① 시민 불복종의 정당화 요건 중요⁺

㉠ 개인의 이익이 아닌 사회 전체의 이익(공동선)을 추구해야 한다.

㉡ 폭력을 사용하지 않는 평화로운 방법을 사용해야 한다.

㉢ 더 나은 대안을 제시하기 위한 것에 초점을 맞춰야 한다.

㉣ 현재의 법에 저항하는 위법 행위이므로 최후의 수단으로 사용되어야 하며, 처벌을 감수해야 한다.

㉤ 의도적으로 거부하는 법률에 한해 어기는 것이어야 한다. → 다른 법률과 국가의 권위는 인정

② 시민 불복종의 사례

㉠ 간디의 '소금의 행진' : 영국의 식민지 정책에 비폭력 불복종 운동의 형식으로 저항하였다.

㉡ 마틴 루터 킹의 '흑인 민권 운동' : 흑인들의 인종 차별을 정당화하는 부당한 법에 항의하였다.

㉢ 4·19 혁명 : 이승만 대통령의 장기 집권과 독재, 부정부패로 인해 국민들의 분노가 극에 달해 전국적인 시위로 확산되었다.

01 바람직한 국가의 역할을 〈보기〉에서 고른 것은?

〈보기〉

㉠ 국민의 생명 보호	㉡ 집단 간의 갈등 조성
㉢ 국민 삶의 질 향상	㉣ 특권층의 이익 극대화

① ㉠, ㉡
② ㉠, ㉢
③ ㉡, ㉣
④ ㉢, ㉣

01
국가의 기능과 역할로는 국민의 안전 보장과 신변을 보호하며, 삶의 질을 향상시키는 것이다.

02 정의로운 국가가 지향해야 할 가치 중 다음 내용에 해당하는 것은?

다른 사람에게 피해를 주지 않는 범위 내에서 자신의 의지대로 살아갈 수 있는 권리를 말한다.

① 평등
② 인권
③ 자유
④ 복지

02
① 평등 : 성별, 학력, 경제력과 같은 조건에 관계없이 모든 인간을 동등한 존재로 대우하는 것
② 인권 : 각자의 몫에 맞게 공정하고 올바른 상태
④ 복지 : 사회적 약자를 포함한 모든 구성원이 인간다운 삶을 살아갈 수 있도록 제도적으로 지원하는 것

03 국가가 해야 하는 일로 옳지 않은 것은?

① 국민의 보호
② 공동의 규범, 법 제정
③ 식민지의 확보
④ 집단 간의 갈등 해결

03
국가의 역할
• 외부의 침입으로부터 국민 보호
• 개인이나 집단 간의 갈등을 조정하고, 개인과 개인, 개인과 집단, 집단과 집단 간의 협력을 가능하게 함
• 그 나라에서 통용되는 공통의 규칙과 규범을 정함
• 모든 국민의 인간다운 생활을 보장하기 위해 여러 가지 노력을 기울임

ANSWER
01. ② 02. ③ 03. ③

04 다음 내용과 가장 관계 깊은 국가의 기능은?

기출

> 좌측 통행을 할 것인가, 우측 통행을 할 것인가 하는 문제, 또는 시장 거래에서 어떤 척도를 쓸 것인가 하는 문제 등을 조정할 필요가 있다.

① 인간다운 생활 보장
② 공동의 규칙과 규범 제정
③ 편안한 삶을 위한 치안 유지
④ 개인이나 집단 간의 갈등 해결

04
국가는 그 나라에서 통용되는 공동의 규칙과 규범을 정하여 원활한 경제 활동 및 사회적 기능의 활성화를 가능하게 한다.

05 다음 중 소극적 국가관의 역할을 〈보기〉에서 모두 고

고난도 르면?

> 보기
> ㉠ 최저 생계비 지원   ㉡ 치안 유지
> ㉢ 무료 주택 보급   ㉣ 대학 졸업생 취업 소개
> ㉤ 범죄자 처벌

① ㉠, ㉣
② ㉡, ㉤
③ ㉠, ㉢
④ ㉢, ㉣

05
㉠, ㉢, ㉣은 국가가 적극적 역할을 담당하는 복지 국가에서의 역할이다.

06 시민 불복종 운동의 사례를 찾은 것으로 옳지 <u>않은</u> 것은?

① 간디의 비폭력 불복종 운동
② 노동계의 임금협상을 요구하는 운동
③ 마틴 루터 킹 목사가 주도한 흑인 인권 운동
④ 여성의 참정권을 획득하기 위한 미국의 시민운동

06
시민 불복종 운동 : 국가에 의한 인간의 자유와 권리 침해를 거부하면서 공동선을 목적으로 정당성을 잃은 국가 권위에 공개적·비폭력적 불복종하는 것이다.

ANSWER
04. ② **05.** ② **06.** ②

07 을이 설명하는 이론은?

기출

국가는 어떻게 만들어졌을까?

홉스는 자연 상태에서의 인간은 각자의 이익만을 추구하여 위험하므로 이를 극복하고자 계약을 맺고 국가를 만들었다고 주장했어.

갑   을

① 사회 계약설   ② 국가 정복설
③ 왕권 신수설   ④ 직업 소명설

08 다음 내용에서 빈칸에 공통으로 들어갈 말로 적절한 것은?

> 사익과 공익의 조화를 이루기 위해서는 국가 구성원으로서 (   )을 함양해야 한다. 우리는 다른 사람과 서로 도움을 주고받으며 살아갈 때 행복을 누릴 수 있다. 다른 구성원과 더불어 살아가려는 (   )은 사익과 공익을 함께 고려하려는 자세의 밑바탕이 된다.

① 자아 정체성   ② 적성
③ 공동체 의식   ④ 자존감

09 다음 중 법의 역할로 알맞은 것은?

① 개인 간에 발생한 분쟁을 해결해 준다.
② 물건을 구입하는 과정에서 발생한 피해를 보상받게 해 준다.
③ 개인의 생명과 재산을 보호해 준다.
④ 환경을 관리하고 환경 파괴와 오염을 예방해준다.

10 다음 중 시민 불복종의 조건이 <u>아닌</u> 것은?

① 국가 권력에 의해 국민의 기본권을 침해당한 경우 시민 불복종 운동을 할 수 있다.

② 공개적이고 평화적인 방법을 통해 시민 불복종 운동을 전개해야 한다.

③ 시민 불복종의 목적은 사익이 아닌 공동선을 목적으로 해야 한다.

④ 시민 불복종은 의도적으로 법을 어기는 것으로, 국가의 모든 법에 저항하는 것이다.

10

시민 불복종은 의도적으로 법을 어기는 것은 맞지만, 기본권을 침해하는 부당한 법에 저항하는 것이지 국가의 모든 법에 저항하는 것은 아니다.

11 민주 시민의 기본 정신을 〈보기〉에서 모두 고른 것은?

기출

> 보기
>
> ㉠ 규범을 지키는 것
> ㉡ 민주적 절차를 따르는 것
> ㉢ 소수의 의견을 무시하는 것
> ㉣ 개인의 이익을 우선적으로 추구하는 것

① ㉠, ㉡ 　　　　② ㉠, ㉣

③ ㉡, ㉢ 　　　　④ ㉢, ㉣

11

민주 시민의 기본 정신으로는 생명과 인권 존중, 규범과 법 준수, 민주적 절차를 따르는 정신 등이 있다.

ANSWER
10. ④　11. ①

NOTE

05 사회 정의

 정의로운 사회를 추구하는 이유를 알고, 공정한 경쟁의 조건과 부패 행위를 예방하는 방법에 대해 이해하고
차분히 학습하도록 합니다.

01 정의로운 사회를 추구하는 이유

1 사회 정의

(1) 사회 정의의 의미 중요⁺

① 일반적 의미 : 사회를 구성하고 유지하는 규칙이나 제도가 공정한 것을 말한다.

② 과거 : 공동체의 법과 규칙을 준수하거나 각자에게 그의 몫을 분배하는 기준이다.
→ 개인적 측면

③ 현재 : 누구에게나 공평하고 차별 없이 대하는 공정성의 의미가 강하다. → 사회적 측면

(2) 사회 정의 실현을 위한 조건

① 인간으로서 갖는 기본적인 권리를 동등하게 보장받고, 제한받지 않아야 한다.

② 능력이나 노력에 따라 공정한 분배가 이루어져야 하고, 사회적 약자에 대한 우선적
배려가 있어야 한다.

③ 사회 구성원들이 합의하는 절차를 준수해야 한다.

(3) 사회 정의의 필요성

① 모든 구성원의 최소한의 인간다운 삶을 보장하기 위해 필요하다.

② 갈등과 분쟁을 원만히 해결하여 사회 구성원들의 조화와 협력을 이끌어내기 위해
필요하다.

(4) 정의로운 사회의 모습

① 모든 구성원은 자유와 평등을 보장받으며, 누구도 구성원의 삶을 침해해서는 안 된다.

② 모든 구성원은 동등하게 인간다운 삶을 보장받는다. → 복지의 실현

③ 모든 구성원들이 적극적으로 사회에 참여하고, 사회 통합과 발전을 위해 노력한다.
→ 공동선(공공선)의 존중

02 공정한 경쟁의 조건

1 공정한 경쟁의 원인

(1) 경쟁의 발생 원인

인간의 욕구는 무한하나 자원은 한정되어 있어 인간의 모든 활동에는 경쟁이 발생한다.

(2) 경쟁의 두 가지 측면

① 긍정적 측면

㉠ 개인적 측면 : 개인의 능력을 신장시키고, 개인의 가치를 높일 수 있으며, 경쟁을 통해 가치 있는 것들을 얻음으로써 윤택한 삶을 살 수 있다.

㉡ 사회적 측면 : 국가 경쟁력을 높여 정치·경제 발전을 이룰 수 있다.

② 부정적 측면 : 경쟁이 심하면 사회적 불평등의 심화와 경쟁 당사자 간의 대립으로 인한 사회 혼란이 야기되고, 결국 사회 정의가 파괴되어 사회적 갈등이 발생한다.

(3) 불공정한 경쟁의 문제점

① 정직하게 경쟁에 참여하는 사람들이 손해를 보거나, 서로를 불신하게 된다.

② 이는 사회 구성원들 사이에 갈등이 발생하게 되므로 사회 질서와 통합을 유지하는 데 방해가 된다.

| 경쟁 | 검색 |

같은 목적을 놓고 이기려고 서로 겨루는 것

2 공정한 경쟁의 조건과 공동체 발전

(1) 공정한 경쟁의 조건 중요⁺

① 경쟁 당사자들이 스스로 공정한 경쟁을 해야 한다는 생각을 가지고 있어야 한다.

② **절차의 공정성** : 사회적 합의를 통한 공정한 절차와 과정이 있어야 하고, 경쟁에 참여하는 모든 사람들에게 공평한 기회가 제공되어야 한다. → 다른 사람보다 불리한 위치에 있는 사람들에게도 적절한 기회가 제공되어야 함

③ **결과의 정당성** : 정당한 방법으로 경쟁에 승리한 사람에게는 그 결과에 맞는 유리한 보상이 주어져야 하고, 부당한 방법으로 승리한 사람은 보상에서 제외되거나 처벌을 받도록 한다.

④ 공정한 경쟁을 위한 사회적인 제도나 규칙이 필요하다.

(2) **공정한 경쟁과 정의로운 사회** : 공정한 사회 제도 아래에 공정한 경쟁이 이루어질 때 정의로운 사회를 만들 수 있다.

심화학습 공정한 경쟁을 돕는 법과 제도

국민 기초 생활 보장법	국가가 생활이 어려운 사람들에게 기초 생활을 보장하고, 스스로 살아가는 능력을 기르도록 하기 위해 만든 법
여성 할당제	여성에게 일정 비율을 보장하는 제도로, 정치·경제·교육·고용 등 각 부문에서 채용이나 승진 시 일정한 비율을 여성에게 할당하는 제도
장애인 의무 고용 제도	장애인의 고용 기회를 넓히기 위해 국가, 지방자치체뿐 아니라 회사나 공공 기관에서 일정 비율의 장애인을 일정 비율 이상 고용하도록 의무를 부과하는 제도
지역 균형 선발 제도	취업·입시 등에서 상대적으로 환경이 열악한 지역의 사람들에게 취업·교육의 기회를 제공하는 제도

03 부패의 원인과 예방법

1 부패의 의미와 문제점 중요⁺

의미	• 개인의 이익을 위하여 자신의 권위나 권한을 부당하게 이용하는 행위 • 불법이나 탈법을 통해 이루어지며, 간혹 법의 허점을 이용해 공정하지 못한 방법을 이용하거나 처벌을 피하는 경우도 있다.
문제점	• 공정하지 못한 방법을 통해 타인의 권리와 이익이 침해될 수 있다. • 사회적 불신으로 인해 사회 질서 유지와 사회 통합 및 발전을 저해한다. • 국제 사회에서 부패 국가로 인식되어 국제적 비난을 받고 국가 신용도가 하락한다. 　→ 국가의 경쟁력 약화는 심각한 사회·경제적 문제를 일으킴 • 사회의 도덕성 및 정의에 대한 혼란이 발생하면서 구성원 개인의 도덕성까지 훼손될 수 있다.

2 부패의 원인

(1) 개인의 이기심과 이기주의

공익을 해치면서까지 권력이나 명예, 경제적 이익 등을 남들보다 더 쉽게 얻거나 좀 더 많이 얻으려는 욕심 때문에 발생한다.

(2) 제도의 잘못된 운용과 비합리적인 사회 제도

부패 예방을 위한 제도가 갖추어지지 않았거나, 부패 행위에 대한 처벌이 제대로 되지 않아 발생한다.

(3) 사회의 잘못된 풍토

연고주의, 정실주의, 물질 만능 주의, 권위주의적 사회 분위기, 결과 지상주의, 잘못된 사회 관행 등을 허용하는 사회 분위기 때문이다.

정실주의	▼	검색
사사로운 정이나 관계에 이끌리는 태도		

3 부패 행위의 해결 방법

(1) 개인적인 측면

① 공직에 있는 사람은 스스로 청렴 의식을 높이고, 국민은 부패 행위가 일어나지 않도록 적극적인 감시 활동을 한다. 중요⁺

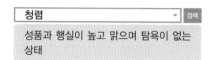

청렴 ▾ 검색

성품과 행실이 높고 맑으며 탐욕이 없는 상태

② 잘못된 관행을 버리고 의식의 전환이 필요하다.

(2) 사회적인 측면

사회 정책이나 제도를 통해 부정부패 및 비리를 저지른 사람에 대한 강력한 처벌과 통제를 가해야 한다.

실전 예상문제

01 사회 정의에 대한 설명으로 옳지 <u>않은</u> 것은?

① 현대 사회에서 사회 정의는 주로 효율성의 의미가 강하다.

② 정의는 공정한 사회를 이루기 위해 반드시 필요한 기본적인 덕목이다.

③ 사회 규칙이나 제도가 공정할 때 사회 정의가 실현되었다고 볼 수 있다.

④ 과거에는 공동체의 법과 규칙을 준수하는 것, 각자 몫을 분배하는 것을 의미하였다.

01

현대사회에서는 공정한 사회 규칙이나 제도를 통해 사회 구성원 모두를 공평하고 차별 없이 대하는 것을 사회 정의라고 말한다. 즉, 공정성의 의미가 강하다.

02 다음에서 설명하는 용어는?

기출

> 공정한 사회를 이루는 데 반드시 필요한 것으로 사회규칙이나 제도가 공평하고 차별이 없음을 의미한다.

① 부정부패　　　　② 자유방임

③ 사회 정의　　　　④ 경제적 불평등

02

사회 정의
사회를 공평하고 올바르게 구성하는 공정성의 원리로, 사회적으로 옳고 그름을 평가하고 판단하는 기준이다.

03 다음 제도가 지키고자 하는 사회 정의의 실현 조건은?

> 장애인 차별 금지법은 모든 생활 영역에서 장애를 이유로 한 차별을 금지하는 법으로, 장애인을 차별할 경우 가해자에게 차별 중지와 피해 원상 회복 등의 명령이 내려지게 된다.

① 절차의 준수　　　　② 공정한 분배

③ 기본권의 동등한 보장　④ 사회 구성원 간의 합의

03

사회 정의를 실현하기 위해서는 인간다운 삶을 살기 위해 필요한 기본권이 동등하게 보장되어야 한다. 장애인 차별 금지법은 장애를 지닌 사람들의 기본권을 동등하게 보장하기 위해 만든 제도이다.

ANSWER

01. ① **02.** ③ **03.** ③

04 정의로운 사회를 추구해야 하는 이유로 옳지 <u>않은</u> 것은?

① 신뢰하고 협력하는 공동체를 조성하기 위해

② 공정한 분배를 위해

③ 기본적 권리를 동등하게 보장하기 위해

④ 특정 구성원의 인간다운 삶을 유지하기 위해

05 다음 사상가들이 공통적으로 설명하고자 하는 것은?

고난도

> • "같은 것은 같게, 다른 것은 다르게."
> – 아리스토텔레스
>
> • "능력에 따라 일하고, 필요에 따라 분배한다."
> – 마르크스
>
> • "최소 수혜자에게 최대의 이익이 보장될 때 불평등
> 은 허용된다." – 롤스

① 분배의 기준   ② 평등의 정의

③ 절차적 정의의 기준   ④ 평등과 불평등의 차이

06 공정한 경쟁을 위한 노력으로 적절하지 <u>않은</u> 것은?

① 경쟁의 과정에서 사회적 약자를 배려한다.

② 경쟁의 과정과 결과를 동시에 고려해야 한다.

③ 경쟁이 과열되지 않도록 서로 적당히 봐주며 한다.

④ 부정부패를 해결하고 공정한 경쟁 환경을 마련한다.

07 다음 중 공정하다고 볼 수 있는 사례로 가장 적절한
것은?

① 입학 자격이 안 되는 사람이 부모님이 교수로 있는
학교에 입학하였다.

② 시험 장소에 계단밖에 없어서 휠체어를 탄 사람이
제시간에 시험을 치르지 못했다.

③ 노력을 많이 한 사람이 더 많은 보상을 받았다.

④ 성별로 인한 편견으로 취업에서 어려움을 겪었다.

04

사회 정의는 모든 구성원의 최소한의 인간다운 삶을 보장하기 위해 필요하다.

05

제시된 내용은 "무엇을 어떤 기준에 따라 분배할 것인가?", 즉 분배의 기준에 대한 대답이다.

06

공정한 경쟁을 위해서는 경쟁의 절차와 결과가 정당해야 한다. 또한 공정한 경쟁의 환경을 마련하고, 경쟁의 결과와 관계 없이 인간으로서의 기본적인 삶을 유지할 수 있도록 해야 한다.

07

사회 정의는 능력이나 노력에 따라 공정한 분배가 이루어져야 한다.

ANSWER

04. ④ **05.** ① **06.** ③ **07.** ③

08 **기출** 부패의 윤리적 문제점으로 옳은 것만을 〈보기〉에서 모두 고른 것은?

> **보기**
> ㉠ 부패는 사회 통합과 발전을 저해한다.
> ㉡ 부패는 타인의 권리와 이익을 침해한다.
> ㉢ 부패는 개인의 청렴만으로 예방할 수 있다.

① ㉠, ㉡ 　　　　② ㉠, ㉢
③ ㉡, ㉢ 　　　　④ ㉠, ㉡, ㉢

08

부패의 문제점
· 공정하지 못한 방법을 통해 타인의 권리와 이익이 침해될 수 있다.
· 사회적 불신으로 인해 사회 질서 유지와 사회 통합 및 발전을 저해한다.
· 국제 사회에서 부패 국가로 인식되어 국제적 비난을 받고 국가 신용도가 하락한다.
· 사회의 도덕성 및 정의에 대한 혼란이 발생하면서 구성원 개인의 도덕성까지 훼손될 수 있다.

09 부패 행위의 원인을 〈보기〉에서 모두 고르면?

> **보기**
> ㉠ 혈연, 지연, 학연 등의 연고주의
> ㉡ 비합리적이고 복잡한 사회 제도
> ㉢ 개인의 이익만을 추구하는 이기심
> ㉣ 물질 만능 주의, 직업 윤리 의식의 결여

① ㉠, ㉡ 　　　　② ㉡, ㉣
③ ㉡, ㉢, ㉣ 　　　④ ㉠, ㉡, ㉢, ㉣

09

㉠, ㉡, ㉢, ㉣은 모두 부패 행위의 원인이다.

10 다음과 같은 행위의 문제점으로 볼 수 <u>없는</u> 것은?

> 　최근 극심한 취업난으로 인해 취업을 하기 위하여 청탁비리를 하는 사례가 증가하고 있다. 한 기업에서 근무하고 있는 A 씨는 "능력이 아닌 회사 내부의 친분이나 직위를 이용하여 직원을 뽑는 경우가 많다."라고 말했다.

① 사회 통합과 발전을 가로막는다.
② 개인과 사회의 도덕성을 훼손한다.
③ 사회 구성원들 간의 신뢰가 무너진다.
④ 사회 전체를 위해 지출되는 비용이 줄어든다.

10

부패 행위는 개인과 사회의 도덕성을 훼손하며, 공정한 규칙을 파괴함으로써 타인의 권리나 기회를 침해하게 된다.

ANSWER
08. ① 09. ④ 10. ④

Chapter

06 북한 이해

 북한 사회의 특징, 북한을 바라보는 관점, 북한 이탈 주민의 생활과 통일 과제에 대해 학습하고 정리합니다. 북한 주민들의 생활에 관한 문제는 종종 출제되었으므로, 그 내용을 숙지하도록 합니다.

01 북한을 바라보는 관점

1 북한 사회의 특징 중요⁺

집단주의 · 전체주의	사회나 국가와 같은 전체의 이익을 위해 개인의 권리, 이익을 제한할 수 있다는 사상이다.
독재 체제	조선 노동당을 이끄는 통치자 1인에게 모든 권력이 집중되어 있다.
중앙 집권적 계획 경제 체제	국가와 집단이 생산 수단을 소유하며, 모든 경제 활동을 조절하고 통제한다.
사회주의 대가정 체제	북한 사회 전체를 하나의 가정으로 보고, 수령 · 당 · 인민의 관계를 아버지와 어머니, 자녀의 관계와 같기 때문에 당과 수령을 향해 충성할 것을 강조한다.

2 북한을 바라보는 바람직한 관점

(1) 균형 있는 시각 갖기

① 경계의 대상

    ㉠ 북한과의 분단 현실을 간과하고 북한을 화해와 협력의 대상으로만 여기면 자칫 국가 안보를 위협할 수 있다.

    ㉡ 그러나 인도적 지원과 대화 자체를 중단하지 말고, 자주 만나 대화하면서 함께 발전하고 통일로 가는 길을 찾는 것이 중요하다.

② 협력의 대상

    ㉠ 북한을 단지 경계의 대상으로만 여기고 적대시하면 남북한 공동의 평화와 번영을 이끌어 가기 어렵다.

ⓛ 일방적 지원보다는 상호 교류를 통해 서로 도움이 되는 길을 모색해야 한다.

③ 남북이 호혜적 관계 속에서 통일로 나아가려면 북한을 균형 있게 이해해야 한다.

호혜(互惠)	▼	검색
서로 특별한 혜택을 주고받는 일		

(2) 객관적으로 이해하기

① 북한과 관련된 문제를 무조건 부정적으로 보거나, 무조건 긍정적으로만 이해하는 것은 바람직하지 않다.

② 북한이 처한 대내외 환경을 분석하고 북한의 구체적인 실제 모습을 바탕으로 있는 그대로 바라볼 수 있어야 한다.

(3) 보편적 가치에 근거한 판단하기

① 민주주의, 자유, 인권, 복지 등의 보편적 가치 기준의 잣대로 북한을 판단하는 자세가 필요하다.

② 시대와 장소가 달라져도 변하지 않는 보편적 가치를 근거로 북한을 이해해야 한다.

보편적 가치	▼	검색
인간의 존엄성, 자유, 평등 등과 같이 시대와 장소를 초월하여 언제나 존중되어야 할 가치		

02 북한 주민들의 생활 중요⁺

1 북한 주민들의 생활 모습

(1) 북한의 일상생활

① 사회주의 국가로 대부분이 국가에서 지정해 주는 일터에 소속되어 있다.

② 생활총화와 같은 정치 교육을 받는다.
전체주의적 교육, 우상화 교육

③ 가정의 사회화 기능 강조 : 가정을 기초적인 생활 태도 형성을 위한 사회화의 수단으로 파악한다.

생활총화	▼	검색
북한 주민들이 당이나 근로 단체와 같은 조직에서 각자의 업무와 생활을 반성하고 상호 비판하는 모임		

④ 의식주 생활

의생활	• 국가의 배급에 의해 옷을 받아 옷차림이 비교적 획일적이었다. • 경제난으로 배급이 중단되면서 개인이 구입하여 입고 있다.
식생활	• 식량도 국가의 배급이 원칙이다. • 1990년대 경제난으로 배급 체계가 붕괴되면서 텃밭, 장마당을 통해 구입한다.
주생활	• 주택은 국가 예산으로 건립되는 집단 소유물로 개인 소유를 금지한다. • 계층과 지위에 따른 임대 형식으로 거주한다. — 돈을 주고 좋은 집으로 이사

심화학습 〉 북한의 의생활 변화

• 1970년대 : 남자는 인민복, 여자는 하얀 저고리에 검정 통치마
• 1970년대 후반 : 서양식 의복 등장
• 1989년 평양 축전 이후 : 여성들의 옷차림이 화려해짐
• 1990년대 이후 : 민족 전통의 구호 아래 전통적 복장을 다시 강조
• 2000년대 : 패션성장기로 구분되는데 2001년 평양에서 한복디자이너 이영희의 패션쇼가
  개최되었고, 2002년 이후부터 매년 봄 평양에서 패션쇼가 개최됨. 이 시기에 귀걸이 및
  액세서리 착용이 확대됐고, 2008년 남성들 사이에서 '슬림룩'의 양복이 유행

(2) 북한의 경제생활

① 사회주의 경제 체제

  ㉠ 재산의 개인적 소유와 처분을 인정하지 않는다.

  ㉡ 원칙적으로 모든 생산 수단과 생산물은 국가, 협동단체의 소유이며, 개인이 소유
    할 수 없다.

  ㉢ 개인의 자유로운 경제 활동이 불가능하다.

② **중앙 집권의 계획 경제** : 국가 계획 위원회에서 국가의 모든 경제 활동을 조절·통제
하고, 물건의 가격도 국가가 결정한다.

③ 공산주의적 평등 분배를 원칙으로 하지만 실제로는 계층별로 차별적 배급을 실시하
여 주민들 간에 소비 생활 불평등이 존재한다.

④ 중공업 우선 정책으로 인해 생필품 보급의 불균형을 초래한다.

⑤ 북한의 경제난

  ㉠ 계획 경제 체제로 인해 생산성이 낮다.

ⓛ 주변 사회주의 국가들의 붕괴로 교역 대상국이 축소했다.

ⓒ 핵 문제로 주변국과 갈등을 겪으면서 국제 사회의 경제 봉쇄로 고립되었다.

ⓔ 개선 노력 : 실리 사회주의 추구 → 부분적으로 시장 경제 기능 도입

(3) 북한의 정치 생활 중요⁺

① 노동당 중심 : 모든 국가 정책을 조선 노동당이 지도·통제하는 1당 독제 체제로, 권력 분립이나 견제와 균형이 이루어지지 않는다.

② 주체사상 : 국제 정세 변화 속에서 북한의 독자적인 입장을 강조한 사상으로 김일성과 김정일 지배 체제를 합리화하는 도구로 사용한다.

③ 선군 정치 : 군대를 사회의 중심에 두고, 군사나 군대의 논리와 행동 원칙이 다른 모든 것에 우선한다는 원칙이다.

> 선군 정치 [검색]
> 북한에서 군을 우선하는 통치 방식

④ 사회주의 대가정론 : 사회 전체를 하나의 커다란 가정으로 보고, 어버이-수령, 어머니-당, 자녀-인민의 관계로 본다.

⑤ 정치 기구 : 형식적으로 삼권 분립의 모습이지만 실질적으로 노동당이 최고 통치 기관이다.

바로 바로 CHECK√

북한에서 입법권을 행사하는 최고의 기관은?
① 노동당　　② 정무원
❸ 최고 인민 회의　④ 중앙재판소

구 분	남 한	북 한
입법부	국회	최고 인민 회의
행정부	정부	내각
사법부	법원	재판소

(4) 북한의 교육

① 교육 목표 : 주민의 혁명화, 노동 계급화, 공산주의화를 목표로 사회주의 국가를 건설하는 데 헌신하는 인재를 키우는 것이다.

② 12년의 무상·의무 교육 : 유치원 높은 반 1년, 소학교 5년, 중학교 6년

> **잠깐**
> **북한의 교육 제도**
> • 유치원(2년 : 낮은 반 1년, 높은 반 1년) → 소학교(5년) → 중학교(6년 : 초급 3년, 고급 3년) → 대학(중학교 졸업자 중 10% 진학)
> • 중학교 졸업 후 군 입대, 직장 배치 후 대학에 진학하는 경우가 많다.

③ 공산주의적 인간 형성을 목표로 한 정치 사상 교육을 한다.

④ 생산 활동과 결합된 교육을 강조한다.

⑤ 최근에는 과학 기술 교육, 체육 교육, 외국어·컴퓨터 등 실용적인 교육을 강조한다.

(5) 북한의 사회·문화생활

① 집단주의 원칙 중요⁺

    ㉠ 개인의 이익보다 집단의 이익을 우선
시하는 원칙으로, 개인주의와 이기
주의는 철저히 배격한다.

    ㉡ 어려서부터 의무적인 집단생활을 통
해 집단주의 원칙을 사회생활의 기초
로 한다.

② 조직화된 일상생활

    ㉠ 생후 3개월 : 탁아소

    ㉡ 청소년 : 소년단, 청년 동맹

    ㉢ 성인 : 직업 총동맹, 농업 근로자 동맹

    ㉣ 전업주부 : 민주 여성 동맹

    ㉤ 퇴직자 : 인민 동맹

> **잠깐**
>
> **북한 헌법에 규정된 북한의 집단주의**
>
> 제63조 : 조선민주주의 인민 공화국에서 공민의 권리와 의무는 '하나는 전체를 위하여, 전체는 하나를 위하여'라는 집단주의 원칙에 기초한다.

> **바로 바로 CHECK√**
>
> 다음에서 설명하는 북한 사회의 특징은?
>
> '하나는 전체를 위하여, 전체는 하나를 위하여'라는 구호를 실천함
>
> ① 개인주의   ② 이기주의
> ③ 자유주의   ❹ 집단주의

심화학습 북한 주민의 조직 생활

명 칭	대 상	명 칭	대 상
조선 소년단	소학교, 중학교(1~4학년)	김일성 사회주의 청년 동맹	중학교(5~6학년), 청년
조선 직업 총동맹	직업을 가진 성인	조선 농업 근로자 동맹	농업에 종사하는 성인
조선 민주 여성 동맹	직업이 없는 부녀자	인민반	쉬고 있거나 정년퇴직한 사람

③ 북한의 문화 : 문화 활동은 주민들을 주체사상으로 무장시키고, '우리식 사회주의'를 발전시키기 위한 수단으로 활용한다.

　㉠ 행사나 모임에서 노래 부르기를 좋아한다.

　㉡ TV시청 : 교양 프로그램이나 김정은 현장 지도 소식 등이 주로 방송된다.

　㉢ 최근 남한의 드라마가 비밀리에 유통되고 있다.

　㉣ 북한의 연예인 : '대중 예술인'으로 불리며 뛰어난 활동성과 당성을 국가로부터 인정받은 인민배우, 공훈배우는 차관급 대우를 받는다.

④ 북한의 언어생활

　㉠ 문화어 : 평양 말을 중심으로 노동 계층이 쓰는 말 – 남한의 표준어

　㉡ 남북한 언어의 이질화 통합 노력 : '겨레말 큰사전' 편찬(2005)

(6) 북한 주민들의 인식 변화

① 남한에 대한 인식 개선 : 과거에는 남한을 경계 대상으로 파악하였으나, 현재는 남북한 문화 교류의 증가로 인해 협력의 대상으로 인식하기 시작했다.

② 자본주의적 성향 : 경제적 이윤을 위해 장사를 하고 텃밭을 가꾸는 사람이 늘어났다.

2 우리에게 북한 주민이라는 존재

(1) 남북한의 공통점과 이질화

① 공통점 : 북한은 우리와 공통의 역사·전통과 문화·언어를 공유하고 있는 한민족이다.

② 이질화 : 분단 이후 오랫동안 교류 없이 지내다 보니 서로 다른 모습이 나타나고 있다.

(2) 북한 주민이 우리에게 지니는 의미

① 북한 주민은 민족 공동체를 형성하기 위해 함께 노력해야 할 동반자이며, 통일을 이루는 과정에서 서로 돕고 협력해야 하는 대상이다.

② 우리는 북한 주민이 어떻게 살아가고 있는지 관심을 가져야 한다.

03 북한 이탈 주민의 생활과 통일 과제

1 북한 이탈 주민의 의미와 중요성

(1) 의 미

북한에 주소, 직계 가족, 배우자, 직장 등을 두고 있는 사람으로서 북한을 벗어난 후 외국의 국적을 취득하지 아니한 사람을 말한다.

(2) 중요성

① 북한 이탈 주민이 남한 사회에 적응하는 모습과 과정을 보면서 통일 후 발생할 수 있는 문제를 미리 파악하고 대비할 수 있게 해 준다.

② 북한 이탈 주민은 남한과 북한의 생활을 모두 경험한 사람들로서, 통일 이후 남북한 주민의 통합에 도움을 줄 수 있는 소중한 인적 자원이다.

(3) 북한 이탈 주민이 발생하는 이유

① 1990년대 이후 식량난과 경제난의 증가로 중국 등 제3국을 통한 입국이 증가했다.

② 북한의 강압적인 독대 체제와 폐쇄적인 사회로부터 자유를 찾고 더 나은 삶을 위해 북한을 떠났다.

2 북한 이탈 주민들이 겪는 어려움과 해결하기 위한 노력

(1) 북한 이탈 주민들이 겪는 어려움

① 심리적 어려움

    ㉠ 북한에 두고 온 가족에 대한 그리움과 죄책감

    ㉡ 새로운 생활에 대한 불안감

    ㉢ 남한 주민들의 무관심과 냉정함

    ㉣ 사회 정착 과정에서 느끼는 소외감과 열등감

    ㉤ 사회적인 편견

② 경제적 어려움

  ㉠ 남북한의 제도·문화적 차이로 취업이 어려움 → 자본주의 경쟁 체제와 사회주의 경제

   체제 간 차이

  ㉡ 경제적 기반을 모두 북에 두고 남한으로 내려왔지만 자기 능력을 발휘할 기회를 얻기 어려움

  ㉢ 직업을 갖기 힘들어서 경제적 어려움을 겪고 있음

③ 문화적 어려움

  ㉠ 가치관의 차이에서 오는 문화적 충격 → 개인주의와 집단주의 간 차이

  ㉡ 낯선 외래어 사용 등 문화 적응의 어려움

④ 차별 대우

  ㉠ 남한 사회에서 한국인으로 대우하지 않음

  ㉡ 사회적 편견과 차별로 부당한 대우를 받음

(2) 북한 이탈 주민의 어려움을 해결하기 위한 노력 ^{중요}

① 북한 이탈 주민에 대한 직업 훈련이 실제 일자리로 연결될 수 있는 방안을 마련해야 한다.

② 북한 이탈 주민에게 안정적인 주거 시설을 마련해 준다.

③ 북한 이탈 주민은 편견과 차별에 시달리는 경우가 많은데, 이들에 대한 편견은 버리고 이들이 겪는 어려움에 공감해야 한다.

④ 북한 이탈 주민의 언어 사용 어려움을 해결하기 위해 우리말을 배울 수 있는 교육의 기회를 제공한다.

⑤ 북한 이탈 주민들에게 따뜻한 격려와 위로를 해 주고 그들의 심정을 이해하려 노력한다.

3 통일을 위한 우리의 과제

(1) 바람직한 통일 방법

① 남북한 주민들의 이질적 가치관과 생활 양식의 조화를 추구한다.

② 서로를 존중하고 인정하는 토대 위에서 한민족의 정체성을 정립한다.

③ 통일 비용에 대한 긍정적인 자세를 확립한다.

④ 지속적인 교류와 협력, 이웃으로 배려하는 자세를 확립한다.

(2) 통일을 위해 필요한 우리의 자세

① 통일 문제를 긍정적으로 보고 관심을 가져야 한다.

② 내가 통일 시대의 주역이라는 사명감을 가져야 한다.

③ 북한 주민들을 인정하고 존중하는 태도를 가지고 평화 의식을 기른다.

④ 자유 민주주의에 대한 확고한 신념과 올바른 안보관을 확립해야 한다.

01 다음 설명이 말하는 북한의 경제 체제는?

> • 국가가 모든 경제 활동을 조절하고 통제한다.
> • 개인의 재산 소유와 처분을 인정하지 않는다.
> • 자유로운 경제 활동을 인정하지 않는다.

① 시장 경제   ② 자유주의

③ 국가주의   ④ 계획 경제

02 북한 이탈 주민들이 겪는 어려움이 <u>아닌</u> 것은?

고난도

① 사회적 - 같은 동포에 대한 따뜻한 배려

② 심리적 - 북한에 두고 온 가족에 대한 그리움과 죄책감

③ 경제적 - 남북한 제도, 문화의 차이로 인한 취업의 어려움

④ 문화적 - 가치관의 차이, 외래어 사용으로 인한 의사소통 문제

03 다음 중 북한 경제난의 원인이 <u>아닌</u> 것은?

① 계획 경제로 인한 생산성 저하

② 실리 사회주의를 바탕으로 한 노력

③ 핵 문제로 인한 경제 봉쇄

④ 사회주의 국가 붕괴로 인한 교역 대상 축소

04 다음 중 북한 주민들의 집단생활 연결이 바른 것은?

① 인민 학교 학생 - 김일성 사회주의 청년 동맹

② 직업을 가진 여성 - 여성 동맹

③ 직업을 가진 성인 - 직업 동맹

④ 대학생 - 소년단

01

북한의 경제 체제는 사회주의 계획 경제 체제로 개인의 사유 재산 및 경제 활동의 자유를 인정하지 않으며, 시장 가격이 아닌 국가의 계획과 명령으로 경제 문제를 해결하는 경제 체제이다.

02

북한 동포에 대한 배려는 북한 이탈 주민을 돕기 위한 자세이지 어려움은 아니다. 사회적 어려움으로는 남한 사회에서 한국인으로 대우해 주지 않는 점 등이 있다.

03

실리 사회주의를 바탕으로 한 노력들은 시장 경제 체제의 기능을 도입하는 것으로 경제난을 극복하기 위한 방안이다.

04

① 인민 학교 학생 → 소년단
② 직업이 없는 여성 → 여성 동맹
④ 대학생 → 김일성 사회주의 청년 동맹

ANSWER

01. ④   02. ①   03. ②   04. ③

05 다음 내용에서 알 수 있는 북한 사회의 특징은?

기출

- 사회주의 대가정론
- '하나는 전체를 위하여, 전체는 하나를 위하여'

① 개인주의   ② 자본주의

③ 집단주의   ④ 실용주의

05 집단주의에 대한 설명으로 개인 생활과 공적 조직 생활이 구분되지 않는다.

06 북한 사회의 특징으로 <u>잘못된</u> 것은?

① 개인의 자유로운 경제 활동이 불가능하다.
② 통치자는 인민의 민주적인 정치 참여를 보장한다.
③ 주변 사회주의 국가들의 붕괴로 교역 대상국이 축소했다.
④ 개인의 이익보다 집단의 이익을 우선시한다.

06 북한은 모든 국가 정책을 조선 노동당이 지도·통제하는 1당 독제 체제로, 주민들에게는 그 결정에 따를 것을 요구하기 때문에 북한 인민들은 민주적인 방식으로 정치에 참여할 수 없다.

07 오늘날의 북한 사회에 대한 설명으로 옳은 것을 〈보기〉에서 고른 것은?

보기

㉠ 인권 억압으로 국제 사회의 비판을 받고 있다.
㉡ 3대 세습을 추진하면서 내부 통제가 완화되고 있다.
㉢ 북한을 이탈하는 주민의 수가 감소하고 있다.
㉣ 식량과 물자 부족으로 어려움을 겪고 있다.

① ㉠, ㉡   ② ㉠, ㉣

③ ㉡, ㉢   ④ ㉢, ㉣

07 ㉡ 북한은 3대 세습을 추진하면서 내부 통제를 더욱 강화하고 있다.
㉢ 북한을 이탈하는 탈북자의 수가 증가하고 있다.

A N S W E R
05. ③   **06.** ②   **07.** ②

08 통일을 이루기 위한 노력으로 바람직하지 <u>않은</u> 것은?

기출 ① 우리 사회 내부의 안정과 발전
② 군비 확장을 통한 군사 대국화 추구
③ 성숙한 시민 의식과 지속적인 경제 성장
④ 남북한 상호 불신감 해소와 이해의 자세

08

통일을 위한 노력
• 오해와 불신을 제거하고 상호 신뢰와 화해 관계 회복
• 상호 이해와 존중의 바탕 위에서 민족 문제에 접근
• 서로의 차이를 인정하고 서로의 처지를 이해
• 북한의 부정적인 측면만을 노출시켜 강조하는 태도 지양

07 통일 윤리 의식

 남북 분단의 문제점, 바람직한 통일의 과정, 통일과 세계 평화에 기여하는 자세에 대한 내용을 정리해 두어야 합니다. 우리 민족이 통일을 해야 하는 이유는 자주 출제되었으니, 기본개념을 정확히 학습하는 것이 중요합니다.

01 도덕적으로 바라본 통일의 필요성

1 남북 분단의 문제점 중요⁺

(1) 개인적 차원의 문제

① 이산가족과 실향민, 북한 이탈 주민의 고통

㉠ 이산가족 : 6 · 25 전쟁을 전후하여 월남하였다가 가족의 품으로 돌아가지 못했거나 전쟁 중 납북되어 가족과 헤어지게 된 사람들이 생겼다.

㉡ 북한 이탈 주민 : 일가족이 모두 남한으로 넘어오지 못하면서 새로운 이산가족이 되는 경우가 생겼다.

㉢ 실향민 : 북녘 땅이 고향인 사람들도 고향을 갈 수 없는 고통을 겪고 있다.

② 휴전 협정으로 인한 불완전한 평화 → 두려움, 긴장감 고조

③ 인명 피해 및 삶의 터전 상실

(2) 국가 · 민족적 차원의 문제

① 군사적 대결로 인한 손실

㉠ 민족의 평화로운 삶을 위협하고 있다.

㉡ 과도한 국방비 지출로 인한 경제적 손실이 생긴다.

㉢ 민족의 국제적 위상이 약화되었다. → 국가 이미지 : 부정적

② 사회적 손실

㉠ 자원의 비효율적 활용 : 남북의 경제 협력이 제한되어 사라지는 경제 효과

㉡ 반도국의 장점을 활용하지 못하여 나타나는 물류비용의 손실이 생긴다.

㉢ 젊은이들의 군 생활로 인한 사회적 손실이 생긴다.

③ 경제적 손실

분단 비용	남북한 사이의 대결과 갈등으로 지출되는 유·무형의 비용 예 국방비, 물류비, 이산가족의 고통 등	소모되는 비용 (지속적으로 소모)
평화 비용	현재의 평화 상태를 유지하고 관계를 발전시켜 통일로 나아갈 수 있는 기반을 마련하기 위한 비용 예 남북 교류 비용	투자 비용 (초기 비용은 크지만 일정 기간이 지나면 감소)
통일 비용	통일을 달성하는 과정에서 필요한 비용 예 통일 정부 구성 비용 등	

④ 민족의 이질화로 인한 손실

ㄱ 일상생활의 이질화 : 남북한의 이념적 차이가 일상생활의 차이로 이어진다.

ㄴ 언어 차이 : 언어의 이질화로 의사소통에 문제가 발생한다.

ㄷ 남남 갈등 : 남한에서 북한을 바라보는 관점에 따른 이견으로 남한 내의 대립, 갈등이 증가한다.

(3) 국제 정세에 미치는 영향

① 남북 분단은 동북아시아 평화의 위협 요소가 된다.

② 한반도를 둘러싼 주변국들의 이해관계 충돌은 세계 평화의 위협 요소가 된다.

2 통일을 해야 하는 도덕적 근거 중요+

(1) 민족의 동질성 회복

① 민족 공동체 형성 : 언어, 문화생활, 체제에 대한 차이점을 줄여 나가야 한다.

② 열린 민족주의 지향 : 한민족의 주체성을 바탕으로 다른 민족의 평화와 안정을 위해 적극 노력하는 새로운 민족주의를 지향한다.

(2) 경제 발전과 복지 사회 건설

① 남북한의 경제적 통합 : 남한의 기술과 자본 + 북한의 지하자원과 노동력

② 균형적인 지역 발전 : 전 국토를 효율적으로 이용한다. → 국민들의 활동 무대가 넓어지면 남북의 인구 밀도가 고르게 분포되고, 지역 환경 문제도 해결할 수 있음

③ 대륙과 해양의 연결 : 한반도의 지리적 장점을 회복하여 동북아시아 시대의 평화와 번영에 중요한 역할을 할 수 있다.

(3) 보편적 가치 실현

① 남북한 주민 모두 자기 의지대로 행동하는 자유의 가치를 실현하는 일이다.

② 통제와 억압 속에서 인권을 침해당하고 있는 북한 주민의 인간 존엄성을 보장하는 일이다.

(4) 인도주의적 측면

통일은 이산가족과 실향민의 아픔과 고통을 해소하여 인도주의를 실현할 수 있다.

(5) 지정학적 측면

대륙과 해양을 연결하는 중요한 역할을 할 수 있다.

(6) 평화적 측면

전쟁과 같은 공포가 없는 평화를 구현하는 일이기도 하다.

> **바로 바로 CHECK√**
>
> 우리 민족이 통일을 해야 하는 이유가 <u>아닌</u> 것은?
> ① 세계 평화에 기여
> ❷ 이념적 대립의 심화
> ③ 민족의 동질성 회복
> ④ 이산가족 문제 해결

02 통일 한국의 모습

1 우리가 꿈꾸는 통일 한국의 모습

(1) 바람직한 통일의 과정

① 상호 신뢰와 친밀감 형성에서 시작하여 교류와 점진적 통합을 위해 노력한다.

② 흡수 통일이나 정치 지도자들의 정치적 결단, 무력에 의한 통일은 바람직하지 않다.

③ 쉬운 영역(경제·사회·문화)에서부터 시작해 어려운 영역(정치·군사 제도)의 통합을 추진한다.

(2) 통일 한국의 모습

① 긍정적 모습

  ㉠ 통일 후 평화가 정착되면서 여러 분야에서 국가 경쟁력이 높아진다.

  ㉡ 경제가 발전하고, 복지 혜택이 늘어나며, 관광 자원 등도 풍부해진다.

  ㉢ 통일은 단순히 분단 이전 상태로 돌아가는 것이 아니라 새로운 내일로 도약하는 것이다.

② 부정적 모습

  ㉠ 국가 제도와 경제적 기반을 갖추는 데 많은 비용이 소비되어 경제적 어려움이 생길 수 있다.

  ㉡ 남북의 경제력 차이로 인한 빈부 격차, 생활 수준의 차이가 발생할 수 있다.

  ㉢ 생활 방식이나 사고방식의 차이로 인한 갈등으로 이질감 극복의 어려움이 생길 수 있다.

2 통일 한국의 바람직한 미래상 중요⁺

(1) 인간 존엄성 보장

인권, 평등, 복지, 자유라는 보편적이며 핵심적인 가치를 함께 구현함으로써 남북한 주민의 인간 존엄성을 보장하는 통일 한국을 만들어 가야 한다.

(2) 자유 민주주의 정립

① 통일 직후 남북한 주민들 사이에 발생하는 갈등을 평화롭게 해결하려면 서로의 처지를 이해하고 조정할 수 있는 민주적 절차가 필요하다.

② 남북 주민이 자발적으로 참여하고 다양한 의견을 모을 수 있는 자유 민주주의 체제를 바로 세워야 한다.

(3) 자유 경제 활동 보장

① 엄청난 군사비 등 분단 때문에 소요된 비용이 경제 개발과 복지 분야에 투입되면 일자리가 많이 만들어지고 삶의 질이 보다 향상될 것이다.

② 각자의 관심과 능력에 따라 자유롭게 직업을 선택하고 최선을 다하면 경제가 성장할 수 있고, 이러한 성장의 혜택을 복지 제도를 통해 모든 구성원과 나눌 수 있다.

심화학습 **통일 비용의 비교**

- **통일 비용 = 투자 비용** : 통일에는 일정한 비용이 들지만, 도로, 공장 건설 등에 쓰는 통일 비용은 미래의 이익 창출을 위한 투자 비용이다.
- **통일 비용 < 분단 비용** : 국방비·외교비와 같은 분단 비용은 분단 기간이 길어질수록 규모가 점차 커지지만, 통일 비용은 통일 전후 한시적으로 발생한다.
- **통일 비용 < 통일 편익** : 통일하는 순간부터 여러 분야에서 체제 통합에 따른 다양한 이익이 발생하는데, 통일 편익은 통일 이후 계속 발생하므로 통일 비용보다 매우 클 것으로 예상한다.

※ 통일 편익 : 통일로 인하여 얻게 되는 경제적·비경제적 보상과 혜택이다.

(4) 민족 문화를 발전시키는 나라

① 민족 문화를 개방적이고 진취적으로 발전시키는 나라여야 한다.

② 폐쇄적이고 획일적인 문화는 지구촌 시대의 다문화 환경 속에서 통일 한국의 발전을 도모하기 어렵다.

③ 이웃 나라와 더 자유롭게 교류할 수 있게 되어 생각의 폭이 넓어지고, 다양한 문화도 자연스럽게 받아들일 수 있다.

④ 고유의 문화를 소중히 여기면서도 다양성을 존중하는 성숙한 국가가 될 수 있다.

(5) 세계 평화를 지향하는 국가

① 통일 한국은 국가적 역량을 키워 주변 국가들과 평화로운 관계를 유지해야 한다.

② 세계 시민의 인권 증진과 세계 평화 실현에 기여하며, 국제 사회에서의 책임과 역할을 다할 수 있다.

03 통일과 세계 평화에 기여하는 자세

1 통일과 세계 평화

(1) 전쟁에 대한 불안

남북한은 분단 상황에서 군사적으로 대립하고 있어 언제 전쟁이 일어날지 모르는 위험에서 남북한 주민들은 때때로 불안을 느끼며 살고 있다.

(2) 남북한 평화와 세계 평화의 관계

① 북한의 핵 실험 등 세계 평화를 위협하는 요인을 없애려면 우리는 통일을 이루어야 한다.
② 남북의 분단 상황은 동북아시아를 비롯한 세계 여러 나라에도 영향을 주기 때문에 통일은 한반도의 전쟁 가능성을 근본적으로 제거하여 세계 평화와 인류의 공동 번영에 이바지할 수 있다.

2 세계 평화를 실현하는 통일을 이루기 위한 자세

(1) 평화로운 통일을 이루어야 하는 까닭

무력 통일은 구성원의 인간다운 삶을 해칠 뿐만 아니라 세계 평화를 위협하기 때문에 구성원의 인간다운 삶을 보장하고 세계 평화에 이바지하는 평화 통일을 이루어야 한다.

(2) 평화 통일을 이루기 위한 우리의 자세

① 다름을 인정하고 포용하는 자세
  ㉠ 오랜 기간 서로 다른 이념과 체제하에 생활해 온 남북한은 서로의 문화를 인정하고 이해하려고 노력해야 한다.
  ㉡ 남북한은 역사를 공유하는 민족 공동체로서 서로 포용하며 조화를 이루어야 한다.
② 단계적으로 교류·협력하는 자세
  ㉠ 남북한이 서로 공감할 수 있는 언어·역사·예술 분야부터 시작하여 경제 분야로 교류와 협력의 폭을 점차 넓혀 나갈 수 있다.

　ⓛ 이를 통해 서로 신뢰를 회복한다면 정치·군사 분야까지 나아가 교류·협력하여 긴장 상태를 완화하고 평화 통일을 이룰 수 있을 것이다.

③ 화해와 공동 번영을 추구하는 자세 : 남북한의 대립을 극복하고 주변 국가와의 평화로운 공존을 모색할 때, 통일 국가를 이룰 수 있다. → 세계 속의 통일 한국으로 거듭나는 동시에 함께 번영할 것이다.

심화학습 〉 남북한의 교류·협력을 위한 노력

1) 7·4 남북 공동성명(1972)

　분단 이후 최초의 남북한 합의서를 통해 통일의 3원칙(자주, 평화, 민족 대단결) 합의

2) 남북 기본 합의서(1992)

　① 남북 관계 개선과 평화 통일의 기본 틀 제시

　② 남북 화해, 상호 체제 인정 및 존중, 남북 불가침, 남북 교류와 협력 등을 합의

3) 6·15 남북 공동 선언(2000) – 제1차 남북 정상 회담

　① 분단 이후 최초로 남북 정상 회담 개최

　② 통일 문제를 당사자인 우리 민족끼리 해결해야 한다는 것에 합의

　③ 통일 문제, 이산가족 문제, 경제 협력 등을 합의

4) 10·4 남북 공동 선언(2007) – 제2차 남북 정상 회담

　① 6·15 남북 공동 선언의 구체적 실천에 대해 합의

　② 남북한 경제 발전을 위한 구체적 합의와 관련된 내용을 담음

5) 4·27 남북 공동 선언(2018) – 제3차 남북 정상 회담

　① 핵심 의제 : 한반도 비핵화, 한반도 평화 정착, 남북관계 발전 등

　② '한반도의 평화와 번영, 통일을 위한 판문점 선언' 발표

01 통일을 해야 하는 이유로 적절하지 <u>못한</u> 것은?

기출
① 민족의 분열을 막기 위해
② 민족 문화의 이질성을 심화시키기 위해
③ 동북아시아와 세계 평화에 기여하기 위해
④ 이산가족들의 인간적인 삶의 문제를 해결하기 위해

02 분단으로 인한 폐해로 적절하지 <u>않은</u> 것은?

① 민족의 이질화 심화
② 소모적인 군비 경쟁
③ 남북한의 다양한 교류
④ 우리 민족의 국제적 위상 약화

03 통일 한국의 바람직한 미래상이 <u>아닌</u> 것은?

고난도
① 다양성보다는 고유의 문화를 소중히 여겨야 성숙한 국가가 될 수 있다.
② 남한의 자본과 기술력이 북한의 지하 자원을 만나 경제가 발전할 수 있다.
③ 통일 한국은 국가적 역량을 키워 주변 국가들과 평화로운 관계를 유지해야 한다.
④ 폐쇄적이고 획일적인 문화는 지구촌 시대의 다문화 환경 속에서 통일 한국의 발전을 도모하기 어렵다.

04 다음 내용 중 옳은 것은?

① 도덕적 관점에서 통일은 아무런 노력 없이도 이루어질 수 있다.

② 분단 상황으로 민족의 국제적 위상이 약화되었다.

③ 분단의 상황을 유지할수록 남북한은 동질성을 유지할 수 있을 것이다.

④ 남북 분단은 동북아시아에 평화를 가져왔다.

04
분단 상황으로 민족의 국제적 위상이 약화되어 국가 이미지는 부정적이 되었다.

05 진정한 평화에 관한 설명으로 맞지 <u>않는</u> 것은?

① 오랜 시간이 흐르면 저절로 실현되는 것이다.

② 불합리한 차별과 불평등이 없는 상태이다.

③ 모든 구성원들이 평등하게 인간다운 삶을 누릴 수 있는 상태이다.

④ 전쟁이나 분쟁이 없는 것도 진정한 평화 중 하나이다.

05
① 시간이 흐르면 저절로 실현되는 것이 아니라 모든 사람이 인간답고 행복한 삶을 살 수 있도록 진정한 평화를 실현하기 위해 노력하는 자세를 지녀야 한다.

06 통일을 바라보는 긍정적 모습이 <u>아닌</u> 것은?

고난도

① 통일은 단순히 분단 이전 상태로 돌아가는 것이 아니라 새로운 내일로 도약하는 것이다.

② 국가 제도와 경제적 기반을 갖추는 데 적은 비용이 소비된다.

③ 통일 후 평화가 정착되면서 여러 분야에서 국가 경쟁력이 높아진다.

④ 경제가 발전하고, 복지 혜택이 늘어나며, 관광 자원 등도 풍부해진다.

06
② 국가 제도와 경제적 기반을 갖추는 데 많은 비용이 소비되어 경제적 어려움이 생길 수 있다.

ANSWER
04. ② **05.** ① **06.** ②

07 다음 내용의 빈칸에 들어갈 말은?

> 직접적인 폭력이 없을 뿐만 아니라 사회적 · 제도적 차원에서 인간다운 삶을 살 수 있는 권리가 보장되는 상태를 (   )이/라고 한다.

① 소극적 평화
② 사회적 평화
③ 진정한 평화
④ 적극적 평화

07

적극적 평화
• 자유, 평등, 정의 등의 원리에 따라 모든 사람에게 삶의 질을 보장하는 상태
• 물리적 · 신체적 폭력뿐만 아니라 사회적 · 구조적 폭력도 제거된 상태

08 다음 설명이 공통으로 가리키는 것은?

> 통일을 이루는 과정과 남북 교류에 필요한 비용, 북한에 대한 지원 비용, 통일 후 경제 개발과 사회 통합을 위한 비용 등이 포함된다.

① 통일 비용
② 기회비용
③ 분단 비용
④ 통일 편익

08

통일 비용
남북한이 통일된 이후 남한이 북한 경제가 자립할 수 있을 때까지 지원해야 하는 비용이나 통일 정부가 북한의 경제 수준을 남한의 수준 정도로 올려놓기까지 투자해야 하는 비용을 말한다.

09 통일 후 예상되는 문제점으로 옳지 <u>않은</u> 것은?
① 남북한 지역 갈등
② 남북의 경제력 차이로 인한 갈등
③ 공산주의와 자본주의 간의 이념 갈등
④ 생활 방식 및 사고방식의 차이로 인한 이질감

09

남북 간의 이념 갈등은 분단의 원인이지만, 통일 후 갈등 요소로는 적합하지 않다.

※ 통일 후 예상되는 문제점
  국가 제도 및 기반 시설에 들어가는 많은 비용, 남북의 경제력 차이로 인한 사회적 갈등, 남북 간의 문화적 이질감

ANSWER
07. ④   08. ①   09. ③

01 인간의 존엄성과 관련된 설명으로 옳지 <u>않은</u> 것은?

① 인간은 누구나 소중한 존재이다.

② 인간은 누구나 존엄하게 대우받아야 한다.

③ 인간은 차별받지 않아야 한다.

④ 인간 존중은 만 19세 이상부터 적용되는 개념이다.

01
인간의 존엄성이란 인간이라는 이유만으로 존엄하게 대우받아야 함을 의미하는 것으로, 태어나는 순간부터 부여되는 권리이다.

02 인권에 대한 설명으로 옳지 <u>않은</u> 것은?

① 인권은 인간이 가지는 기본적 권리이다.

② 천부적 권리 또는 자연권이라고 볼 수 있다.

③ 현재의 인권은 자유권을 강조하고 있다.

④ 인권에는 사람답게 살 권리가 들어간다.

02
자유권을 강조했던 것은 1세대 인권(시민 혁명기)의 모습이다. 이후 인권의 개념이 확대되어 오늘날은 사회권이나 집단적·보편적 인권의 개념이 강조되고 있다.

03 사회적 약자를 배려하기 위한 방안으로 옳지 <u>않은</u> 것은?

고난도 ① 사회 구성원 모두가 사회적 약자에 대한 편견을 버리도록 노력한다.

② 사회적 약자에게 사회 참여 기회를 제공한다.

③ 소외되고 차별받는 사람을 다른 나라로 보낸다.

④ 마음으로부터 사회적 약자를 우리 사회 구성원으로 인정한다.

03
사회적으로 소외되고 차별받는 사람들도 우리 사회의 구성원으로, 사회적 약자에 대한 관심과 배려가 필요하다.

04 다음 중 성차별에 대한 설명으로 옳지 <u>않은</u> 것은?

① 성차별은 성 역할에 대한 고정 관념에서 발생한다.

② 성차별의 대상은 여성에게 한정되어 있다.

③ 생물학적 성을 기초로 남성, 여성에게 가해지는 사회적 편견이다.

④ '신랑감은 능력이 뛰어나야 하고 신붓감은 외모가 예뻐야 한다.'는 성차별에 해당한다.

04
성차별은 여성에게 주로 나타났지만, 남성에게도 나타날 수 있다. 예를 들면 "남성은 대범하고 용감해야 한다.", "가정의 생계는 남성의 몫이다." 등은 남성에 대한 성차별에 해당한다.

ANSWER
01. ④ 02. ③ 03. ③ 04. ②

05 양성평등을 위해 갖추어야 할 태도로 옳은 것은?

① 성에 대한 편견을 갖는다.

② 서로의 인격을 존중한다.

③ 자신의 성을 더 중요하게 여긴다.

④ 남성과 여성의 모든 차이를 없앤다.

05

양성평등이란 남녀 모두의 권리, 의무, 자격에 차별이 없음을 의미한다. 이러한 양성평등은 서로에 대한 인격 존중에서 시작된다.

06 자문화 중심주의의 문제점으로 옳은 것은?

① 문화적 주체성을 잃을 수 있다.

② 집단 구성원들이 자신의 문화를 포기할 수 있다.

③ 다른 문화를 무비판적으로 동경하게 된다.

④ 다른 문화와의 교류를 방해한다.

06

자문화 중심주의는 자신의 문화만을 강조하는 문화 인식 태도로 다른 문화의 수용을 어렵게 만든다.

①, ②, ③은 문화 사대주의에서 나타날 수 있는 문제점이다.

07 다문화 사회의 갈등을 해결하기 위한 자세로 옳지 않은 것은?

① 이주민의 삶에 공감하는 자세

② 다른 문화에 대한 관용의 자세

③ 문화의 우열을 가리는 자세

④ 이주민을 배려하는 자세

07

서로 다른 문화를 비교해 우열을 가리는 것은 갈등을 해결하기 위한 자세로 옳지 않다.

08 문화를 바라보는 태도로 바람직하지 않은 것은?

① 다양한 문화가 조화를 이루어 인류 전체가 함께 공존하고 번영하도록 노력한다.

② 세계의 다양한 문화의 특성을 이해하고 인정하는 태도가 필요하다.

③ 모든 문화는 비판 없이 존중해야 한다.

④ 다른 나라의 문화를 무시하거나 과대평가하지 않는다.

08

문화를 보편적 규범에 근거하여 비판·수용·개선하도록 한다.

ANSWER

05. ②   06. ④   07. ③   08. ③

09 분단이 우리나라에 미친 경제적 손실로 볼 수 <u>없는</u> 것은?

① 북한 지역에 대한 관광 산업이 발달한다.

② 분단을 유지하기 위한 소모적인 비용이 많이 지출된다.

③ 북한 지역의 풍부한 지하자원을 사용하지 못한다.

④ 육로를 이용하지 못하여 운송 비용이 많이 든다.

09

북한 지역에 대한 관광 산업의 발달은 통일이나 긴장 해소로 얻을 수 있는 이익이다.

※ 분단으로 인한 경제적 손실
자원의 비효율적 활용, 물류 비용 증가, 지나친 국방비 지출, 젊은이들의 군 생활로 인한 사회적 손실

10 넓은 의미로 문화의 개념이 사용된 경우는?

① 문화인은 공공장소에서 질서를 지킨다.

② 동양 문화는 정신적 가치를 중시한다.

③ 나는 문화생활을 위해 오늘 미술관에 갈 계획이다.

④ 오늘은 ○○시의 문화 축제 행사가 열리는 날이다.

10

동양 문화는 아시아권 문화의 생활 양식의 총체를 말하는 것으로 넓은 의미의 문화에 해당한다. ①, ③, ④는 모두 좁은 의미의 문화이다.

11 시민불복종이 정당하게 요구될 수 있는 상황으로 가장 적절한 것은?

① 학급 친구들이 나에게 모욕적인 행동과 욕을 할 때

② 유가 상승으로 항공사가 요금을 인상할 때

③ 국가가 에너지 절약을 위해 쓰레기 전용 봉투 사용을 의무화할 때

④ 국가가 투표권을 성인 남성에게만 부여할 때

11

시민 불복종의 정당화 요건
• 개인의 이익이 아닌 사회 전체의 이익(공동선)을 추구해야 한다.
• 폭력을 사용하지 않는 평화로운 방법을 사용해야 한다.
• 더 나은 대안을 제시하기 위한 것에 초점을 맞춰야 한다.
• 현재의 법에 저항하는 위법 행위이므로 최후의 수단으로 사용되어야 하며, 처벌을 감수해야 한다.
• 의도적으로 거부하는 법률에 한해 어기는 것이어야 한다.

ANSWER

09. ① 10. ② 11. ④

12 다음 중 인도주의적 관점에서 통일이 필요한 가장 큰 이유는?

① 민족의 활동 영역을 한반도와 유라시아로 넓히기 위해
② 이산가족과 실향민 문제 등을 해결하기 위해
③ 암울한 역사를 극복하고 새로운 역사를 향해 나아가기 위해
④ 남북한의 대결 상황을 끝내고 한반도의 평화 정착을 위해

12
이산가족 문제와 실향민 문제, 납북자 문제 등은 인도주의적 차원에서 빨리 해결되어야 할 문제이다.

13 북한 사회의 모습에 대한 설명으로 옳지 <u>않은</u> 것은?

① 사회주의 경제 체제에 따라 실질적으로 빈부 차이가 없는 평등 사회이다.
② 교육의 목표는 사회주의적 인간 양성에 있다.
③ 최근 경제를 살리기 위해 시장 경제 기능을 일부 도입하였다.
④ 집단주의 원칙에 따라 획일적으로 규제되는 사회이다.

13
형식적으로는 빈부 격차가 없는 평등 사회이지만 실질적으로는 경제적 격차가 존재하는 사회이다.

14 북한 이탈 주민에 대한 옳은 설명을 〈보기〉에서 고른 것은?

┌─ 보기 ┐
㉠ 남한 사회의 차별과 편견으로 곤란을 겪기도 한다.
㉡ 언어의 이질화로 취업 및 학업에 어려움을 호소하기도 한다.
㉢ 북한에 비해 폐쇄적인 남한 사회에 이질감을 느끼는 경우가 많다.
㉣ 최근 들어 그 수가 급격히 감소하고 있다.
└──────────────────────────────────┘

① ㉠, ㉡
② ㉠, ㉢
③ ㉡, ㉢
④ ㉢, ㉣

14
㉢ 폐쇄적이고 수동적인 북한 사회와 비교할 때 개방적이고 자유로운 남한 사회에 적응하기가 쉽지 않다.
㉣ 북한 이탈 주민들의 수는 꾸준히 증가하고 있다.

ANSWER
12. ② 13. ① 14. ①

15 북한 주민의 인권 상황에 대한 설명으로 옳지 <u>않은</u> 것은?

① 의식주 배급의 붕괴로 기본적 생존권이 위협받고 있다.

② 사회주의 남녀평등 사상으로 여성의 인권은 잘 보장된다.

③ 언론, 출판, 결사의 자유가 제한된다.

④ 공개 처형, 구타, 고문 등 반인권적 처벌이 이루어진다.

15

형식적으로는 남녀가 평등하지만 북한 여성들은 가사일과 직장일로 어려움을 겪고 있으며, 영양실조로 인해 임신과 출산 시 건강이 악화되고 있다.

16 남북한 교류와 협력에 대한 설명으로 옳지 <u>않은</u> 것은?

① 인도적 차원의 이산가족 상봉 기회가 꾸준히 확대되고 있다.

② 사회·문화적 교류와 협력을 통해 접촉의 범위를 넓히고 공감 영역을 확대해야 한다.

③ 관광 분야에서 교류와 협력이 가장 먼저 활성화된 곳은 백두산 관광이다.

④ 통일에 대비해 '겨레말 큰사전 남북 공동 편찬 위원회'를 구성하여 공동 사전을 편찬하고 있다.

16

남북 교류 과정 중 관광 분야에서 가장 먼저 활성화된 곳은 금강산이다.

17 다음 내용 중 옳지 <u>않은</u> 것은?

① 노력을 많이 하거나 능력이 뛰어난 사람에게 더 많은 몫이 돌아가는 것을 일반적으로 공정하다고 본다.

② 사회 정의는 개인적으로 옳고 그름을 평가하는 기준이다.

③ 사회 정의는 모든 구성원의 최소한의 인간다운 삶을 보장하기 위해 필요하다.

④ 정의로운 사회에서는 공정한 분배를 실현하고자 노력한다.

17

사회 정의는 사회적으로 옳고 그름을 평가하고 판단하는 기준이다.

ANSWER

15. ② 16. ③ 17. ②

18 다음과 같은 문제점을 피하기 위해 필요한 자세로 적합한 것은?

> 정당한 공권력에 대한 지나친 불복종은 국가 정책의 정당한 집행을 어렵게 만들 뿐만 아니라 국가의 생존 자체를 위협할 수 있다. 또한 지나친 공권력의 강화는 국민의 자유와 권리를 침해할 수 있다.

① 국가 권위와 시민 불복종의 조화
② 강한 국가 권력의 확보
③ 시민의 자유 제한
④ 시민 불복종에 대한 국가의 검열

18
지나친 공권력의 강화도 문제가 있고, 지나친 시민 불복종도 문제가 있다. 따라서 국가 권위와 시민 불복종의 조화가 필요하다.

19 진정한 애국심에 대한 설명으로 가장 옳은 것은?

① 자기 국가의 이익만을 추구하는 것이다.
② 다른 국가나 민족의 이익을 희생하는 것이다.
③ 맹목적인 애국심을 지니는 것이다.
④ 인류의 보편적 가치를 존중하는 바탕 위에서 자기 국가를 위하는 것이다.

19
세계화 시대에 바람직한 애국심의 모습은 자기 국가의 이익만을 추구하는 모습이 아니라 인류의 보편적 가치를 존중하는 바탕 위에서 자기 국가를 위하는 것이다.

20 북한 주민의 생활에 대한 옳은 설명을 〈보기〉에서 고른 것은?

고난도

> **보기**
> ㉠ 오늘날 생활에 필요한 식량, 물품을 스스로 구하는 사람들이 많아졌다.
> ㉡ 빈부 격차로 고통받는 사람이 없다.
> ㉢ 1990년대 이후 국가의 배급 체계가 무너지며 식량난과 경제난이 증가했다.
> ㉣ 자유롭게 정치적 결정을 할 수 있다.

① ㉠, ㉡
② ㉠, ㉢
③ ㉡, ㉢
④ ㉢, ㉣

20
㉡ 북한에서는 빈부 격차가 새로운 사회 문제로 나타나고 있다.
㉣ 북한의 주민들은 자유롭게 정치적 결정을 하거나 생각을 표현할 자유를 제한받고 있다.

ANSWER
18. ① 19. ④ 20. ②

21 북한 이탈 주민의 생활에서 본 통일의 과제로 옳지 <u>않은</u> 것은?

① 북한 이탈 주민의 언어 사용 어려움을 해결하기 위해 우리말을 배울 수 있는 교육의 기회를 제공한다.

② 남북한 주민들이 소통할 수 있는 기회를 마련해 준다.

③ 북한 이탈 주민에 대한 직업 훈련이 실제 일자리로 연결될 수 있는 방안을 마련해야 한다.

④ 북한 이탈 주민이 정착할 수 있도록 남한 주민이 일방적으로 희생한다.

22 다음 설명이 공통으로 가리키는 것은?

> • 분단을 유지하는 데 드는 비용과 통일이 되지 않아서 부담해야 하는 비용을 가리킨다.
> • 국방비, 외교비, 이산가족의 고통, 전쟁에 대한 불안감, 남북한 내부의 갈등 등이 포함된다.

① 기회비용　　　　② 분단 비용

③ 통일 편익　　　　④ 통일 비용

21

남한 주민은 북한 이탈 주민이 겪는 어려움에 관심을 기울이고, 함께 어려움을 해결해 나가려는 태도를 지녀야 한다.

22

분단 비용이란 한 나라의 분단 체제를 유지하고 관리하는 데 소요되는 비용이다.

ANSWER
21. ④　22. ②

PART IV

자연·초월과의 관계

01 자연관

 환경과 인간의 삶은 상호 의존적인 관계임을 이해하고, 자연관에 대한 여러 가지 견해를 파악해야 합니다. 환경 문제의 원인, 환경 친화적 소비 생활은 자주 출제되고 있으므로 반드시 알아두어야 합니다.

01 인간과 자연의 관계

1 인간의 삶과 환경의 관계

(1) 환경의 의미

① 환경 : 인간을 둘러싸고 있는 모든 사물과 상태

㉠ 자연환경 : 하늘, 바다 등 우리를 둘러싼 자연으로서 스스로 생겨난 것들로 생물적 요소와 무생물적 요소로 구성된다.

㉡ 인공 환경 : 생활의 편리와 경제적 이익을 위해 사람들이 인위적으로 만든 요소이다.

② 자연환경의 특성

㉠ 자정 능력 : 오염된 상태에서 자연환경의 힘으로 깨끗하게 회복하는 능력이다.

㉡ 균형성 : 환경의 구성 요소들이 서로 긴밀하게 영향을 주고받으며 균형을 이룬다.

>
> **자연환경의 특징**
> • 인간과 서로 영향을 주고받음
> • 인간의 삶의 터전을 이룸
> • 인간을 포함하여 생태계를 이룸

(2) 인간의 삶과 자연환경

① 자연환경의 혜택

㉠ 인간이 생명을 유지하고 생활하는 데 있어 필요한 물, 공기, 흙과 같은 자원을 제공한다.

㉡ 인간의 삶의 터전이며, 문명의 토대가 된다.

㉢ 인간은 환경으로부터 얻은 재료와 에너지를 통해 도구를 만들어 사용하고, 삶을 더욱 편리하게 만든다.

ㄹ 인간이 휴식을 취할 수 있는 안식처와 정신적 풍요를 제공하여 인간 삶에 활력을 불어넣어 준다.

② 자연환경의 피해와 영향

ㄱ 자연은 인간에게 많은 혜택을 주지만, 때로는 재앙을 가져온다. → 자연재해(태풍, 홍수, 가뭄, 폭설, 화산, 지진 등)

ㄴ 인간은 과학 기술을 활용하여 자연재해의 피해를 줄여 가고 있다. → 댐과 제방 건설, 일기 예보, 지진 예보 등

ㄷ 인간의 환경 훼손 때문에 환경 재앙이 발생하기도 하며, 현세대와 미래 세대의 삶까지 위협하기도 한다.

③ **상호 의존적 관계** : 모든 환경의 구성원은 서로 영향을 주고받으면서 하나의 커다란 공동체를 이루고 있다.

(3) 자연과 인간의 관계

① 전통 사회에서 자연과 인간

ㄱ 자연과의 조화를 중시하고, 자연에 순응하였다.

ㄴ 자연을 두려워하고 자연의 법칙과 순리에 따라야 한다고 생각했다.

※ 자연에 순응한 조상들의 생활 모습 : 기상 현상이나 자연 현상에 제사를 지내고 두려움의 대상으로 생각함

② 산업 사회에서 자연과 인간

ㄱ 급속한 산업화를 겪으면서 인간은 자연을 소유하고 이용할 대상으로 여기게 되었다.

ㄴ 과학 기술의 발전으로 인간은 자연을 활용하고 변화시켜 인간의 삶을 편리하게 만들었다.

2 자연을 바라보는 관점

(1) 인간 중심주의 중요+

① **과학 기술의 발달** : 자연을 인간을 위한 수단과 도구로 여긴다. → 도구적 가치로 인식

② 인간은 이성을 지닌 만물의 영장으로서 자연보다 우월하기 때문에 자연을 지배하고 정복할 수 있다.

도구적 가치	▾ 검색
어떤 목적을 달성하기 위한 수단이 지니는 가치	

③ 인간과 자연을 분리시키고, 오직 인간만이 도덕적 가치를 지니고, 인간의 이익과 행복을 위해서라면 자연을 마음대로 개발할 수 있다고 본다.

④ 결과

    ㉠ 자연을 무분별하게 개발하여 자연 파괴를 초래하였다.

    ㉡ 인간뿐만 아니라 다른 생물들이 살아갈 공간을 잃게 만들었다.

    ㉢ 생태계의 총체적인 위기를 불러일으켰다.

(2) 생태 중심주의

① 자연을 그 자체로 의미 있고 생명력을 지닌 가치 있는 존재로 본다.

② 인간을 자연의 일부로 여기는 관점 : 인간과 자연은 공생(共生)하는 관계로 인간은 자연과 더불어 살아가는 자세를 가져야 한다.

③ 지구상의 모든 존재가 유기적으로 연결되어 있어 서로 영향을 주고받고 조화를 이루며 살아간다.

④ 동서양의 생태 중심적 사상 **중요⁺**

유학의 천인합일 (天人合一) 사상	인간을 천지와 더불어 화해와 조화를 지향하는 존재로 파악
도가의 자연 평등 사상, 무위자연 사상	인위적인 것을 멀리하고 자연 그대로의 상태를 중시하며, 자연과 하나 되어 자연의 흐름에 따라 살아가는 사상 → 자연과 인간은 평등
불교의 인연 및 생명 존중 사상	만물이 상호 의존되어 있다고 보아 인간과 자연의 무한한 인연을 강조하고 있으며, 어떤 생명이라도 함부로 죽여서는 안 된다는 사상
크리스트교의 사랑 정신	신이 세상 만물을 창조했다는 창조 신앙을 기본으로 하여, 인간이 신을 대신해 자연을 돌보고 가꾸어야 한다는 자연 사랑의 정신을 강조

3 인간과 자연의 바람직한 관계

(1) 인간과 자연의 공존 관계

인간과 자연은 서로 영향을 주고받으며, 공존하기 위해 생명체를 존중하고, 인간과 생태계의 상호 의존성을 고려해야 한다.

(2) 환경 친화적 개발 및 지속 가능한 발전 방법의 모색

① 인간과 자연이 조화로운 관계를 이루기 위해서는 환경적으로 건전하고 지속 가능한 발전을 추구해야 한다.

② 지구 생태계가 지속할 수 있도록 환경을 보호하면서 경제를 균형적으로 발전시켜 나가야 한다.

02 환경에 대한 가치관과 소비생활

1 다양한 환경문제

(1) 환경 문제의 원인 중요⁺

① 환경 파괴의 배경

ㄱ 산업화와 도시화 : 과학 기술 발달과 대량 생산 과정에서 자원이 고갈되고 환경 파괴가 발생한다.

ㄴ 폭발적인 인구 증가 : 인구가 급격히 늘어나면서 자원을 많이 소비하고, 각종 오염 물질을 배출한다.

② 인간이 환경 오염을 일으키게 된 근본 원인

ㄱ 무관심 : 삶의 터전인 환경에 대한 관심이 부족하다.

ㄴ 무지 : 환경 지식을 충분히 갖추지 못하였다.

ㄷ 이기심 : 지나친 욕구와 욕망으로 환경을 생각하지 않는 비양심이 문제가 된다.

바로 바로 **CHECK✓**

환경 문제의 원인과 결과가 <u>잘못</u> 짝지어진 것은?
① 산성비 – 산림 파괴
② 사막화 – 황사 피해
③ 지구 온난화 – 기후 변화
❹ 과도한 방목 – 갯벌 파괴

(2) 환경 문제의 종류

① 대기 오염 : 자동차나 공장에서 배출되는 화석 연료(예 석유, 석탄 등)가 원인으로 각종 호흡기(기관지) 질환, 산성비, 피부암, 스모그 현상, 오존층 파괴 등의 문제점이 생긴다.

② **수질 오염** : 생활하수와 공장의 폐수가 하천이나 바다에 흘러들어 오염되고, 오염된 물고기가 떼죽음을 당하며, 이 물고기를 먹은 사람들이 질병에 걸리게 된다.

　🔳 부영양화 현상, 적조 현상 등

③ **토양 오염** : 농약과 화학 비료 등으로 오염된 땅으로 인해 환경 호르몬 문제가 발생하기도 한다.

④ **산림 훼손** : 사막화와 지구 온난화의 원인이 된다.

사막화	가뭄, 지나친 경작, 방목, 산림 벌채, 수자원 남용 등으로 인해 토지가 사막으로 변하는 현상
지구 온난화	• 화석 연료의 배기가스에 들어 있는 온실가스의 과도한 배출로 지구의 평균 온도가 상승하는 현상 • 기후 변화, 기상 이변, 오존층 파괴, 생물종 다양성의 급속한 감소

⑤ **산성비** : 화석 연료 등을 태울 때 발생하는 물질이 공기 중에 섞여 산성비로 내려 삼림이 황폐화되고 문화유산 및 건물의 부식, 인간의 신체 기능 저하 등이 발생한다.

(3) 환경 문제의 심각성

① 생태계의 균형과 인간의 삶을 위협한다.

② 환경 문제의 심각성은 사회적 약자들에게 더 큰 피해를 줄 수 있다.

　※ 환경 문제로 인한 사회적 약자의 피해 : 환경 문제로 발생되고 있는 기상 이변으로 이상 저온, 이상 고온 현상이 자주 발생하며, 이로 인한 주거 문제, 식량 문제 등의 피해는 저소득층에게 심각하게 나타난다.

③ 환경 문제는 어느 개인이나 한 국가의 문제가 아니라 지구 전체의 문제이다.

④ 환경 문제는 현재 세대만이 아니라 미래 세대에까지 심각한 영향을 줄 수 있다.

2 소비 생활과 환경 문제

(1) 소비 생활의 의미

① 소비는 일정한 대가를 지불하고 생활에 필요한 물품이나 서비스를 구입하거나 이용하는 활동을 말한다. → 소비 생활은 결국 지구 자원을 소비하는 것

② **소비의 중요성** : 소비를 통해서 생활을 유지하고, 상품의 유통을 원활하게 하여 경제를 성장시킨다.

심화학습 > 지속 가능한 개발을 위한 노력

환경 영향 평가제 실시	건설하게 될 시설이 환경에 끼칠 영향을 평가하고, 그에 대한 대책을 수립하는 것
생태 도시	도시의 효율적인 기능을 갖추면서 동시에 자연과 조화를 이루는 것을 목표로 하는 도시
생태 관광	환경을 보전하면서 지역 사회의 개발을 통해 주민들의 삶의 질을 높이는 개발 방식

(2) 소비 생활이 인간과 환경에 끼치는 영향

긍정적 영향	• 산업 혁명을 통해 대량 생산이 가능해지면서 더욱 많은 사람들이 문명의 혜택을 받게 됨 • 적절한 소비를 통해 경제가 활성화되고 사회가 유지됨
부정적 영향	• 필요하지 않은 것을 소비하고 이에 대한 반성이 없는 과도한 소비문화가 생김 • 지나친 소비는 다른 사람들이 자원을 이용할 수 있는 기회를 빼앗음 • 상품을 만들기 위해 많은 자원과 에너지가 필요하고, 이를 만드는 과정에서 오염 물질이 배출됨 • 물건이 사용되고, 폐기되는 과정에서 자원이 고갈되거나 환경이 훼손됨

(3) 물질주의적 소비 생활과 환경

① 물질주의적 생활 방식의 배경

㉠ 산업화 : 대량 생산, 대량 소비가 가능 → 불필요한 소비의 증가

㉡ 개발 지상주의 : 개발이 가장 중요하다는 생각 → 개발은 인간의 물질적인 욕구를 만족시키지만, 지나칠 경우 환경 문제 등이 발생함

② 인간의 물질에 대한 무한한 욕구 : 물질주의적 생활 방식이 필요 이상의 소비를 부추김 → 소비 생활에 맞추기 위해 끊임없이 새로운 상품이 만들어짐 → 자원은 한정되어 있기 때문에 과도하게 사용하면 자원이 부족해짐

(4) 환경 친화적 소비 생활 중요⁺

① 녹색 소비(녹색 구매) : 환경에 미치는 영향까지 고려하는 소비

㉠ 상품 구매 시 자신에게 꼭 필요한지 생각해 본다.

ⓛ 어떤 상품이 친환경적 상품인지 판단한다.

② 환경 마크 : 제품이 생산되고 폐기되기까지의 모든 단계에서 자원과 에너지를 절약하고, 오염 물질을 적게 배출하는 제품을 국가가 친환경 상품으로 인정하는 표시

ⓐ 소비자에게 제품에 대한 정확한 환경 정보를 제공한다.

ⓛ 생산자에게 환경 친화적 제품을 개발하고 생산하도록 유도할 수 있다.

③ 구매한 물건을 환경 친화적으로 사용한다.

03 환경 친화적 삶을 위한 실천 방안

1 환경 친화적인 삶의 의미와 필요성

(1) 의 미

자신의 행동이 주변 환경에 미치는 영향을 생각하여 행동하며, 환경을 오염시키지 않고 환경과 어울려 살아가는 것을 의미한다.

(2) 필요성

① 개인의 작은 행동과 실천이 모이면 환경 문제를 개선할 수 있다.

② 환경 친화적 삶을 실천할 때, 우리가 풍요롭게 살아가기 위한 발전을 이루면서 미래 세대 또한 삶의 터전을 보장받을 수 있다.

③ 개발과 환경 보존은 인간이 살아가는 데 있어 모두 필요하다.

④ 경제 발전도 추구하면서 환경을 보존하여 현세대의 필요와 미래 세대의 삶이 조화를 이루도록 하는 지속 가능한 발전을 추구해야 한다.

2 환경 친화적인 삶을 위한 실천 방안 중요+

(1) 일상생활 속 개인의 실천 방법

① 절약과 절제 : 에너지 및 물자를 절약하고, 일회용품 사용을 자제한다.

② 사용하지 않는 물건을 서로 바꿔 쓰는 등 재활용을 습관화한다.

③ 친환경 상품 및 유기 농산물을 사용한다.

(2) 제도적 실천 방법

① 물 정화 시설, 동물 보호 지역 등을 설정한다.

② 환경 마크제 도입 등 환경 관련법을 제정한다.

③ 환경 관련 국제 협약에 가입한다.

> **잠깐**
>
> **환경 보호를 위한 기타 제도 개선**
> • 도로 다이어트 : 기존 자동차 도로의 차로 수를 줄이거나, 도로 폭을 줄여 자전거 도로 등을 늘리는 것
> • 쓰레기 종량제 : 쓰레기봉투를 개별적으로 구입하여 쓰레기 배출량을 줄이고 분리수거를 생활화하는 제도

> **심화학습** 환경 문제에 대한 기술 발전의 다양한 시각
>
> | 긍정론 | • 과학 기술의 발달이 환경 문제를 해결할 수 있다.
 • 지금까지 과학 기술의 발전이 인류의 많은 문제를 해결해 왔다.
 예 산업 폐기물 및 오염 물질 분해 기술 |
> | --- | --- |
> | 부정론 | 과학 기술의 발달이 더 큰 부작용을 가져올 수 있다.
 예 암모니아 대체 물질로 프레온 가스 개발 → 오존층 파괴 |

(3) 기업의 실천 방법

① 오염 방지 및 배출 억제를 위한 시설・장비를 설치한다.

② 생산한 제품에 대한 환경 처리 비용을 부담한다.

(4) 국제 사회의 실천 방법

① 각국 정부가 서로 협력하여 환경 문제 해결을 위한 국제 협약을 맺는다.

② 여러 환경 단체들의 활동 : 환경 훼손 중지, 지구 생태계 보전, 생물 다양성 보호 등을 주요한 구호로 제시한다.

※ 국제 환경 단체의 예 : 그린피스, 지구의 벗 등

심화학습 환경 문제 해결을 위한 국제 협약

국제 협약	협약 내용
기후 변화 협약	지구 온난화 방지를 위한 온실가스 감축 노력
몬트리올 의정서	오존층 파괴 물질의 사용 규제
바젤 협약	유해 폐기물의 국가 간 이동 및 처리 통제
사막화 방지 협약	사막화 피해를 입은 개발 도상국에 사막화 방지를 위한 지원 및 보호
람사르 협약	다양한 동식물의 서식처인 주요 습지를 지정 보호

실력 탄탄 다지기
실전 예상문제

01 환경 문제를 해결하기 위한 자세로 옳지 <u>않은</u> 것은?

① 가까운 곳은 걸어서 간다.
② 쓰레기 분리수거를 생활화한다.
③ 스프레이 등 프레온 가스 사용을 줄인다.
④ 환경 문제를 인간의 힘으로 통제할 수 없는 자연적 현상으로 인식한다.

01
환경 문제의 원인은 인간의 무분별한 개발에 있기 때문에 인간의 힘으로 통제할 수 없는 자연적 현상이 아니라 인간의 노력으로 해결할 수 있는 문제이다.

02 동양의 생태 중심적 사상을 바르게 연결한 것은?

① 불교 – 인연 사상
② 동학 – 무위자연 사상
③ 유학 – 자연 평등사상
④ 도가 – 천인합일 사상

02
생태 중심적 사상이란 자연을 그 자체로 의미 있고 생명력을 지닌 존재로 보는 시각이다. 불교의 인연 사상 및 생명 존중 사상, 유학의 천인합일 사상, 도가의 자연 평등사상과 무위자연 사상이 동양의 생태 중심적 사상에 해당한다.

03 다음 설명에 해당하는 개념으로 옳은 것은?

> • 환경과 경제 개발을 조화시켜 환경을 파괴하지 않고 경제 개발을 한다는 의미이다.
> • 미래 세대의 자원을 훼손하지 않는 범위 내에서 현 세대의 요구를 충족시키는 것이다.

① 지속 가능한 발전
② 녹색 소비
③ 친환경 소비
④ 아나바다 운동

03
제시된 내용은 지속 가능한 발전에 대한 설명이다.

04 자원 고갈을 초래한 원인으로 옳지 <u>않은</u> 것은?

① 기하급수적인 인구의 증가
② 환경 친화적인 삶의 방식
③ 무분별한 개발과 그로 인한 환경 훼손
④ 끝없는 인간의 욕구와 무분별한 소비

04
환경 친화적 삶은 지구 생태계 파괴 문제와 자원 고갈을 해결하기 위한 방법이다. 생태계의 한계를 초래한 원인으로는 인간의 무분별한 개발, 무분별한 소비, 인구 급증 등이 있다.

ANSWER
01. ④ 02. ① 03. ① 04. ②

05 자연을 바라보는 관점에서 인간 중심주의에 해당하지 <u>않는</u> 것은?

① 인간은 이성을 지닌 만물의 영장으로서 자연보다 우월하기 때문에 자연을 지배하고 정복할 수 있다.

② 인간의 이익과 행복을 위해서라면 자연을 마음대로 개발할 수 있다고 본다.

③ 지구상의 모든 존재가 유기적으로 연결되어 있어 서로 영향을 주고받고 조화를 이루며 살아간다.

④ 자연을 인간을 위한 수단과 도구로 여긴다.

06 동서양의 생태 중심적 사상 중 다음 내용에 해당하는 것은?

> 만물이 상호 의존되어 있다고 보아 인간과 자연의 무한한 인연을 강조하고 있으며, 어떤 생명이라도 함부로 죽여서는 안 된다는 사상

① 불교의 인연 및 생명 존중 사상

② 크리스트교의 사랑 정신

③ 유학의 천인합일 사상

④ 도가의 무위자연 사상

07 다음 중 환경 문제와 이를 해결하기 위한 국제적 노력이 바르게 연결된 것은?

① 지구 온난화 - 바젤 협약

② 습지 파괴 - 기후 변화 협약

③ 오존층 파괴 - 몬트리올 의정서

④ 사막화 - 람사르 협약

05

③은 생태 중심주의에 관한 내용이다.

06

불교에서는 사람으로 태어나는 것은 소중한 인연이고, 생명을 존중하라는 계율을 중시한다.

07

① 지구 온난화 : 기후 변화 협약

② 습지 파괴 : 람사르 협약

④ 사막화 : 사막화 방지 협약

※ **바젤 협약**
 유해 폐기물의 국가 간 이동을 규제하는 협약

ANSWER
05. ③ 06. ① 07. ③

NOTE

02 과학과 윤리

 과학 기술이 우리 삶에 미치는 영향을 알고, 과학 기술 발전 및 생명 과학 발달의 영향과 문제점, 과학 기술에 책임이 필요한 이유, 과학 기술을 바라보는 관점과 활용 방안에 대해 반드시 정리하고 이해하도록 합니다.

01 과학 기술과 인간의 삶

1 과학 기술의 의미와 발전의 영향

(1) 과학 기술의 의미

① 과학 : 인간과 자연 현상에 대한 원리 및 법칙을 찾아내고 이치에 맞게 설명하는 지식 체계이다.

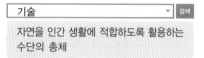
기술   ▼ 검색
자연을 인간 생활에 적합하도록 활용하는 수단의 총체

② 기술 : 인간의 욕구나 욕망에 적합하도록 무엇인가를 만들어 내거나 성취하는 모든 행위를 말한다.

③ 과학 기술 : 과학 지식을 바탕으로 기술을 이용하여 인간 생활에 유용하도록 가공하는 수단을 통틀어 이르는 말이다.

(2) 과학 기술의 발전과 혜택

① 정보 통신 기술과 교통수단의 발달

　㉠ 시·공간적 제약에서 자유로워졌다.

　㉡ 전 세계의 사람들이 정보를 실시간으로 교환한다.

　㉢ 교통수단의 발달로 활동 범위가 넓어졌다.

② 나노 기술의 발달 : 미세한 세계에 대한 탐구가 가능해졌다.

　※ 나노 기술의 활용 : DNA 구조를 활용한 동물 복제, 초소형 카메라 개발에 사용

③ 생명 과학 기술의 발달 : 의학 발달로 인한 생명 연장, 농업 생산량 등이 향상되었다.

④ 디지털 혁명

  ㉠ 컴퓨터 · 통신 기술 발달, 인터넷 보급으로 사회 구조의 변화를 초래했다.

  ㉡ 정보 접근성이 증대되고, 생활 영역이 확대되었다. 예 사이버 공간

> **참깐**
> **디지털 혁명의 문제점**
> • 익명성 문제
> • 세대 간 정보 수용 능력 격차 확대
> • 정보 유출
> • 사생활 침해 등 사이버 권리 침해 사례

(3) 과학 기술이 인간의 삶에 미친 영향

① 긍정적 측면

  ㉠ 생활의 편리 : 다양한 전자 기기 · 기계가 개발되면서 생활하는 데 있었던 많은 불편함이 해소된다.

  ㉡ 물질적 풍요와 혜택 : 식량 문제, 질병과 기아 문제 등을 해결해 준다.

  ㉢ 건강 증진과 생명 연장 : 첨단 의료 기술이나 신약 등이 개발되어 인간의 건강 증진과 생명 연장에 기여하였다.

  ㉣ 사람들 간의 교류 확대 : 정보통신 기술의 발달로 시공간의 제약이 사라져 멀리 떨어져 있는 사람들과도 쉽게 연락을 주고받을 수 있다.

② 부정적 측면

  ㉠ 과학 기술에 지나치게 의존하여 과학 기술을 통해 모든 것을 해결하고, 과학적 가치를 최고로 여기게 된다. → **과학 만능 주의**

  ㉡ 인간의 역할을 기계가 대신하게 되고, 인간도 기계의 소모품으로 전락하여 비인간화 현상이 발생한다. → **인간 소외**

  ㉢ 자원 고갈과 환경 파괴를 가져온다. → **인간 생존의 위협으로 이어짐**

  ㉣ 대량 살상 무기의 개발은 인류의 평화와 안전을 위협한다.

  ㉤ 정보 통신 기술의 발달로 개인 정보 유출이나 사생활 침해 등의 문제가 발생하며, 국가의 중요 정보가 유출되어 국가 안보를 위협하기도 한다.

02 과학 기술에 책임이 필요한 이유

1 과학 기술에 책임이 필요한 까닭

(1) 과학 기술 부작용의 예측 불가능

① 과학 기술을 개발하는 단계에서는 나중에 어떤 결과를 낳을지 예측하기가 갈수록 어려워지고 있다.

② 과학 기술 연구의 의도가 좋다고 할지라도 그 연구 성과가 다른 사람에 의해 악용되면 사회적으로 나쁜 결과를 가져올 수 있다.

③ 과학 기술은 여러 방면에 복합적인 영향을 미칠 수 있으므로, 개발 단계에서부터 나중에 어떤 결과를 가져올지 폭넓게 예측하고 신중하게 판단한 다음 활용하여야 한다.

(2) 과학 기술 영향력의 확대

① 오늘날 과학 기술은 한꺼번에 많은 사람에게 영향을 주는 경우가 많고, 그 영향력이 점점 커지고 있다.

② 대량 살상 무기나 핵무기로 인한 인명 피해, 원자력 발전소 사고의 위험성, 화석 연료의 과다 사용으로 인한 환경 오염, 인터넷을 통해 급속도로 퍼지는 컴퓨터 바이러스 등이 그 예이다.

(3) 잘못된 과학 기술 활용으로 인한 생명 위협

① 과학 기술을 잘못된 방향으로 개발하고 활용하면 수많은 사람에게 큰 피해를 줄 수 있다.

② 생명 과학 기술은 인간뿐만 아니라 동식물의 생명을 직접 다루는 경우가 많은데, 인위적으로 생명체를 조작하는 기술이 미래 생태계와 인류에 구체적으로 어떤 영향을 미치게 될지 정확히 알 수 없다.

2 과학 기술을 바라보는 관점과 활용 방안

(1) 과학 기술을 바라보는 관점

① 낙관적 견해 : 기술의 발달이 유토피아(utopia)를 가져온다.

　㉠ 인류 문명의 발달과 진보를 이끌어 왔다.

　㉡ 인류의 생활 수준 향상과 건강 증진에 기여한다.

　㉢ 과학 기술이 모든 문제를 해결해 줄 것이라고 믿는다.

② 부정적 견해 : 기술의 발달이 디스토피아(dystopia)를 가져온다.

　㉠ 기술의 발달이 자원 고갈, 환경 파괴, 핵전쟁의 위험 등을 초래한다.

　㉡ 과학 기술에 모든 것을 수행할 수 있는 자유를 허용해서는 안 된다.

> 잠깐
> • 유토피아(utopia) : 이상으로 그리는 가장 완벽하고 평화로운 사회
> • 디스토피아(dystopia) : 현대의 부정적인 측면이 극단적으로 나타난 가상사회

(2) 과학 기술을 바람직하게 활용하는 방안 중요⁺

① 인간 존엄성과 인권 향상 : 과학 기술이 유용성만을 추구하여 무고한 사람들을 해칠 수 있는 방향으로 활용된다면 바로 활용을 중지해야 한다.

② 인류의 복지 증진 : 과학 기술로 인류의 행복 증진에 힘쓸 때, 인류는 풍요롭고 인간다운 삶을 누릴 수 있다.

③ 미래 세대를 고려하는 자세 : 현세대는 물론 미래 세대에 관한 책임을 고려하여 과학 기술을 활용해야 한다.

④ 동식물의 생명과 생태계를 보전하는 자세 : 생태계를 구성하는 환경은 한번 훼손되면 원래대로 회복하는 데 오랜 시간이 걸리기 때문에 생명과 생태계를 적극적으로 보호해야 한다.

실전 예상문제

01 과학 기술의 발달에 따라 나타나는 현상 중 긍정적인 결과는 무엇인가?

① 개인 정보의 유출　　② 사생활 침해

③ 사이버 테러　　　　④ 물질적인 풍요

02 과학 기술 발달에 따른 문제점으로 옳지 <u>않은</u> 것은?

① 과학 기술이 모든 것을 해결할 수 있다는 과학 만능주의에 빠진다.

② 정보 통신 매체의 발달로 비인격적이고 피상적인 인간관계가 형성된다.

③ 사람이 하던 일을 기계가 대신하면서 대량 생산 체제가 가능해졌다.

④ 과학 기술이 인간을 지배하는 현상이 나타난다.

03 ㉠에 들어갈 대답으로 적절하지 <u>않은</u> 것은?

기출

윤리적 책임을 고려할 때 과학 기술의 바람직한 활용 방향은 무엇일까요?

㉠

① 평화적으로 이용해야 합니다.

② 인류의 공공선에 기여해야 합니다.

③ 미래 세대에 미칠 영향을 고려해야 합니다.

④ 무분별한 과학 지상주의를 강화해야 합니다.

04 과학 기술이 인간의 삶에 미친 영향으로 옳지 <u>않은</u> 것은?

① 다양한 전자 기기·기계가 개발되면서 기계의 역할을 인간이 대신하게 된다.

② 자원 고갈과 환경 파괴를 가져온다.

③ 정보 통신 기술의 발달로 개인 정보 유출이나 사생활 침해 등의 문제가 발생한다.

④ 과학 기술에 지나치게 의존하여 과학 기술을 통해 모든 것을 해결한다.

04
인간의 역할을 기계가 대신하게 되고, 인간도 기계의 소모품으로 전락하여 비인간화 현상이 발생한다. → 인간 소외

05 과학 기술을 책임 있게 활용하는 자세에 대해 <u>잘못</u> 말한 사람은? **고난도**

① 경미 – 인간의 존엄성을 존중해야 해.

② 장훈 – 동식물의 생명과 생태계를 보전해야 해.

③ 성수 – 미래 세대를 고려해야 해.

④ 윤희 – 과학 기술이 가져오는 이익과 편리함을 인권보다 더 중요시해야 해.

05
과학 기술이 가져오는 이익과 편리함보다 인간 존엄성과 인권 향상을 더 소중하게 생각해야 한다.

06 과학 기술에 대한 내용으로 옳지 <u>않은</u> 것은?

① 생명 공학 기술은 생명을 함부로 조작하여 생명의 존엄성을 훼손할 가능성이 있다.

② 과학 기술은 인간의 삶에 물질적 풍요와 편리를 증진하였다.

③ 과학 기술의 발전으로 사람들 사이의 교류가 축소되었다.

④ 감시 카메라 같은 과학 기술은 개인의 사생활을 침해하는 문제를 낳을 수 있다.

06
과학 기술의 발전으로 사람들 사이의 교류가 확대되었다.

ANSWER
04. ① 05. ④ 06. ③

03 삶의 소중함

삶을 소중하게 만들어 주는 것과 죽음이 무엇인지 도덕적으로 성찰함으로써 의미 있는 삶의 모습과 의미 있는 삶을 살기 위한 자세와 노력에 대해 학습해야 합니다.

01 삶을 소중하게 만들어 주는 것

1 삶이 소중한 이유

(1) 생명 그 자체로서의 소중함

① 생명을 가진 모든 것은 이 세상에 오직 하나뿐인 소중한 존재이다.

② 생명은 한번 잃으면 되찾을 수 없고, 그 무엇으로도 대체할 수 없다.

③ 누구나 언젠가는 죽음에 이른다.

④ 지나간 삶은 돌이킬 수 없다.

⑤ 우리의 삶은 생명이 유지될 때에만 누릴 수 있다.

⑥ 슈바이처 박사는 "생명은 그 자체로서 인간에게 신성한 것이다."라고 말하면서 생명의 소중함을 강조하였다.

(2) 단 한 번뿐인 삶

① 삶의 기회는 단 한 번뿐이기에 매 순간이 의미 있고 소중하다.

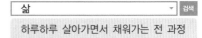

삶	▼	검색
하루하루 살아가면서 채워가는 전 과정		

② 삶이 반복된다면 삶의 소중함을 갖기 힘들다.

(3) 사랑하는 사람들과의 관계

① 나를 사랑하고 내가 사랑하는 사람들이 있기 때문이다.

② 내 곁의 사람들과 함께 할 수 있기에 삶이 소중하다.

③ 다른 사람과의 관계에서 사랑과 기쁨은 세상 그 무엇보다도 삶을 가치 있게 만든다.

2 나의 삶을 소중하게 만드는 것

(1) 삶의 소중함을 느끼는 순간들

① **다른 사람들과의 관계** : 누군가 나를 믿어 주거나 아껴 주는 등 다른 사람들과 인연을 맺고 그것을 지켜 나가는 가운데 삶의 소중함을 느낄 수 있다.

② **자신이 이루고 싶은 꿈이나 소망** : 오랫동안 간직해 온 꿈이나 소망 등을 이루기 위해 노력하고 성취하는 과정에서 큰 행복을 누리며 삶의 소중함을 느낄 수 있다.

③ **기타 취미 활동** : 취미나 종교 활동을 통해 즐거움을 느끼기도 하고, 좋아하는 옷이나 음식, 또는 가지고 싶던 물건을 얻었을 때 기쁨을 느끼기도 한다.

> **잠깐**
> **유의미한 삶이란**
> • 자신의 삶에서 의미를 느낄 때
> • 능력과 열정을 쏟을 수 있는 일을 찾아 이루고자 노력할 때
> • 지금 이 순간을 소중하게 여기며 살아갈 때

(2) 나의 삶을 소중하게 만들어 주는 것

① 나의 삶을 소중하게 만들어 준다고 여겨 추구했던 것이 오히려 잘못된 결과를 낳기도 한다.

② 내가 소중하게 여기는 것이 의미 있는 삶을 위한 것인지 성찰해 보아야 한다.

> **잠깐**
> **소크라테스의 성찰**
> 소크라테스는 "성찰하지 않는 삶은 살 만한 가치가 없다."라고 말하며, 인간은 자신의 삶을 성찰하고 끊임없이 변화시킬 수 있는 존재라고 보았다.

02 죽음에 대한 올바른 이해

1 죽음의 의미와 특성

(1) 죽음의 의미

생물학적인 통합 기능과 인격체로서의 기능을 되돌릴 수 없는 상태로 잃어버리는 것이다.

(2) 죽음의 특성

① **보편성·필연성** : 어떤 지위에 있든 얼마나 많은 재산을 가졌든 간에 모든 사람은 죽는다.

② 삶의 유한성 : 삶이 영원하지 않으며 인간이 유한한 존재임을 깨닫게 해 준다.

③ 예측 불가능성 : 언제 죽을지 알 수 없다.

④ 불가역성 : 한 번 죽으면 돌아올 수 없다.

(3) 죽음의 도덕적 의미

① 슬픔과 안타까움의 감정을 통해 가족이나 지인들에 대한 사랑을 확인한다.

② 삶과 진리에 대한 근본적인 깨달음을 얻는 계기가 된다.

③ 자신에게 주어진 인생의 시간에 대해 경건하고 겸허한 자세를 갖게 된다.

④ 인간의 유한성 중 가장 극적인 한계 상황을 경험하게 된다.

---

2 죽음에 관한 도덕적 성찰

(1) 죽음에 관한 도덕적 성찰의 중요성

① 삶의 유한성과 소중함을 깨달음 : 인간은 누구나 생을 마감할 수밖에 없는 유한한 존재인데, 이를 깨달으면 남은 삶과 주위 사람들이 더욱 소중하게 다가올 것이다.

② 충실하고 올바르게 살아야겠다고 다짐함 : 그 누구도 삶을 두 번 살 수는 없으므로, 지나온 삶을 돌아보며 반성하고, 더 나은 삶을 살고자 현재의 삶에 최선을 다해야 한다.

③ 마음의 평정을 찾는 계기로 삼음 : 죽음을 자연에 맡기고 그 흐름을 따르면 생로병사의 과정도 자연스럽게 받아들일 수 있으며, 이러한 평정심 속에서 주어진 삶에 감사하며 살아갈 수 있다.

> **참깐**
>
> **죽음에 대한 도덕적 논란**
> - 안락사 : 본인 또는 가족의 요구에 따라 불치병으로 극심한 고통을 겪는 환자의 생명을 인위적으로 단축시키는 행위
> - 낙태 : 태아를 모체로부터 인공적으로 분리하여 임신을 종결시키는 행위
> - 자살 : 의도적으로 자신의 목숨을 끊는 행위
> - 사형 : 흉악범죄자의 생명을 박탈하는 것은 사회정의를 실현할 수 있는 지의 윤리적 문제를 야기함

(2) 죽음에 대한 도덕적 성찰의 의의

현재의 삶을 좀 더 의미 있게 살아가기 위해 적극적이고 능동적인 삶의 자세를 지니려고 노력해야 한다.

죽음을 바라보는 입장

공 자	삶조차 아직 잘 모르는데 어찌 죽음을 알겠느냐며, 현실에서의 도덕적 삶이 무엇보다 중요함을 강조하였다.
장 자	삶과 죽음은 차별이 없으므로 죽음 앞에서 슬퍼할 필요가 없고, 죽음에 초연해야 한다고 주장하였다.
에피쿠로스	살아 있는 동안 죽음을 경험할 수는 없기 때문에 죽음을 두려워하기보다는 현실에서의 정신적 쾌락을 통해 고통이 없는 상태의 행복을 강조하였다.
플라톤	참된 세계는 죽음 이후의 이데아의 세계임을 주장하였다.
그리스도교	죽음은 믿음·소망·사랑의 실천을 통해 영원한 행복으로 가는 것이라고 주장하였다.
불 교	죽음은 생·노·병과 더불어 대표적인 고통이지만, 현실의 고통을 떠나는 것이라고 주장하였다.
유 교	인간의 삶에서 필연적으로 일어나는 자연스러운 일로 수용하였다.

03 삶을 의미 있게 살아가는 방법

1 의미 있는 삶의 모습

(1) 의미 있는 삶의 조건 중요+

자기 존중	자신을 있는 그대로 받아들이고 소중히 여겨 자신의 특성에 대하여 긍정적 가치를 부여하는 것으로, 스스로 자신감을 가지고 적극적으로 인생을 살게 한다.
주인 의식	다른 사람에게 의존하지 않고, 자신을 삶의 주체로 생각하고 스스로 판단해서 어떤 일을 하고, 그 일에 대한 책임을 스스로 질 줄 알아야 한다.
올바른 가치 추구	우리가 바람직한 가치를 추구할 때 올바르게 행동하게 되고, 만족감과 보람을 느끼면서 의미 있는 삶을 살 수 있다.
삶의 목표 수립	삶의 목표를 세우는 것은 그 꿈을 달성하기 위한 이정표가 되어 의미 있는 삶을 살도록 해 준다.

(2) 의미 있는 삶의 추구

① 의미 있는 삶을 추구해야 하는 이유

    ㉠ 인간의 삶은 단 한 번뿐이고 영원히 살 수 없으며, 한 번 지나온 인생은 되돌릴 수 없기 때문이다.

    ㉡ 인간은 자신의 유한성을 극복하기 위해 의미를 부여하고 추구하는 존재이기 때문이다.

② 의미 있는 삶을 추구하는 방법

    ㉠ 인간의 의미 있는 삶을 위한 대표적인 노력 : 진, 선, 미, 성을 추구한다.

    ㉡ 자신을 반성하고 내면을 성찰함으로써 삶의 의미를 깨닫는다.

    ㉢ 삶의 유한성에 대처하기 위해 도전하는 자세가 필요하다.

    ㉣ 자신의 삶에 의미를 부여하고 그것을 추구할 때, 하루하루 의미 있는 삶을 살아 갈 수 있다.

    ㉤ 학문·예술 활동, 도덕·종교 생활을 통한 의미 있는 삶을 추구한다.

심화학습   삶의 유한성 극복을 위한 정신적 가치의 추구

1) 진(眞) : 자아와 세계와 삶에 대한 철학적 탐구
2) 선(善) : 인간다운 삶을 위한 도덕적 가치 추구
3) 미(美) : 참되고 영원한 아름다움 추구
4) 성(聖) : 초월자와의 관계를 통해 삶의 의미 발견

---

2   의미 있는 삶을 살기 위한 자세와 노력 중요⁺

(1) 의미 있는 삶을 위한 자세

① **목표 달성 노력** : 자신에게 맞는 가치 있는 목표를 가지는 것과 더불어, 그 목표를 실현하기 위한 노력을 아끼지 않아야 한다.

② **배려와 나눔** : 다른 사람과 더불어 살며 이들과 도움을 주고받으면서 삶의 의미와 가치를 깨닫고, 보람과 행복을 느낄 수 있다.

③ **반성** : 지난 일을 냉정하게 돌이켜 보고 반성을 하면 현재 자기가 하는 일에 최선을 다할 뿐만 아니라, 결심한 것이 제대로 이루어지도록 자신을 이끌어 가는 견인차 역할을 한다.

(2) 의미 있는 삶을 위한 구체적 노력

① 보람과 만족 추구하기 : 삶의 목표와 꿈을 실현하고자 꾸준히 노력할 때 삶의 보람과 만족을 느끼고 의미 있게 살 수 있다.

② 현재의 삶에 충실하기 : 지금 이 순간은 다시는 돌아오지 않는 단 한 번의 귀중하고 소중한 순간이므로, 매 순간을 소중히 여기고 지금 하는 일에 최선을 다해야 한다.

③ 높은 이상 추구하기 : 인간은 자연의 시공간적 제약을 벗어나지 못하는 유한한 존재이지만, 이러한 한계를 극복하기 위해 높은 이상을 추구해 왔다.

이상(理想)	▼	검색

생각할 수 있는 범위 안에서 가장 완전하다고 여겨지는 상태

01 삶의 소중함에 대한 내용으로 옳지 <u>않은</u> 것은?

① 자신이 하고 싶은 일들을 이루어 나가는 과정에서 삶의 소중함을 느낄 수 있다.
② 살아 있음 자체가 우리의 삶을 소중하게 만든다.
③ 평범한 하루 속에서 삶의 소중함을 느끼는 일은 쉽다.
④ 어떤 것을 잃어버리고 나서야 평소에 누리던 즐거움과 삶의 소중함을 깨닫게 된다.

02 삶이 소중한 이유로 옳지 <u>않은</u> 것은?

① 삶이 반복된다면 삶의 소중함을 가질 수 있다.
② 지나간 삶은 돌이킬 수 없다.
③ 우리의 삶은 생명이 유지될 때에만 누릴 수 있다.
④ 생명은 한번 잃으면 되찾을 수 없고, 그 무엇으로도 대체할 수 없다.

03 죽음에 대한 설명으로 옳지 <u>않은</u> 것은?

① 태어나서 죽는 것은 자연의 현상이다.
② 죽음은 누구에게나 일어나는 불가피한 일이다.
③ 죽음은 어느 누구도 대신해 줄 수 없다.
④ 건강 관리를 잘하면 죽음을 피할 수 있다.

04 죽음을 바라보는 입장 중 다음에 해당하는 학자는?

> 삶조차 아직 잘 모르는데 어찌 죽음을 알겠느냐며, 현실에서의 도덕적 삶이 무엇보다 중요함을 강조하였다.

① 플라톤　　　　　② 공자
③ 장자　　　　　　④ 에피쿠로스

01
평범한 하루 속에서 삶의 소중함을 느끼는 일은 쉬운 게 아니다.

02
삶이 반복된다면 삶의 소중함을 갖기 힘들다.

03
죽음은 생명체 어느 누구도 피할 수 없는 절대적 한계에 해당한다.

04
공자는 죽은 뒤를 생각하기보다는 현재의 도덕적 삶에 충실해야 한다고 말했다.

ANSWER
01. ③　02. ①　03. ④　04. ②

05 다음 내용 중 옳지 <u>않은</u> 것은?

① 인간은 학문적 탐구와 예술, 종교 활동 등을 통해 유한성을 극복하려고 노력해 왔다.

② 한 번뿐인 삶을 더욱 의미 있게 만들어 가도록 구체적으로 노력해야 한다.

③ 인간은 자신의 유한성을 극복하기 위해 현실에 안주하는 존재이다.

④ 자신의 삶에 의미를 부여하고 그것을 추구할 때, 의미 있는 삶을 살아갈 수 있다.

05
인간은 자신의 유한성을 극복하기 위해 의미를 부여하고 추구하는 존재이다.

06 의미 있는 삶의 조건 중 다음 내용에 해당하는 것은?

> 자신을 삶의 주체로 생각하고 스스로 판단해서 어떤 일을 하고, 그 일에 대한 책임을 스스로 질 줄 알아야 한다.

① 주인 의식   ② 올바른 가치 추구
③ 자기 존중   ④ 삶의 목표 수립

06
다른 사람에게 의존하지 않고, 자신을 삶의 주체로 생각하고 스스로 판단해서 어떤 일을 하고, 그 일에 대한 책임을 스스로 질 줄 알아야 한다.

07 의미 있는 삶을 살기 위한 자세에 대한 설명으로 적절하지 <u>않은</u> 것은?

① 다른 사람과 더불어 살며 이들과 도움을 주고받으면서 삶의 의미와 가치를 깨닫고, 보람과 행복을 느낄 수 있다.

② 삶의 목표와 꿈을 실현하고자 꾸준히 노력할 때 삶의 보람과 만족을 느끼고 의미 있게 살 수 있다.

③ 지금 이 순간은 두 번 다시 돌아오지 않는 소중한 순간이므로, 현재를 소중히 여기고 지금 해야 할 일에 최선을 다하는 삶을 살아야 한다.

④ 인간은 자연의 시공간적 제약을 벗어날 수 있다.

07
인간은 자연의 시공간적 제약을 벗어나지 못하는 유한한 존재이지만, 이러한 한계를 극복하기 위해 높은 이상을 추구해 왔다.

ANSWER
05. ③   06. ①   07. ④

04 마음의 평화

 고통에 올바르게 대처하는 자세 및 고통의 원인과 유형, 마음의 평화를 얻는 방법을 정리해 두어야 합니다.
또한, 마음의 평화를 추구할 수 있는 방법에 대해 학습하고, 예상문제를 빠짐없이 풀어보도록 합니다.

01 고통에 올바르게 대처하는 자세

1 고통이 우리에게 주는 의미와 역할

(1) 고통의 의미와 역할

① 고통의 의미

　㉠ 정신적으로 괴롭거나 육체적으로 아픈 상태 → 정신적 괴로움과 육체적 아픔은 서로 연결됨

　㉡ 인간은 누구나 생로병사와 같은 고통을 겪는다.

육체적 고통	정신적 고통
• 질병이나 사고로 신체가 손상되었을 때 느끼는 아픔이다. • 개인의 경험, 상황, 성격, 심리적 상태, 문화적 배경 등에 따라서 정도가 다르다.	• 의식의 작용과 관련된 괴로움이다. • 주로 욕구의 좌절에서부터 비롯된다.

② 고통의 역할

　㉠ 자신을 보호 : 육체적 고통은 더 큰 위험을 예방할 수 있는 신호 역할을 한다.

생로병사(生老病死) [검색]

불교에서 인간이 반드시 겪게 되는 네 가지 고통, 즉 태어나고, 늙고, 병들고, 죽고 하는 모든 일

　㉡ 새로운 문화 창조의 토대 : 종교, 학문, 기술, 예술 창조의 토대가 된다.

　㉢ 인격적으로 성숙 : 고통을 통해 자신의 과오를 반성하고 발전을 도모할 수 있다.

　㉣ 정신적 고통은 죄책감이나 타인의 고통에 대한 공감 등을 통해 도덕적으로 성숙할 수 있는 계기를 제공한다.

(2) 고통의 원인과 유형 중요⁺

① 고통의 원인 : 인간이 본래 가지고 있는 무한한 욕심과 집착이 고통을 일으키기도 하고, 인간의 의지와 상관없는 자연의 힘에 의해서도 고통이 발생할 수 있다.

② 고통의 원인에 대한 종교적 해석

㉠ 불교 : 이 세상은 복잡한 인과관계로 얽혀 있으며, 실체가 없다는 사실을 사람들이 깨닫지 못하고 세상에 집착하고 욕심을 부리기 때문에 고통이 발생한다.

㉡ 크리스트교 : 인간이 신에게 허락받은 권한을 남용함으로써 신의 뜻을 저버린 죄 때문에 고통이 발생한다.

③ 고통의 유형

㉠ 발생 주체 : 자신이 일으킨 고통과 타인이 일으킨 고통

㉡ 선택 의지 : 선택하지 않고 주어진 고통과 스스로 선택한 고통

㉢ 고통의 영역 : 신체적 고통과 정신적 고통

㉣ 대상 : 개인적 고통과 사회적 고통

2 고통에 올바르게 대처하는 방법

(1) 긍정적인 생각과 행동

① 고통을 삶의 일부로 받아들이고 고통스러운 상황에서도 긍정적으로 생각하고 행동한다.

② 자신에게 주어진 조건이나 상황을 받아들이지 못하고 좌절하거나 포기해 버리면 고통에서 벗어나기 어렵다.

(2) 고통을 극복하려는 도전 의식 지니기

① 고통을 극복하고자 하는 도전 의식을 가져야 한다.

② 고통을 피하지 않고 그 원인을 찾다 보면 고통을 극복할 수 있는 일을 발견할 수 있다.

③ 이러한 도전 의식을 바탕으로 고통스러운 상황을 변화시키려고 꾸준히 노력해야 한다.

3 고통 속에서도 우리가 희망할 수 있는 것

(1) 희망의 의미와 의의

① 의미 : 어떤 일을 이루거나 앞일에 대하여 좋은 결과를 기대하는 마음이다.

② 의의 : 희망은 고통스러운 상황이나 열악한 조건을 극복하는 힘이 된다.

(2) 절망스러운 상황에서 우리가 희망할 수 있는 것

① 사람다운 삶 : 사람다운 삶을 살고자 하는 사람은 어떠한 고통스러운 환경에서도 절망하지 않으며 인간의 존엄성을 유지하면서 품위를 지킬 수 있다.

② 마음의 평화 : 마음의 평화를 간직하며 고통을 어떻게 바라보고 다룰 것인지 스스로 결정할 수 있다.

02 마음의 평화를 추구할 수 있는 방법

1 마음의 평화

(1) 의 미

평소에 고통이나 욕심, 질투, 분노 등의 감정을 잘 다스려 어떠한 상황에서도 쉽게 화내거나 분노하지 않고 평안하고 고요한 마음을 유지하는 상태이다.

(2) 중요성

① 살아가는 동안 수많은 이유로 마음의 평화를 얻지 못하는 경우가 많다.

② 마음의 평화가 없을 때는 살아가는 과정을 부정적으로 바라볼 수 있고, 몸과 마음을 해칠 수 있다.

③ 분노를 다스리지 못하면 자신과 다른 사람에게 상처를 입힐 수 있고, 인간관계도 원만하지 못하게 된다.

(3) 마음의 평화를 얻는 방법 중요⁺

① 긍정적인 마음을 가지고 마음의 평화를 유지한다.

② 지나치게 욕구와 욕심을 채우고자 하는 마음을 버린다.

③ 신체적 건강을 유지하도록 노력한다. → "건강한 신체에 건강한 정신이 깃든다."

④ 유교 : 끊임없는 자기 수양을 통해 사사로운 욕심을 버리고 몸가짐을 바로 하며, 상대방을 먼저 생각하는 마음을 가져야 한다. → 수기안인, 신독, 주일무적

⑤ 불교 : 만물의 상호 의존성과 고정된 실체가 없음을 깨달아 탐욕과 성냄, 어리석음을 제거함으로써 마음을 다스릴 수 있다.

2 마음의 평화를 추구할 수 있는 방법

(1) 부정적 감정 다스리기

① 마음이 분노나 증오와 같은 부정적 감정으로 가득 차 있으면 마음의 평화가 깨지므로 자신의 감정을 잘 다스려야 한다.

② 부정적 감정을 느낀 상황을 다르게 받아들일 수 없는지, 그리고 가장 긍정적 결과를 끌어낼 수 있는 반응은 무엇인지 성찰해야 한다.

③ 자신이 어떠한 상황에서 부정적 감정을 느끼고 그것에 어떻게 반응하는지 미리 알아 두면 비슷한 상황을 마주했을 때 적절하게 대처할 수도 있다.

(2) 욕심과 집착에서 벗어나기

① 무언가를 바라거나 얻고자 하는 마음은 삶의 원동력이 되지만, 지나친 욕심과 집착은 마음의 평화가 깨진다.

② 욕심을 지나치게 좇으면 고통이 따르는데, 이러한 고통에서 벗어나 자신이 헛된 욕심을 좇고 있지 않은지 되돌아보고 마음의 평화를 깨뜨리지 않도록 경계해야 한다.

(3) 용서하고 사랑하는 마음 기르기 중요+

① 인간은 완전한 존재가 아니기 때문에 누구나 타인에게 해를 끼치거나 실수를 할 수 있으므로 서로를 너그럽게 이해하고 감싸주는 태도가 필요하다.

② 용서하는 마음을 가지면 마음의 평화를 얻을 수 있고, 자신의 상처도 스스로 치유할 수 있다.

③ 인간은 혼자서는 살 수 없으므로 용서라는 사랑의 실천을 통해 도덕적 삶을 살 수 있으며, 더 나은 인간관계를 만들어 갈 수 있다.

④ 용서는 폭력의 악순환을 막고, 갈등과 분쟁을 해결하여 조화롭고 평화로운 삶을 살 수 있게 한다.

01 고통의 의의를 〈보기〉에서 모두 고르면?

보기

㉠ 우리로 하여금 자신을 보호하게 한다.
㉡ 새로운 문화와 문명을 창조하는 토대가 된다.
㉢ 고통을 극복한 후에 보람과 행복을 느낄 수 있다.
㉣ 고통 해결 과정에서 자신의 욕구를 표출하고 충족
  시킬 수 있다.

① ㉠, ㉡
② ㉠, ㉡, ㉢
③ ㉡, ㉣
④ ㉡, ㉢, ㉣

02 마음의 평화를 얻는 길이 아닌 것은?

① 자기만이 옳다는 생각에 사로잡혀 있어야 한다.
② 자신의 감정과 욕구를 잘 다스릴 수 있어야 한다.
③ 일상생활에서 도덕적 떳떳함을 기를 수 있어야 한다.
④ 자신의 이기적 욕망과 집착에서 벗어날 수 있어야
  한다.

03 고통의 원인이 바르게 연결되지 않은 것은?

① 정신적 고통 – 욕구의 좌절, 양심의 가책
② 인간으로서 불가피한 고통 – 자연재해, 죽음
③ 사회적 고통 – 무지와 집착, 자유 의지의 남용
④ 육체적 고통 – 질병, 약물의 오·남용

01
고통 해결 과정에서 상대방을 배려하고 자신의 욕망을 절제함으로써 인격을 성숙시킨다.

02
자기만이 옳다는 편견에 사로잡혀 있으면 마음의 평화를 얻을 수 없다.

03
무지와 집착, 자유 의지의 남용 등은 개인적 고통의 원인에 해당된다.

ANSWER
01. ② 02. ① 03. ③

04 고통을 인내하고 극복하고자 하는 자세로 **틀린** 것은?

① 피할 수 없는 고통이라면 긍정적으로 수용한다.

② 자신의 발전과 성장을 위한 고통이 있음을 이해한다.

③ 고통의 의미를 적극적으로 파악하려 노력한다.

④ 고통을 일단 피하는 것이 옳다.

04

인간이 고통을 피할 수는 없다. 따라서 무조건 고통을 피하기보다는 고통의 긍정적 의미를 발견하고 이겨 내기 위한 노력이 필요하다.

05 다음 지문을 통해 알 수 있는 고통이 주는 교훈으로 옳은 것은?

> 인간은 추위를 피하기 위해 옷과 집을 만들었으며, 배고픔의 고통에서 벗어나려고 농사를 짓게 되었다. 창작의 고통을 극복하는 과정에서 학문, 예술 등이 창조되었다.

① 고통은 새로운 문화를 창조하는 토대가 된다.

② 고통은 인간의 도덕적 실천 능력을 향상시킨다.

③ 고통은 더 큰 위험을 예방하는 역할을 한다.

④ 고통을 이겨 내는 과정에서 인격적 성숙을 이룩할 수 있다.

05

인간이 고통과 한계를 이겨 내려는 노력의 과정에서 문명과 문화가 창조되었다. ②, ③, ④는 고통의 긍정적 기능은 맞지만 지문과는 관련이 없다.

06 다음 내용 중 옳지 **않은** 것은?

① 누군가의 잘못을 용서하지 못하고 미워하는 마음을 키우면 마음의 평화를 해친다.

② 용서와 사랑을 실천하면 고통에서 벗어나 마음의 평화를 얻을 수 있다.

③ 화, 분노와 같은 부정적 감정이 생길 때는 그것을 바로 터뜨려야 한다.

④ 지나치게 욕구와 욕심을 채우고자 하는 마음을 버린다.

06

마음이 분노나 증오와 같은 부정적 감정으로 가득 차 있으면 마음의 평화가 깨지므로 자신의 감정을 잘 다스려야 한다.

ANSWER
04. ④ 05. ① 06. ③

01 환경 문제가 발생한 이유로 옳지 <u>않은</u> 것은?

① 지나친 소비 욕구 등이 환경 문제를 일으켰다.

② 과학 기술의 발달 부족으로 환경 문제가 심각해지고 있다.

③ 환경을 생각하지 않는 인간의 이기심과 비양심이 오늘날의 환경 문제를 초래한 원인이 되었다.

④ 인간의 잘못된 행동이 환경에 얼마나 큰 피해를 입히는지를 알지 못하거나 조심하지 않아서 환경 문제가 일어나기도 한다.

01

환경 문제의 원인은 인간의 지나친 욕구, 인간의 이기심, '나 하나쯤이야' 하는 환경에 대한 무관심 등이다. 과학 기술이 발달한다고 해서 모든 환경 문제가 해결될 수 있는 것은 아니기 때문에 과학 기술의 발달 부족은 환경 문제의 원인이라고 볼 수 없다.

02 인간과 자연의 관계로 옳지 <u>않은</u> 것은?

① 인간과 자연이 조화로운 관계를 이루기 위해서는 환경적으로 건전하고 지속 가능한 발전을 추구해야 한다.

② 지구 생태계가 지속할 수 있도록 환경을 보호하면서 경제를 균형적으로 발전시켜 나가야 한다.

③ 인간과 자연은 공존하기 위해 생명체를 존중해야 한다.

④ 인간과 자연은 서로 영향을 받지 않는다.

02

인간과 자연은 서로 영향을 주고받으며, 공존하기 위해 생명체를 존중하고, 인간과 생태계의 상호 의존성을 고려해야 한다.

03 환경 문제의 심각성으로 <u>잘못된</u> 것은?

① 환경 문제의 심각성은 사회적 약자들에게 더 큰 피해를 줄 수 있다.

② 환경 문제는 어느 개인이나 한 국가의 문제일 가능성이 크다.

③ 생태계의 균형과 인간의 삶을 위협한다.

④ 환경 문제는 현재 세대만이 아니라 미래 세대에까지 심각한 영향을 줄 수 있다.

03

환경 문제는 어느 개인이나 한 국가의 문제가 아니라 지구 전체의 문제이다.

ANSWER

01. ② **02.** ④ **03.** ②

04 소비 생활이 인간과 환경에 끼치는 영향으로 옳지 <u>않은</u> 것은?

고난도

① 물건이 사용되고, 폐기되는 과정에서 자원이 고갈되거나 환경이 훼손되었다.

② 산업 혁명을 통해 대량 생산이 가능해지면서 더욱 많은 사람들이 문명의 혜택을 받게 되었다.

③ 필요하지 않은 것을 소비하거나 과도한 소비문화가 없어졌다.

④ 상품을 만들기 위해 많은 자원과 에너지가 필요하고, 이를 만드는 과정에서 오염 물질이 배출된다.

04
필요하지 않은 것을 소비하고 이에 대한 반성이 없는 과도한 소비문화가 생겼다.

05 다음 내용이 공통적으로 의미하는 오염 현상은?

- 산소 자동 판매기, 산소 통조림의 등장 가능성
- 산업 혁명이 시작된 영국에서 최초로 문제됨
- 1952년 런던 스모그 현상 – 노약자들의 호흡기 질환

① 수질 오염　　　　② 대기 오염

③ 토양 오염　　　　④ 소음과 진동

05
대기란 지구를 둘러싸고 있는 공기로서, 지문의 내용은 대기의 공기들이 산업화의 발달로 급속히 오염되고 있는 실태를 보여 주고 있다.

06 환경 친화적 소비 생활이 <u>아닌</u> 것은?

① 소비자에게 제품에 대한 정확한 환경 정보를 제공한다.

② 환경에 미치는 영향까지 고려하여 소비한다.

③ 생산자에게 환경 친화적 제품을 개발하고 생산하도록 유도할 수 있다.

④ 물건을 살 때 저렴한 상품은 한 번에 많이 산다.

06
④ 상품 구매 시 자신에게 꼭 필요한지 생각해 본다.

ANSWER
04. ③　05. ②　06. ④

07 환경 문제 해결을 위한 국제 협약 중 다음 내용에 해당하는 것은?

> 오존층 파괴 물질의 생산 및 사용의 규제에 관한 국제 협약

① 몬트리올 의정서   ② 바젤 협약

③ 람사르 협약   ④ 기후 변화 협약

08 과학 기술에 대한 내용으로 옳지 <u>않은</u> 것은?

① 올바른 목적을 이루기 위해 바람직하게 활용되어야 한다.

② 사회적 영향력이나 책임을 고려할 필요가 없다.

③ 인류의 빈곤과 질병을 해결하고 인간다운 삶을 누릴 수 있도록 과학 기술을 활용해야 한다.

④ 잘못 활용하면 인류 전체에 되돌리기 힘든 피해를 줄 수 있다.

09 과학 기술의 긍정적 영향을 〈보기〉에서 고른 것은?

> **보기**
> ㉠ 인간의 건강 증진과 생명 연장과는 관련이 없다.
> ㉡ 인간의 활동 범위를 줄인다.
> ㉢ 식량 문제, 질병과 기아 문제 등을 해결해 준다.
> ㉣ 생활하는 데 있었던 많은 불편함이 해소되고, 생활이 편리해진다.

① ㉠, ㉡   ② ㉠, ㉢

③ ㉡, ㉢   ④ ㉢, ㉣

10 과학 기술의 발달의 영향으로 적절하지 <u>않은</u> 것은?

① 과학 기술을 잘못된 방향으로 연구하고 활용하면 여러 사람에게 큰 피해를 줄 수 있다.

② 유전자 조작이나 생명 복제를 통해 생명의 존엄성을 지킬 수 있다.

③ 과학 기술의 발달은 우리에게 물질적 풍요와 편리를 증진하였다.

④ 과학 기술의 발달로 인권 및 사생활을 침해하는 문제가 생길 수 있다.

10

유전자 조작이나 생명 복제 등은 인간 존엄성의 파괴와 사회적 혼란을 가져온다.

11 인간의 삶이 지닌 특성으로 옳지 <u>않은</u> 것은?

① 책이나 볼펜 같은 물건처럼 그 자체로 고유한 의미가 있는 것은 아니다.

② 그 누구와도 바꿀 수 없는 세상에 오직 하나뿐인 것이다.

③ 삶의 기회는 단 한 번뿐이기에 매 순간이 의미 있고 소중하다.

④ 과거에 저지른 잘못을 바로잡으려고 과거로 돌아갈 수 없다.

11

그 자체로는 고유한 의미를 가지지 않는 물건과 달리 인간의 삶은 살아 있는 그 자체로 의미가 있다.

12 다음 내용과 맥락이 다른 주장은?

<u>고난도</u>

> 과학은 가치 판단의 대상이 아니기 때문에 도덕적 판단의 대상이 되지 않는다.

① 과학자는 자연을 탐구하여 과학적 진리를 발견할 뿐이다.

② 핵무기에 대한 이론을 연구한 아인슈타인은 책임이 없다.

③ 독가스를 만든 프리츠 하버에 대한 비난은 당연하다.

④ 도구를 만든 사람은 책임이 없고, 사용하는 사람에게 책임이 있다.

12

과학의 가치 중립성을 강조하는 내용이다. ①, ②, ④는 모두 과학의 가치 중립성을 강조하는 주장이다.

ANSWER
10. ② 11. ① 12. ③

13 고통의 긍정적 역할로 옳지 <u>않은</u> 것은?

① 육체적 고통은 더 큰 위험을 예방할 수 있는 신호의 역할을 한다.

② 정신적 고통 과정은 새로운 문화를 창조하는 바탕이 된다.

③ 고통을 통해 자신의 과오를 반성할 수 있는 계기가 된다.

④ 인간의 한계를 느끼게 하여 포기해야 할 시점을 알려 준다.

13

고통을 포기로 대응할 것이 아니라 고통을 이겨 내기 위해 노력할 필요가 있다.

14 고통의 역할에 관한 내용이 <u>아닌</u> 것은?

① 정신적 고통은 죄책감이나 타인의 고통에 대한 공감 등을 통해 도덕적으로 성숙할 수 있는 계기를 제공한다.

② 종교, 학문, 기술, 예술 창조의 토대가 된다.

③ 육체적 고통은 더 큰 위험을 예방할 수 있는 신호 역할을 한다.

④ 고통을 통해 자신의 과오를 반성하거나 발전을 도모할 수는 없다.

14

고통을 통해 자신의 과오를 반성하고 발전을 도모할 수 있다.

15 고통에 대처하는 방법으로 가장 바람직한 것은?

① 자신이 겪고 있는 고통을 있는 그대로 바라본다.

② 다른 사람의 고통이 자신에게 전염되지 않도록 고통받는 사람에게 무관심한 태도를 취한다.

③ 고통을 스스로 해결하기보다 대신 해결해 줄 사람을 찾아본다.

④ 고통을 경험할 때마다 피한다.

15

고통을 겪을 때는 자신이 겪고 있는 고통을 있는 그대로 바라보아야 한다.

ANSWER

13. ④ 14. ④ 15. ①

16 죽음에 대한 내용으로 옳지 <u>않은</u> 것은?

① 삶이 영원하지 않으며 인간이 유한한 존재임을 깨 닫게 해 준다.

② 어떤 지위에 있든 얼마나 많은 재산을 가졌든 간 에 모든 사람은 죽음을 피할 수 없다.

③ 우리는 언제 어디서 어떻게 죽음을 맞이하게 될지 알 수 있다.

④ 한 번 죽으면 돌아올 수 없다.

16

예측 불가능성 : 언제 죽을지 알 수 없다.

17 다음 빈칸에 차례대로 들어갈 말은?

고난도

> • 모든 인간은 언젠가 죽는다는 점에서 죽음은 보편성 과 (㉠)을 지닌다.
> • 우리는 죽음을 성찰함으로써 삶의 (㉡)과 소중 함을 깨달을 수 있다.

	㉠	㉡		㉠	㉡
①	불가역성	필연성	②	유한성	예측 불가능성
③	필연성	평정	④	필연성	유한성

17

• 보편성 · 필연성 : 어떤 지위에 있든 얼 마나 많은 재산을 가졌든 간에 모든 사 람은 죽는다.
• 삶의 유한성과 소중함을 깨달음 : 인간 은 누구나 생을 마감할 수밖에 없는 유 한한 존재인데, 이를 깨달으면 남은 삶 과 주위 사람들이 더욱 소중하게 다가올 것이다.

18 희망에 대한 설명으로 <u>잘못된</u> 것은?

① 바람직한 가치를 담은 희망은 나 자신과 사회에 이바지할 수 있다.

② 모든 사람이 똑같은 희망을 추구하면 희망은 한순 간에 완성될 수 있다.

③ 희망은 고통스러운 상황이나 열악한 조건을 극복 하는 힘이 된다.

④ 우리 삶에서 희망은 꼭 필요하지만 생각만으로 이 루어지는 것은 아니다.

18

모든 사람이 똑같은 희망을 추구한다고 해서 한순간에 희망이 이루어지지는 않는 다. 희망을 이루기 위해서는 의지를 가지 고 작은 일부터 실천하기 위해 노력해야 한다.

ANSWER

16. ③ 17. ④ 18. ②

19 다음 빈칸에 들어갈 적절한 말은?

> 우리 마음이 분노와 증오와 같은 (　　) 감정으로 가득 차 있으면 마음의 평화를 얻을 수 없다.

① 부정적　　　　　　② 주관적
③ 객관적　　　　　　④ 긍정적

19

마음의 평화가 없을 때는 살아가는 과정을 부정적으로 바라볼 수 있고, 몸과 마음을 해칠 수 있다.

20 다음 지문에 나타난 고통에 해당하는 것은?

> 발레 연습을 매일 이렇게 하면 아프지 않은 날이 없기 때문에 이제는 통증을 친구로 여기기로 했어요. 이 정도 힘든 것은 저에게 일상이에요. 아침에 눈을 뜨면 늘 어딘가가 아파요. 아프지 않은 날은 '내가 연습을 게을리 했구나!' 하고 반성해요. 멋진 모습을 보이기 위해 이겨 내야죠.　　　　　　－ 발레리나 강수진

① 사회적 고통, 주어진 고통
② 사회적 고통, 선택한 고통
③ 개인적 고통, 주어진 고통
④ 개인적 고통, 선택한 고통

20

고통은 선택의지에 따라 선택하지 않고 주어진 고통과 스스로 선택한 고통으로, 대상에 따라 개인적 고통과 사회적 고통으로 나눌 수 있다. 지문에 나타난 고통은 개인적 고통과 스스로 선택한 고통에 해당된다.

ANSWER
19. ① **20.** ④

중졸 검정고시
도덕

2025년 1월 10일 개정판 발행
2012년 1월 19일　초판 발행

편 저 자 김 석 렬
발 행 인 전 순 석
발 행 처 정 훈 사
주　　소 서울특별시 중구 마른내로72 421호
등　　록 2-3884
전　　화 737-1212
팩　　스 737-4326